文史哲學集成

謝有為撰語

大乘起信論正語

文史哲出版社印行

國家圖書館出版品預行編目資料

大乘起信論正語 / 謝有爲撰語. -- 初版. -- 臺北市
:文史哲, 民 89
面 ; 公分. -- (文史哲學集成 ; 441)
參考書目 : 面
含索引
ISBN 957-549-336-2 (平裝)

1.論藏

222.3 89018824

文史哲學集成

大乘起信論正語

撰語者：謝有爲
出版者：文史哲出版社
登記證字號：行政院新聞局版臺業字五三三七號
發行人：彭正雄
發行所：文史哲出版社
印刷者：文史哲出版社
臺北市羅斯福路一段七十二巷四號
郵政劃撥帳號：一六一八〇一七五
電話886-2-23511028・傳眞886-2-23965656

實價新臺幣五〇〇元

中華民國八十九年十二月初版

ISBN 957-549-336-2

馬鳴菩薩像

姚夢谷先生繪影自大悲咒集解

若有眾生欲於如來甚深境界
得生正信遠離誹謗入大乘道
當持此論思量修習究竟能至
無上之道若人聞是法已不生
怯弱當知此人定紹佛種

本書第六章第三節

大乘起信論正語　目次

緒白……I
題釋、造論者　譯者……一
第一章　總論……一
第一節　概說……一
第二節　本論大意……一
第一目　一心法……二
第二目　眞如門……三
第三目　生滅門……五
第四目　二門不二……七
第三節　本論教判……九
第一目　小乘教……九
第二目　大乘始教……一〇

第三目　大乘終教……………………………………一二
第四目　頓教………………………………………一四
第五目　圓教………………………………………一五
第六目　綜述教判…………………………………一七
第四節　歸敬述意…………………………………一九
第一目　歸依三寶頌………………………………二〇
第二目　造論述意頌………………………………二七
第三目　樹立體裁…………………………………三〇
第五節　餘語………………………………………三二
第二章　因緣分……………………………………三三
第一節　概說………………………………………三三
第二節　因緣總相…………………………………三四
第三節　令起正解…………………………………三六
第四節　成熟善根…………………………………三七
第五節　修習信心…………………………………三八
第六節　開示方便…………………………………三九
第七節　修習止觀…………………………………四一

第八節 專念方便……四二
第九節 修習利益……四四
第十節 造論餘緣……四五
第十一節 餘語……五一
第三章 立義分……五三
第一節 概說……五三
第二節 摩訶衍總說……五三
第三節 法爲衆生心……五五
第四節 義爲體相用……六〇
第五節 餘語……六四
第四章 解釋分……六七
第一節 概說……六七
第二節 顯示正義……七〇
第一目 心眞如門……七〇
一、離言法界眞如……七〇
二、離言絕相眞如……七六
三、綜釋眞如之名……七九

四、解答疑問……八三
五、依言眞如之相……八五
六、釋空……八九
七、釋不空……九三
八、贅語……九四
第二目　心生滅門……九五
一、意義……九五
二、依義別解……一〇七
第一、釋生滅心……一〇八
(一)生滅心的性質……一〇八
(二)生滅心的二種意義……一一一
(三)兩種意義的辨釋……一一二
1. 略述本始二覺……一一二
(1)顯本覺體……一一二
(2)釋本覺名……一一四
(3)釋始覺義……一一五
2. 廣明始本二覺之相……一一七

(1)始覺之相及位……一一七
(2)本覺之相……一三六
隨染本覺（智淨相、不思議業相）
性淨本覺（如實空鏡、因熏習鏡、法出離鏡、緣熏習鏡）
(3)本覺綜釋……一五五
3.不覺……一五七
(1)根本不覺……一五七
依覺成迷　依迷顯覺
(2)枝末不覺……一五九
三細相　六粗相
(3)不覺綜釋……一六七
4.覺與不覺的同異……一六九
(1)同相……一六九
(2)異相……一七四
(3)同異綜釋……一七五
第二、釋生滅因緣……一七五
㈠生滅因緣的性質和涵義……一七五

1.無明……一七八
2.意轉……一七九
3.意識轉……一八七
(二)生滅因緣的體相……一九一
1.緣起甚深……一九一
2.緣起差別……一九三
(1)染心緣起根源……一九三
(2)染心差別之相……一九三
其一、執相應染
其二、不斷相應染
其三、分別智相應染
其四、現色不相應染
其五、能見心不相應染
其六、根本業不相應染
(3)無明治斷次第……二〇〇
(4)相應與不相應……二〇〇
(5)智礙與煩惱礙……二〇一

第三、釋生滅相……………………………………二〇四
(一)粗細二相……………………………………二〇四
(二)廣釋粗細二相………………………………二〇五
1. 粗中之粗
2. 粗中之細及細中之粗
3. 細中之細
(三)粗細二相所依………………………………二〇六
1. 順論生緣……………………………………二〇六
2. 逆論滅義……………………………………二〇九
第四、染淨相資……………………………………二一二
(一)熏習的意義……………………………………二一二
1. 熏習四法……………………………………二一二
2. 熏習義………………………………………二一四
(二)熏習的相………………………………………二一六
1. 染法熏習……………………………………二一六
(1)境界熏妄心…………………………………二一八
(2)妄心熏無明…………………………………二一九

(3)無明熏眞如……二三一
2.淨法熏習……二三二
(1)熏力功能……二三三
(2)妄心熏習……二三七
(3)眞如熏習……二三九
(三)染淨的盡與不盡……二四二
1.染法熏習違眞……二四二
2.淨法熏習順理……二四三
第五、體相用三大與眞如生滅兩門……二四三
(一)體相兩大的意義……二四四
(二)體大……二四四
(三)相大……二四五
1.本覺智明義
2.本覺遍照義
3.遍照時不致迷惑義
4.性離惑染義
5.性德圓遍義

6. 性德無遷義
(四)重辨前義……二四八
1. 雖有差別而不二……二四八
2. 雖不二而有差別……二四九
(1)無明與智慧
(2)局見與普照
(3)妄識與眞知
(4)無性與有體
(5)顚倒與眞正
(6)熱惱與清涼
(7)變易與不動
(8)繫縛與自在
(9)綜明
(五)用大……二五三
1. 意義……二五三
(1)立大誓願……二五三
(2)舉大方便……二五四

(3)綜合說明……二五五
2.用的相——應身與報身……二五七
(1)顯示用相……二五七
(2)兩相別解……二六一
3.釋疑……二六四
(1)法身能現……二六四
(2)從生滅門入眞如門……二六六
三、贅語……二六八
第三節　對治邪執……二六八
第一目　對治離……二七〇
一、人我見……二七〇
(一)意義……二七〇
(二)人我見五種妄執……二七〇
1.妄執頑空爲法身……二七一
2.妄執法體唯是空……二七三
3.妄執性德同色心……二七四
4.妄執法性本有染……二七五

5.妄執染淨有始終……二七七
6.結語……二八一
二、法我見……二八一
第二目　究竟離……二八二
一、約法明治……二八三
二、舉廣類求……二八四
第四節　分別發趣道向……二八六
第一目　發心的意義……二八六
第二目　發心的種類……二八七
一、信成就發心……二八七
二、解行發心……三〇二
三、證發心……三〇五
第五節　餘語……三一四
第五章　修行信心分……三一七
第一節　前言……三一七
第二節　四信心……三一八
第一目　信根本……三一八

第二目 信佛……三一九
第三目 信法……三一九
第四目 信僧……三一九
第三節 五門修行……三二〇
第一目 施門……三二一
第二目 戒門……三二四
第三目 忍門……三二七
第四目 進門……三三〇
第五目 止觀門……三三四
一、修止……三三六
(一)修止方法……三三六
(二)顯止勝能……三四四
(三)辨其魔事……三四六
二、修觀……三五七
(一)修觀涵義……三五七
(二)四種觀相……三五八
1. 法相觀……三五八

2.大悲觀……三六〇
3.大願觀……三六一
4.精進觀……三六二
三、止觀雙修……三六二
四、止觀總結……三六五
第四節　防退方便……三六五
第一目　可退之人……三六五
第二目　防退之法……三六六
第五節　餘語……三六九
第六章　勸修利益分……三七三
第一節　概說……三七三
第二節　結前啓後……三七三
第三節　信謗損益……三七五
第一目　信受福勝……三七五
第二目　毀謗罪深……三七七
第四節　結勸修學……三七八
第五節　餘語……三七九

第七章　總結迴向……三八一
表　目
表一、阿梨耶識表……一〇九
表二、法數配置表……一三〇
表三、始本不二表……一五七
表四、三細六粗九相表……一六八
表五、五住地煩惱表……一九一
表六、生滅相關係表……二〇六
表七、染淨熏習表……二一五
表八、染心熏習表……二一八
表九之一、境界熏妄心表……二一九
表九之二、妄心熏無明表……二二〇
表九之三、無明熏眞如表……二二二
表十、眞如熏習表……二二七
表十一、淨法熏習表……二四〇
表十二、天台六即表……三七一
參考書目……三八三
梵名中譯索引……三八六

緒白

大乘起信論在佛教論藏中是一部文詞淺明說理曉暢篇幅不多而流傳極廣，深入民間的佛學論著。誦讀時不會感覺到文字上的艱深苦澀，吉屈聱牙。當然，也會有一些佛教的專門名詞，不易了解，但不失全論淺明曉暢的特色。不過，這部書終究是由梵文迻譯過來的，許多地方，自有與現代迻譯文字不可克服的共同點。

佛是什麼？大家都有一個似明確而又模糊的印象，知其所以卻又說不出其所以然。而信佛、學佛、崇佛的人很多，大致認同佛是聖哲，是衆生精神上的最後依止處，並且都希望自己能成爲佛，而發大願心要向成佛的菩提路邁進。由於人生是痛苦的，能脫離輪迴，趣般涅槃，對世俗而言，只是一個崇高的理念，但一旦學佛，雖多能堅定信心，百折不撓，努力修行；而終其一生，有所成就者，二千餘年來卻又寥寥可數。

大乘佛學的義理，一般而言，爲衆所週知，簡單的說，只有一個字：「空」；說得詳細點，二個字：「不空」；說得更詳細點，三個字：「空不空」。空與不空，是對世俗而言的，也就是所謂「世間法」；空不空則是所謂「實相」，是「中道」，乃是就「出世間法」而言的。基此，先賢就將此理歸納為四句偈言，即著名的「三是偈」：

因緣所生法　　我說即是空（空）

亦為是假名（不空）　　亦是中道義（空不空）

另依其性質而言，也只有三點，就是遍計所執性（空），依他起性（不空），圓成實性（空不空）；這三種性，也就是「空」的義理，涵括了宇宙間一切萬法。

空的義理，自然不會如此簡單。再進一步分析，說「中道」即是「第一義空」，佛學上最高的意義是空；為作具體的說明，說此「第一義空」即是「眞如」，再從眞如引伸出所謂「佛性」的觀念。佛性觀念的提出，主要是在說明，衆生有無修行成佛的可能，以及成佛的究竟型態為何？這是超越世俗的觀念，佛性一方面說明衆生都可超越世間，不單單是生生世世為人，而是要脫離生死輪迴，趣般涅槃；另一方面說明衆生都有佛性，佛就在自己的心中，不但有成佛的可能，而且是眞實的；成佛既為眞實，故可以依其修行之成就，獲不同之果，例如三賢二聖等。

佛性有三種，即「正因佛性、緣因佛性、了因佛性」三者，稱為「三因佛性」。依大涅槃經獅子吼菩薩品云：「中道者，名為佛性」，並就此三種佛性，廣泛地說明「空」與「不空」的義理。謂三因佛性乃「眞空不空之涅槃」，此眞空不空之涅槃，則由「解脫、法身、般若」三者構成，稱為「秘密藏」，或曰「三德秘密藏」。此三者「猶如∴（讀伊音）字，三點若並，則不成伊，縱亦不成……三點若別，亦不得成……三法若異，亦非涅槃……」。

同時進而說明解脫是「不空空」和「空不空」才是眞正的解脫。所謂「不空空」，涅槃經云：「空空者，名無所有；無所有者，即是外道。尼犍子等所計解脫，而是尼犍實無解脫，故名空空。眞解脫者，則不如是，故不空空；不空空者，即眞解脫；眞解脫者，即是如來。」至於「空不空」，涅槃經云：「又解脫者，名空不空；如水、酒、酪、酥、蜜、瓶等，（瓶）雖無水、酒、酪、酥、蜜時，猶故得名爲瓶等，而是瓶等不可說空及以不空」，乃是以水等及瓶說明空與不空的關係。

由「空」的一義，所衍生的大乘佛學義理，旣複雜而又艱深。本論即捨舊有窠臼，另闢谿徑，而具體地提出一個字：「心」，或曰「眞心」，以作爲進入大乘佛學的鑰匙。「心」是人人具有的，最易爲人理解，故從「心」開始說明，可使讀者，感覺上較爲容易契入大乘佛學的義理。不過，研讀本論，稍一深入，便知其並不盡然，仍有相當的難度。因本論猶如一顆大樹，吸取了天地間的靈氣，枝幹堅實壯碩，外貌雄偉挺拔，枝葉繁茂，綺麗繽紛，一望即可知其爲萬年常青的奇木。本論亦然，初其立論，僅以「一心二門三大」爲綱要；一心是樹的主幹；主幹分爲二枝，就是二門，即眞如門和生滅門；二枝則各有繁茂之枝葉，即從二門分別闡述佛學義理，先由眞如門闡述眞心的「不變」和「變」；次由生滅門闡述如何由妄心返歸於眞心；最後將眞如、生滅兩門，復歸爲一，所謂「二門不二」。在二門中，復以「體、相、用」三大作爲顯示「摩訶衍」的義，所謂「體大，謂一切法眞如平等不增減；相大，謂如來藏具足無量性功德；用大，謂能生一切世間、出世間善因果是。」其間多已將大乘義理，諸如大般若經、大涅槃經、楞伽經、大智度論、中論、攝論、成唯識論等所闡述者，予以涵攝圓融，可說是包羅廣博。後人對此瑰奇雄偉之巨構，不能不讚嘆造論者馬鳴菩薩在佛學上造詣的淵深，至其體裁之嚴謹，譯筆之質樸，也奠定了佛學漢化的基礎，開創了燦爛的中國佛教文化。

以是，讀本論，實可與大乘佛學法流相銜接，且可由此進入大乘佛學的堂奧。撰者深沐其益，讚嘆之餘不自量力，發心將本論全文，重加標點，區分章節，並參考先賢註釋，逐句以語體文加以詮釋，冀能供有志于斯學者，有所參考。至本書題名爲「大乘起信論」正語，當然此「正語」非「八正」之「正語」，而爲自以謂尙屬正確之語體文。

本書的主要內容，概可以「明道、修道、證道」三部分涵括。明道，就是了解本論所應用的術語，此相當於本論的「立義分」；修道，就是本論所提出的修行方便，此相當於本論的「解釋分」；證道，不列專章，只在修道敘述過程中，隨時說明，若爲重點，則以問答方式重述，有時擴展延伸其意義；而撰者於語體文闡釋部分，亦偶或作反覆的申述，以張其義。

本書將全論區分爲七章。緒論中略及判教，以明本論在佛教宗派中的地位。其他各章，以第四章解釋分爲最要，也是全書的精華。惟以佛學的浩瀚，既爲精華，即不免言多未盡；也許馬鳴菩薩之意，除了將大乘佛理予以簡單化、通俗化之外，更重要的一點，是要建立一以如來藏爲緣起的理論體系。

如來藏緣起，謂以眞心爲根源，一切法皆以眞心爲依止。說明以眞心爲依止的修行，成佛不僅可能，而且是眞實的；即頓悟、三乘之修行，亦如此。故凡夫自發心修行，由三賢二聖以迄於等覺妙覺，莫不乘此眞心而得涅槃。透過這一論點，確實已將大乘佛理予以簡單化、通俗化了，使廣大衆生不再猶豫懷疑，堅定了修行成佛的信心。本論的流傳，也使佛學不再是一門艱深而使人望而卻步的學問，這也是本論流傳千餘來，歷久不衰的原因。

本論雖是通俗化的文字，但仍不能靠熟讀來了解其意義，所謂「小和尙唸經，有口無心」，是不得其門而入的，還須求助於先賢的註釋。賢首大師的註釋，使本論有了確實的正解，後人譽之，以爲甚至於超越了造論者的風采；而長水大師復就所註釋者，引據經論，作成筆記，將原註之義旨有欠曉暢者，一一予以闡明，這不但拓展了觀點，也豐富了本論的內涵，更將大乘佛學理論，融合成一系統井然、脈絡相貫的論著，堪可稱道。

本論是要建立一以如來藏爲緣起的理論體系，其中最重要一個字是「心」，或云心眞如門的眞心，本論謂是「一法界大總相法門體」，謂有「如實空」和「如實不空」兩義。但空與不空兩者結合即是「空不空」，是中道，是實相，而這樣的說，也只是一種不得已，因爲眞如不能以言詞來表述其意義，是「言詞道斷，心行處滅」的。

眞如有二種截然不同的性質，一是「不變」，永恆不變，是謂之「不生滅心」；一是「隨緣」，謂因無明之挿入，此心「忽然起念」，旣起念，則此心即有生滅，是爲「生滅心」。不生滅心與生滅心和合，是爲「阿賴耶識」，亦即第八識。

在心生滅門中所討論的問題，占本書篇幅的大部分，包括「覺」與「不覺」，「本覺」

與「始覺」等基本概念，以及如何由「不覺」返歸「覺」的過程中所須應用的方法，熏習等問題。本書說明由眞如自體相熏習，始覺遂有可能，從而相似覺、隨分覺、究竟覺，當能逐步呈現，因此成佛有其可能性，有其眞實性。

在熏習過程中，本書也簡單地介紹了「修止、習觀」的幾種方法。然此非本論的重點，本論的目的，在建立一以「如來藏緣起」的法界觀，故本論亦是法界宗的翹楚。詳細的討論，均在本書的有關章節，此不贅言。

最後，撰者研讀的兩部佛學經論，首楞嚴經和大乘起信論，恰巧在近數十年間聚訟最多，或者認爲是僞書，或者認爲是外道，或者認非馬鳴所造，或者認爲是中國人的著作，但撰者以爲這些聚訟，都不是學佛的正途。印順法師說得好：「信仰佛法，修學佛法，是作爲軌範身心的修持法，是爲了實現自心的清淨與自在。所信所學的，不是身心以外的甚麼神明的崇拜，而是確信自心的可從修持以到達完滿的自在。」（見印順著：起信平議。）本論提供了一種修持佛學的方法，可使凡夫發心修持佛學，由三賢二聖而至等覺、妙覺，至少也可使修持者認定成佛是可能的，是眞實的，並且可證得實現自心的清淨與自在。

撰者譾陋，學殖未深，謬誤之處，自所難免；庸以一律，略記撰述之經過，尚祈海內外大德高僧，幸以教之。詩曰：

未著袈裟僭述經　甘爲書蠹閉幽庭
疏橫竹影梵歌作　悉索風聲禪味馨

曾登千山無息處　偶觀落葉自凋零
我心即佛何須覓　窗外飛鶯嬉不停
是爲緒白。

侮山　**謝有為**　公元二千年十月於台北汐止研究苑

大乘起信論正語

偁山　謝有爲撰語

題釋　造論者　譯者

大乘起信論

凡解題，依天台須分「體、宗、用、教」四者說明，亦即佛教經論之立題，皆須具備此四條，本論依之。

大者，即是體。本論總綱係以一心爲體，包涵本論之全部主旨，故云大。由此可深入「信所緣、解所了、行所趣、證所入、因所感、果所顯」（長水大師語），故云大。

乘者，即是宗。亦爲運載之義，譬如舟車，可載重致遠。比喻菩薩，可乘本論之法，越生死野，度煩惱河，到菩提鄉，而登涅槃岸，趣如來地，故云乘。

起信者，即是用。謂本論，能破疑執，生正信。起，即顯發、發起，對境生心；信，即忍樂，忍可印定；謂於大乘一心，發忍樂之心，勇猛精進，故云起信。

論者，即是教。聖人所教之言，能教愚成智，教凡成聖。論亦爲議論，假立主客，自問自答，循環研覈，究暢眞宗。教亦爲教誡，教誡學者。馬鳴菩薩宗法華、涅槃、楞伽、思益等百餘部大乘經，造作本論，以教誡學者也。

大乘起信論題釋，賢首大師復疏曰：「大者，當體爲目，包含爲義。乘者，就喩爲乘，運載爲功。大乘，即所信之境；起信，即能信之心，心境合目也。此則大乘之起信，又亦起大乘之信。」謂有此一心三大爲勝境，依此勝境，而發忍樂之心，再依此忍樂之心，而發起信心，故亦云「大乘之起信」。

馬鳴菩薩造

馬鳴，梵語阿濕縛窶沙 Asvaghosa，佛滅後六百年出世，其紀傳有多種說法。

一、羅什譯馬鳴菩薩傳曰：「馬鳴菩薩，長者脇弟子也，本在中天竺出家爲外道沙門，世智聰辯，善通論議；唱言，若諸比丘能與我論議者，可打揵椎，若其不能，則不是公鳴揵椎受人供養。時長老脇在北天竺，知彼可化，以神力乘空到中天竺，命衆打揵椎，與彼論議，使之隨負。遂化爲弟子。師（脇長者）還本國，弟子（馬鳴）住中天竺弘通佛法，四輩敬服。其後北天竺小月氏國王伐於中（天竺）國，圍之……。（後請）辯才比丘（即馬鳴）偕月氏王還本國……王審知比丘高明勝遠，其辯才說法，能感非類，乃以七匹餓馬，請比丘說法；諸聽者無不開悟。王繫馬於衆前以草與之，馬垂淚聽法，無念食想。於是天下知比丘非尋常，以馬解其音故，遂諱爲馬鳴菩薩。於北天竺廣宣佛法，導利群生，四輩敬重，稱爲功德日。」

二、付法藏傳曰：「脇比丘付法於富那奢而涅槃。富那奢一時在閑林思惟，有一大士，名馬鳴，智慧淵鑑，有所難問，無不摧伏；起大憍慢，草芥群生。富那奢知其可化，與彼論二諦義，使之屈伏，遂爲弟子。」

三、婆藪槃豆法師傳曰：「佛滅後五百年中，有阿羅漢，名迦旃延子，住罽賓國，與五百阿羅漢及五百菩薩共製八犍度論，而欲更作毘婆沙釋之。時有馬鳴菩薩，舍衛國婆枳多士人，能通內外典；迦旃延子請之，與諸羅漢及菩薩共研宗義意，使馬鳴著文，經十二年，毘婆沙論方成。」

四、摩訶摩耶經曰：「佛涅槃後六百歲已，九十六種外道等邪見競興，破滅佛法。有一比丘，名曰馬鳴，善說法要，降伏一切諸外道輩。」

以上四說之馬鳴，皆同一人；惟依釋摩訶衍論所說，則記六馬鳴，前後異出：

一、勝頂王經說，佛成道十七日，有一外道，問難於佛，名曰馬鳴。

二、摩尼清淨經說，佛滅後一百年，有一菩薩出世，名曰馬鳴。

三、變化功德經說，佛滅度後三百年，有一菩薩，名曰馬鳴。

四、羅什譯馬鳴菩薩傳之馬鳴。

五、常德三昧經說，佛滅後八百年，有一菩薩出世，名曰馬鳴。

六、莊嚴三昧經說，過去有一菩薩，名曰馬鳴。

以上六說，當以四說亦即馬鳴菩薩傳爲本論之造作者，爲衆所共識。摩訶衍論續曰：「馬鳴菩薩，若剋其本，大光明佛；若論其因，第八地內住位菩薩；西方誕生，盧伽爲父，瞿那爲母。」

菩薩，即菩提薩埵，意爲覺有情。智度論云，菩提，爲無上智慧，亦名爲覺，亦名爲道；薩埵云衆生，或云大心，或云勇猛心。小品云，是爲覺一切法，無障礙故，名爲菩薩。當爲大衆作上首故，名摩訶薩。

造，是製作義，製作即非撰述，意爲佛滅度後六百年內依據諸大乘經典刪繁芟蕪，取精摘要而所編製者也。

眞諦三藏譯

眞諦三藏，西印度人，梵名波羅末陀 Paramartha，又曰拘那羅陀 Gunarata。在梁大同十二年，約當西元五四四年，三十餘歲時來中國，受到梁武帝的優遇。太清二年（約當西元五四六年），見（梁武）帝，敕譯經。七年間，譯起信論、金光明經等經一十一部，共二十卷。本論係與智愷等高僧，譯於衡州建興寺。嗣侯景叛亂，意欲西歸，乘船遇風而還，乃爲廣州刺史留住於制止寺，續譯經論。自陳永定元年（西元五五七年）至大建元年（約西元五六八年）十餘年間，更譯佛阿毘曇論及俱舍論等。總計在梁陳二代，共譯經論三十四部。

第一章　總論

第一節　概說

大乘起信論傳譯入中國，一在梁元帝承聖三年，由僧拘那羅陀 Gunarata 即眞諦三藏譯；一在唐武后聖歷三年，由僧實叉難陀 Ciksnanda 譯；本書採梁譯本。

法藏大師賢首爲闡明本論之意義，撰序暢論其大意，惟以盛唐文字傳至後代，對其簡潔而涵義豐富之說明，多難確解；爰由宋代長水大師子璿，徵引經義，廣作解釋，本論義理，乃更爲明暢。

賢首序文，抒述本論，今日讀之，實爲全論之總綱，本章摭拾其言，略陳其義。

第二節　本論大意

本論要點爲「一心、二門、三大」，即可涵括其全部內容。茲先就「一心法」及「眞如門」、「生滅門」與「二門不二」加以說明。

第一目　一心法

一心法，依本論云：「所言法者，謂衆生心，是心則攝一切世間、出世間法，依於此心，顯示摩訶衍義。」賢首大師云：「夫眞心寥廓，絕言象於筌罾，沖漠希夷，忘境智於能所。」眞心，乃指法體；眞是眞實，心是靈鑑。言「心」，有四種意義。

一、肉團心，即生理上的心，衆生的心臟，梵名紇里陀耶 Hrdaya。

二、慮知心，意爲「集起」，能收集諸種子而起現行。梵名質多 Citta。

三、緣慮心，能考量自己的處境，通於八識。

四、堅實心，是堅固眞實的不生不滅心，亦即如來藏自心清淨心。梵名乾栗馱 Hrdaya。

這是最簡單的解釋，其他經文依梵文義釋，多有分歧。如大日經疏僅舉質多、乾栗馱二心；法相宗於唯識述記中舉質多、末那、毘若底三心；宗鏡錄則舉肉團心、緣慮心、質多心、乾栗馱心四者。或有言肉團心梵名乾栗馱，新譯曰紇哩馱耶，如大日經所言；而楞伽經則曰「此是過去、未來、現在諸如來、應供、等正覺性自性第一義心」，並註曰：「此心，梵音汗栗馱。」宗鏡錄亦曰：「乾栗陀耶，此云堅實心，亦云貞實心，此是眞心也。」肉團堅實心俱名 Hrdaya，以肉團心乃是即身成佛、即事而眞之所出，故云。

綜言之，亦可將「心」區分爲六種，即一、肉團心；二、集起心；三、思量心；四、緣慮心；五、堅實心；六、積聚精要心。此則較爲詳明耳。

心雖有多種，惟與本論所稱之「心」有別。一心，貫於眞妄，爲大乘法體，亦即所謂「總相」。此心若在初門，名曰「眞如」；若在後門，名曰「本覺」。眞心空寂，包含萬法，澄觀國師疏云：「寂寥虛曠，沖深包博，總賅萬有」（華嚴經疏鈔），即此之謂。

眞心，不能以言詞和意象表達其意義，所謂「離言說相，離心緣相」，言詞路斷，心行處滅也。故斷絕言詞和意象，乃是回復眞心的唯一方法。眞心也是修習成佛的唯一工具，既成佛，則不復有用。猶如以筌罾捕魚；既獲魚，則筌罾不復有用。眞心的體性，幽邃深遠，豎窮三際（沖）；其德相，漠無邊際，橫遍十方（漠）；聽之不得聞（希），視之不可見（夷）；既深且廣，故心體實非見聞之所能及。再則，心體非可以言語取，是謂離言；不可以意象求，是爲離念，故忘境智。境是「所」證之理，智是「能」證之心，「能」、「所」兩忘，即屬反迷從悟。首楞嚴經云：「性眞常中，求於去來，迷悟生死，了無所得」，即此之謂。故本論是以眞心爲依止，由此眞心爲法，透過心眞如門（還滅）和心生滅門（流轉），一切諸佛皆乘此而成佛，一切菩薩皆乘此而至如來地，一切衆生亦皆可乘此而成佛。

第二目　眞如門

心眞如的眞心，就是「一法界大總相法門體，所謂心性不生不滅。」爲彰顯眞如門的涵義，賢首大師說：「非生非滅，四相之所不遷；無去無來，三際莫之能易。」眞如是「不生不滅」的，惟「生滅」與「不生滅」，須從「遍、依、圓」三性加以探討。「遍」即「遍計所執性」，謂凡夫以其妄情，遍計度一切法，認爲實有，例如見麻繩而誤以爲蛇，麻繩實非蛇的實體，不過是妄情迷執爲蛇。故從遍計所執性以言，生滅與不生滅，如以妄情計度，則有生滅。「依」即「依他起性」，謂依因緣（他）而生的一切萬法，例如見麻繩而誤以爲蛇，乃是以麻繩爲因緣而有蛇，如無麻繩，則無蛇。這是不以妄情計度，而是藉他種因緣，認有生滅與不生滅。「圓」即「圓成實性」，謂圓滿成就的眞實性，亦曰法性，亦曰眞如，是一切有爲法的體性，例如繩之實質是麻，麻既非繩亦非蛇。故眞如門之生滅與不生滅，實無生滅，因云「非生非滅」。由此三性，可知以遍計所執性計度，如不以妄情，則無法可生，無法可滅；以依他起性，依因緣而生萬法，則即生無生，即滅無滅；以圓成實性，無前述二性之生滅，謂之「即中」，彰顯眞心不變，如本論後云「所謂心性不生不滅」是。

所謂「四相之所不遷」。四相，謂「生住異滅」，或名「四有爲相」。可分爲二種，一是「一期四相」，法之初有名之爲「生」；生後其相類似，名之爲「住」；住後繼續不斷的轉變，名之爲「異」；異後消失，名之爲「滅」。二是「剎那生滅」，謂一剎那中即具有四相。凡有爲法，俱不能免於四相的鐵則，爲其所遷；但眞心不變，是無爲法，故非生非滅。

所謂「無去無來，三際莫之能易」，謂此眞心，既不向前際去，亦不從後際來，更不在現在住；而現在住，乃有爲法，不能避免四相的鐵則；但眞心是無爲法，三際固爲變易之法，惟各依眞如門修習，則可遷「有爲」爲「無爲」，故云「莫之能易」。淨名經云：「但以文字數，故說有三世」，非謂菩提，有去、來、今也。

所謂「一法界大總相法門體」；一法界，謂統一切諸法而爲一整體法，界如眼界、色界、十八界，乃至十法界，統一切界而爲一整體界，這就是眞心，心眞如的眞常心，也是整體法、整體界的大總相，此之「大」，乃整體之意，大總相亦就是平等性，絕對的普遍性。法門，謂每一法是一個門，可循法修習而得門獲入，故云「法門」。體，即指心眞如，心眞如的眞心，是一切法門的「體」；不過此「體」，只是就眞心的空性、如性而言，非實有一物，如後文云「言眞如者，亦無有相……亦無可立……」是。

第三目　生滅門

生滅門，如本論立義分所云「是心生滅因緣相，能示摩衍自體相用故」，意謂眞心在不知不覺中，忽然起念，此「念」即爲生滅心，也叫做阿賴耶識，亦即「不生不滅」與「生滅和合」。不生不滅是指眞如心，生滅和合是指眞如心與生起之「念」的心。就眞如心以言，稱爲「本覺」，就生起念心以言，稱爲「不覺」。由於生滅門有此雙重不同的性質，故其內容甚爲複雜，因爲生滅門還要說明流轉與還滅的可能性，也就是要說明如何由凡夫而成賢、成聖、成佛之道。

心生滅門，有三種特性，賢首大師說：「但以無住爲性，隨派分歧；逐迷悟而升沉；任因緣而起滅。」

所謂「以無住爲性」，因眞常心雖是「寂寥虛曠，沖深包博，非生非滅，不垢不淨」，但並不停滯在這一非染的狀態，而常常受周遭環境的熏習，動心起念，有三細六粗九相的生滅。淨名經說：「從無住本，立一切法」，即是指心的生滅，生起世事的紛紜萬象。「無住本」亦曰「一念無明法性心」，法華玄義荆溪釋籤解云：「從無住本立一切法者，無明爲一切法作本（按爲因無明不停的運作而生一切法，肇致紛紜世事，皆無明爲其根本）。無明即法性，無明復以法性爲本，當知諸法亦以法性爲本，（故）法性即無明；法性復以無明爲本，法性即無明，無明無住處；無明即法性，法性無住處。無明與法性雖皆無住，而與一切諸法爲本，故云從無住本，立一切法。」由而可知「無住本」乃是指法性無住、無明無住兩者。然此兩者，實是指「心」而言。因「心」永不停滯的在運轉故。華嚴有偈云：「心如工畫師，造種種五陰，一切世間中，無法而不造」。故凡言「法」，都是指「心」亦即「緣起生滅心」而說；而言「心」亦即言「法」也。又所謂「法性」，乃「法之性」，法之性，就是「空、如」。

無住本，亦曰「如來藏理」。藏有二義，一爲「潛藏」，潛伏深藏於內心，不顯露於外，此爲在隱時，名如來藏；一爲「庫藏」，涵藏「三千世間法」於內心，開決並覺了此三千世間法而顯於外時，此際名曰「法身」。九界衆生，莫不在「迷」，依此而言，則如來藏即是「無明陰妄心」，摩訶止觀中言「六即」的「理即」，即謂「一念心即如來藏理」，此中有法性，亦有無明，故亦名「一念無明法性心」，指出生滅心的隨緣遷轉，運作不停。

無住，是心生滅門的第一個特性。眞心，如水之源頭，隨流分派；如江河之分支，擇地形之低處而流；如高速公路之幹道，隨交流道而有分歧。

因「心」之無住，念有生滅，故眾生莫不在「迷」，而隨六道輪迴，生生死死不已。善因多，則昇為人、天；惡業多，則墜入六趣；迷時多惡業，悟時造善因；其昇沈情形，詳請參閱大佛頂首楞嚴經正語四〇一頁以下，此不繁引。這是生滅門的第二個特性。

因迷、悟的情形不同，迷時「（違）背覺（悟）合（符）塵（六塵）」，悟時則「背塵合覺」。但迷與悟的情境，實與環境有關，即所謂各具因緣也。大致在迷時，係以無明為因，以境界為緣；在悟中則以「本覺」的內熏為因，師友的教導督促外熏為緣。迷中因緣，沈於生死；悟中因緣，昇於覺路。故云「任因緣而生滅」。這是生滅門的第三個特性。

綜言之，生滅門是顯眞如的不住自性，所謂「不變隨緣」；眾生既在迷中，則如何在迷中起悟，正是心生滅門所要闡釋的道理，也正是吾人學佛所要鑽研的重要部分。

第四目　二門不二

心眞如門與心生滅門兩者性質是絕對相反的，眞如是不變，生滅是隨緣（變）；惟行相雖有不同，而理則歸於一。不變是肯定眞常心的存在，是實相；隨緣是世間萬有的生滅變遷；故眞如是從實相方面說，生滅則從緣起方面說。而人只是五陰的和合，不能脫離六塵，萬有的發生，不過一心的妄想。楞伽經云：

人相續陰　緣與微塵　勝自在作　心量妄想

謂人世間各種現象，都是五陰連續不斷運作而造成的，有的是因緣與微細塵事和合，有的是業力造成，這種毫無拘束的自在造作，實際上都是心的妄作。即是此意。本論亦曰：「所謂推求五陰色之與心，六塵境界，畢竟無念；乃至若能觀察知心無念，即得隨順入眞如門。」以是可知生滅是修行的起點，在滔滔濁世中，入污泥而不染，由煩惱而得菩提，即爲由生滅門而隨順入眞如門。二門雖殊，實則爲一也。

關於「二門不二」的情形，賢首大師說：「雖復繁（多）興（起）鼓（動）躍（跳），未始動於心源。」是說生滅心繁，可染可淨；一念興起，則新新生起，不停不滯，鼓動跳躍，未曾暫住。雖未暫住，但對於眞如心而言，則仍「靜謐（靜中之靜曰謐）虛凝，未嘗乖於業果」，眞如之體不變，不變的性，就是心源。惟眞如心雖是靜謐虛凝，而其用則常隨緣（變），而作業因，而受果報，並未乖違。故眞如不礙生滅，生滅亦不礙眞如。

眞如心，依勝鬘經之言，謂「不染而染，染而不染」，賢首大師釋云：「不染而染者，明隨緣（變）作諸法也；染而不染者，明隨緣時不失自心。」並且指出，由前義「俗諦得成」，由後義，則「眞諦復立」，又說「如是眞、俗，但有二義，而無二體，相融無礙，離諸情執」（見勝鬘經一乘教義分齊章）。本論則將「不染而染」說爲「不生滅與生滅和合，非一非異」，並賦予一個名詞，「名爲阿梨耶識」，由是乃有生死之流轉，亦即「隨緣作諸法」；同時因「染而不染」，乃可還滅而歸於心眞如。

第三節　本論教判

教義，粗分之可分爲「通」、「局」兩大類；通是指一般性、普通性；局是指局限性、個別性。通，是大乘的終、頓、圓；局，是小乘和大乘始教兩類。又所謂「通」，乃謂深的教義必然賅括淺的教義，或一經能涵蓋多經教義；所謂「局」，乃謂淺不及深或一經唯說一教義。

教義爲釋迦所說法，其說法次第，分爲五時者，稱五時教，依天台宗所說依次分爲華嚴時、鹿苑時、方等時、般若時、法華般若時。依涅槃宗則分爲五時，即三乘別教、三乘通教、抑揚教、同歸教、常住教等。另晉武都山劉虬亦立有五時教，唐法寶亦立有五時教；其說法與分類雖各不同，要之亦大同小異。

本節所述，則爲始於杜順和尚所創而成於賢首大師所述的教判。

第一目　小乘教

小乘教或曰小教，其之所以名爲小，緣其「但說我空，縱少說法空，亦不明顯。」小乘，梵名 Hinayana，是相對大乘之稱，求阿羅漢、群支佛爲小乘，求佛果爲大乘。乘是運載之義，謂將修行人乘載到達於悟岸，主要以「苦集滅道」四諦爲到達阿羅漢果之教體，以十二因緣爲至群支佛果之教體。小乘有二種教體，故亦謂之二乘。在小乘教中所說的，皆因緣力，中無主宰，故曰「我空」。其所以「少說法空」，緣在阿含經中，亦有云「無是老死，無誰老死」等，即屬法空之義，但其意義甚不明顯，亦不作解釋，因非小乘教之正意故。

小乘教義所述者，「但六識三毒，建立染淨根本」而已。六識即眼、耳、鼻、舌、身、意六者，言六根對於色、聲、香、味、觸、法之六境，而生見、聞、嗅、味、覺、知的了別作用。三毒即貪、瞋、癡，此三者害物最深，能損法身慧命，故以毒名之。如以三毒為主體而熏客體的色心，則造業受生，流轉三界，這是「染根本」。如以不貪、不瞋、不癡為主體而熏客體的色心，則能斷除煩惱，出離三界，這是「淨根本」。不過，染、淨根本兩者，以染根本言，不深入了知「根本不覺」之義，是「有漏」之因，是未盡染法之法源；以淨根本言，不達如來藏心本具的無漏功德，是亦未盡淨法之法源；故賢首大師云「未盡法源，故多諍論。」

小乘教之有「諍論」，緣二乘為佛成道後十二年間就經、律、論三藏之所銓；而佛滅度後，印度小乘分為二十流派，傳來我國，分為俱舍、成實、律等三宗，各不相與，致有諍論不休的情形，其主要原因，是未盡法源之故。

第二目　大乘始教

大乘始教是大乘的初門，有「相始教」和「空始教」兩種。「相始教」是依深密經、唯識論等，分別五性，謂一切衆生，可分五性，而定其可成佛或不成佛；五性，即定性聲聞、定性緣覺、定性菩薩、不定性、無性等五者，建立依他之萬法。所謂「性」，其構成有「體」、「因」及「不改」等三要件。所謂「定性」，謂三乘各具唯一種性之衆生；所謂「不定性」，謂三乘具有二或三種性之衆生；所謂「無性」，謂不具三乘之無漏種子，只有人、天的有漏種子。「空始教」是依般若經、三論等，說諸法皆空，彰顯無所得、平等之義。惟二者都不開示一切衆生悉有佛性之義，以是「未盡大乘法理，故名爲始」。因爲只確實了解「空」是初學大乘的基本認識。

大乘始教亦名「分教」，這是特別指「相始教」而言。因爲相始教「但說一切法相」；一切者，謂不出五位共計一百法。五位，其一，是心法，謂此心無質礙而有緣慮之用，或爲緣起諸法之根本，共有八種，即眼、耳、鼻、舌、身、意、末那、阿賴耶等。其二是心所有法，或曰心所法，謂心對境界的了別作用，共有五十一種，（詳見俱舍論，不列舉）。其三爲色法，謂五根對五境，即眼、耳、鼻、舌、身五根對色、聲、香、味、觸五境，有質礙之作用，故名爲色；惟尙有依身、口發動之善惡二業，生於身內的一種無形色法，感受苦樂之果，稱之爲無表色法；是以色法共有十一種。其四是不相應行法，共有二十四種。其五是無爲法，共有六種。此五位合計一百法，爲唯識宗用以說明世間、出世間的萬象，以一切事理諸法，均不出此五位，前四位屬於「事」的範疇，最後一位屬於「理」的範疇。法相，謂諸法一性殊相，殊別之相，由外可見者，大乘義章曰：「一切世諦有爲無爲，通名法相。」是以云「一切法相」，即指此一百法也。

空始教與相始教亦說明五性中定性聲聞、定性緣覺與無性等三者，無佛種子畢竟不能成佛，稱爲「三無」；定性菩薩與不定性之一部分，因有佛種子故，必可成佛，稱爲「二有」；既有成佛與不成佛之分，故大乘始教亦名之爲分教。

第三目　大乘終教

大乘終教在說明眞如緣起之理，謂一切皆得成佛，此則不同於前述之始教。賢首大師說：「終教，亦名實教。說如來藏，隨緣成阿賴耶識，緣起無性，一切皆如，定性二乘，無性闡提，悉當成佛，方盡大乘至極之說，故名爲終，以稱實理，故名爲實。」這是對終教非常精彩極爲顯豁的說明。

以上的說明，也是澄觀國師在華嚴經疏鈔懸談中對終教所下的定義。何以名爲終教？緣佛於二三兩時說教，未盡大乘法理的「空」義。言「未盡」者，澄觀國師說：「第二時中但明於空，空是初門；第三時中定有三乘，隱於一極；故初教名並從深密二時以得。云何空爲初門？法鼓經中以空爲始，以不空爲終，故彼經云：迦葉白佛言，世尊，諸摩訶衍經多說空義。佛告迦葉，一切空經是有餘說，唯有此經是無上說；若爾，彼第三時既不明空，以未顯一極故。」今「定性二乘、無性闡提悉當成佛」，則已盡大乘法理，故澄觀國師續曰：「非唯說空，復說中道妙有，故稱實理，既非分成，亦名稱實。」

始教是廣說法相，少說法性，所說法性亦即法相之數。而終教則少說法相，多說法性，即說法相，亦全歸於性。例如說五蘊，五蘊即空，空即法性；又如說心，心即離念，法界一相，法界無差別等。終教所立的八識，澄觀國師謂「通如來藏」，有九項特質：

一、一切衆生，平等一性。

二、不生滅與生滅和合，非一非異，名阿賴耶識。

三、眞如隨緣成立，成一切法。

四、依他起性是因緣所生法，緣生無性，故空，空即圓成實性。

五、衆生界與佛界一理齊平，不增不滅。因兩者法性既同，生、佛均屬法性，不可以法性增法性故。

六、第一義空，該（賅）通眞妄，眞（諦）非俗（諦）外，即俗而眞故。

七、雖空不斷，雖有不常，四相，體性即滅。

八、緣境斷惑，不二而二。

九、世出世智，依如來藏。

以上義理，詳見華嚴疏鈔懸談頁二〇九至二一五（商務版），亦能綜合本論的大部分內容。

終教說明五性一切衆生，皆有如來藏心，總皆成佛，已銓法窮源，窮無可窮，故云至極；相對始教之未盡源頭，故名五曰終；又其非同法相，故云實理；分教不了義理，乃屬於權，此則了義，故云實教。

第四目　頓教

頓教是不依言句，不設位次，係以頓徹理性爲主要涵義。所謂「理性」，即眞理，亦即眞常心；以其直指心之本源，不經歷修行之階段，立地成佛，故稱爲「頓」。

賢首大師對頓教所銓定的意義爲：「頓教，總不說法相，唯辨眞性；亦無八識差別之相；訶教勸離，毀相泯心；但一念不生，即名爲佛，不依地位漸次，故說爲頓」。此之謂「唯辨眞性」，乃指本論所云「以一切言說，假名無實，但隨妄念、不可得故」而言，以是澄觀國師疏曰：「一切所有，唯是妄想，一切法界，唯是絕言」。這是與前述始教但說「諸法皆空」不同，因「一切法不可說、不可念，故名爲眞如」，頓教，從此點辨眞性，是較始教更進一步說明「不空妙有」，也就是圓成實性，凡聖因果，均可依此獲得平等的圓滿成就。

頓教既「唯辨眞性」，故總不說「八識差別之相」。八識，即眼耳鼻舌身意六識及末那、阿賴耶識，這是法相的根源；今唯辨眞性，則識如幻夢，「心生則種種法生，心滅則種種法滅」，法之生滅，唯此心耳。八識，莫非因緣所生，但「因緣所生法，我說即是空」也。

所謂「訶教」，意指本論之云「一切言說，假名無實，但隨妄心」，斥妄心唯隨假名而不符圓成實性，是爲無實，故頓教不立文字，但以心傳心。

所謂「勸離」，有二義。一爲勸其離除頓教以外之教，即前述之訶教，離言說相，離名字相。二爲勸離一切法，法的數量雖多，但不外「色、心」兩者，離色色如，離心心如，兩者皆離，則契合眞常心，達於無念之境界。

所謂「毀相泯心」，「相」是一切境界，毀去境界，是達到無念的一法，所謂「凡所有相，皆是虛妄」是。泯心是從「智」的方面說，既明了境界（相）皆是虛妄，則所認知的境界，豈有眞實？從境界認知的「智」，也是虛妄的，故須泯絕此心生起任何念頭，所謂「生（起）心即妄，不生即佛」是。達摩碑云：「心有也，曠劫而滯凡夫；心無也，刹那而登正覺。」

綜言之，頓教是要做到「一念不生」，念生即是凡夫，因相現則性隱也；不生念即名爲佛，因眞常心性顯而相亡也。再者，天台智者大師將佛成道後說法經過分爲「五時八教」，五時之第一時是「華嚴時」，是頓說，對利根者說的，於八教之「化儀四教」中則稱爲頓教，乃是以「頓」的方式說圓滿修多羅；惟於「化法四教」中則稱爲「圓教」，將頓教的內涵於圓教中說之。

第五目　圓教

圓教，意謂此教，包括了前述小乘教、大乘始教、大乘終教和頓教。圓滿具足，性相俱融，刹海塵毛，交遍互入，也就是華嚴經的教義。

華嚴經義廣理深，非數言可盡。賢首大師略舉其要曰：「圓教，所說唯是法界，性海圓融，緣起無礙，相即相入，帝網重重，主伴無盡。」

所謂「法界」，乃指「一眞法界」。惟法界 Dharmadhatu 之義有多種，概述之，可分爲二：其一爲「事」，稱爲「事法界」；其二爲「理」，稱爲「理法界」。就「事」以言，法者，諸法也；界者，分界也；諸法各有自體，但分界不同，故名法界。就「理」以言，指眞如之理和性而謂之法界，或謂之眞如法性、實相、實際；此之界乃「因」之義，謂依此而生諸聖道，故名法界；又此之界乃「性」之義，是諸法所依之性，諸法同一性，故名法界。至「一眞法界」，是華嚴宗所用，指絕對的眞理，三藏法數曰：「無二曰一，不妄曰眞，交徹融攝，故曰法界。即是諸佛平等法身，從本以來，不生不滅，非空非有，離名離相，惟一眞實，不可思議，是名一眞法界。」由是圓教所說的一眞法界，乃指舉凡理、事，心、境，人、法，聖、凡，染、淨等法，皆不離於此。故云「所說唯是法界」，而華嚴宗因亦稱爲法界宗。

所謂「性海圓融」，乃指理法界而言，謂理性既深且廣，猶如大海；理之體，周而且遍，無有一法不可融攝，故云。所謂「緣起無礙」，乃指事法界而言，謂衆緣所造心境、染淨、情器、因果、大小、一多、俱各不同，但此等事法，皆爲理之所成；緣起事法，皆無自性，不礙於理，理能隨緣，亦不礙於事，理事兩者，互不相礙，此名爲理事無礙法界。

所謂「相即相入」，乃指諸事法，各全攝理，即理之事，互不相礙，以是一一事法，相即相入，一即一切，一切即一；一入一切，一切入一；互爲主體，重重無盡，如天網珠，光影互入，無礙無盡。此名爲事事無礙法界。

澄觀國師更對圓教義理的廣深，就「主體無盡」作進一步的說明，謂「十十法門，各攝法界」，疏曰：「十十法門者，一一法門多明十故。十身、十忍、十眼、十通、十種玄門，出十所以，表義無盡，彰異餘宗，故文文之中，多皆十句，一一十句，六相圓融，方顯教圓。」（見華嚴經疏鈔懸談）。惟此以義理廣深，非數言可盡，姑略舉之，以供參考。

第六目　綜述教判

教判，即判教，謂判釋釋迦一代的教相。如本章判釋的五教，如天台宗判釋的五時八教。必須了解各教的教相，方能進一步透澈了解各教的義理。法華玄義有云：「聖人歸教各有歸從，然諸家之判教非一」，明瞭彼此不同的地方，則對義理的顯示，方可有很清晰的認識。

本章上述五教，綜合言之，不出「性、相」範圍，可概括爲六點：

一、唯相非性，只說法相，不說性，這是小乘教。

二、唯性非相，只辨眞性，毀相泯心，這是頓教。

三、相多性少，多說法相，少說法性，這是分教。

四、性多相少，多說法性，少說法相，縱說法相，亦不離性，這是終教。

五、非相非性，但說諸法皆空，而未顯眞如性，這是始教。

六、全相全性，謂說一眞法界，全體而起染法淨法，即是全相；染淨起時，性體不隱，全是眞如，即是全性，這是圓教。

此六點，其主要義趣，又可歸納爲四項：

一、小乘教中只有六識，即眼、耳、鼻、舌、身、意六識。
二、始教依阿賴耶識。
三、終教依如來藏自性清淨心。
四、圓教依唯一眞心迴轉。

天台宗判教，是先將佛成道後說法經過，分爲五時八教。所謂五時，謂佛說法的五個階段：

一、華嚴時，說華嚴經；
二、鹿宛時，說四阿含經；
三、方等時，說諸方等大乘經，爲維摩、思益、楞伽、密嚴、三昧、金光明、勝鬘夫人等經；
四、般若時，說諸般若經；
五、法華涅槃時，說法華、涅槃經。

所謂八教，又分爲二：

一、化儀四教，謂說法教化衆生的方式，可分爲頓、漸、秘密、不定等四種。
二、化法四教，謂說法教化衆生的內容，可分爲藏、通、別、圓等四種。

在法華經中，是將化儀四教譬作葯方，將化法四教譬作葯味。是爲濟度衆生登彼佛地之方式，故亦名化儀四式與化法四式。

本論所判五教，大致與化法四教相等，惟開合有異。藏教即是小乘教；通教即是大乘始教，但限於說諸法皆空，如說一切法相，即爲分教，亦即別教。終教則爲說明如來藏，隨緣成染淨，緣起所生諸法，皆無自性，一切皆如，亦即「圓中雙照」之義。頓教則只辨眞性，亦即「圓中雙遮」之義。圓教是說明性相俱融，亦即「圓中」同時「遮照」之義；略謂藏、通、別三教所銓，唯是一心「具」一切法，即是圓教中的不思議中道，故三教皆屬圓教。又因一心「具」一切法，「一念無明法性心」，故不同於「緣起性空」，而爲「性具」；其所論雖異，但其法無異。

至於本論在此五教中，應判爲何?依賢首大師言，謂「正唯終教，亦兼於頓」。良以本論述生滅門，說如來藏，隨緣作阿賴耶，成諸染淨，故爲終教；述眞如門，謂顯體離言，依言辨德，故兼於頓。再則，本論雖分二門，但眞如門，僅略說法體；生滅門，則說迷悟，辨凡聖；論染，則有二礙、三細、六粗；論淨則有三大、四信、五行等；具辨染淨熏習，廣明四位階降。說斷證，明解行；一切世出世法，皆在生滅門中闡述。述眞如門是理法界，生滅門是事法界，生滅門還歸於眞如門，是爲一心，一心、法界，即一眞法界；事法界融入於理法界，二門不二，即理事無礙法界，此即爲圓教。故本論既攝終亦兼頓，並亦攝圓也。

第四節　歸敬述意

智愷大師爲本論作序曰：「夫起信論，乃是至極大乘，甚深祕典，開示如理緣起之義。

其旨淵弘，寂而無相；其用廣大，寬闊無邊。」且「文深旨遠」，足以導引對大乘起信未久者，「迴邪入正，使大乘正典，復顯於時。」

本論首揭十二句偈，略可分爲歸敬三寶和述造論意二部分。所謂「偈」Gatha，譯曰頌，乃讚美之意；又可分爲二種。一曰直頌，亦名孤起，梵言「伽陀」Agada，凡以偈說法，無經文（長行）者，皆屬此。另一曰「祇夜」geya，是爲了要重顯經文（長行）的意義之未盡者，故亦名「重頌」或「應頌」。

頌復可分爲六種：

一、超頌，頌在前，經文在後。
二、追頌，經文在前，頌在後。
三、廣頌，經文簡略而頌廣。
四、略頌，經文廣而頌簡略。
五、補頌，補經文意義之不足。
六、義頌，頌贊經文之涵義而闡揚之。

本論十二句偈，列於文前，自爲超頌。

第一目　歸依三寶頌

三寶，即佛 Buddha、法 Dharma、僧 Samgha。歸依三寶，有六種意義。

一、荷受恩德。由於佛的大慈大悲，說法教化衆生，因若無有法，則解無從生；若無有僧，則法無以得；故當感戴佛說法的恩德，僧的傳述，使後人得以成就慧悟，理宜敬而依之。

二、請求加護。在五濁惡世中，大乘佛理，傳化不易；若不由佛力之加護，暗中支助，殊難以自利利人。故請求佛之加護，宜誠敬以求之。

三、令人起信。本論非佛所教，乃是綜合大乘諸經之義理而簡述之。然所論者，皆佛所教之大乘義理也，馬鳴菩薩造作本論，爲使衆生皆能起信，故首言須歸依三寶，因其所論述者，俱能印契佛心，修習者宜歸依敬禮之。

四、爲儀式故。習佛，當須遵從佛教之儀式。既習本論，則當歸命三寶，誠敬以求之。

五、表彰尊勝。佛法僧三寶，最可尊重，披僧伽衣，乃志行最爲高潔者；故歸依三寶，是表彰佛的尊勝，無可替代。

六、顯揚利益。佛法，有益於世道，其利甚溥，苟能歸命三寶，則凡、愚、迷、倒四者，皆得獲益。本論之作，亦爲顯揚學佛之利，使衆生同霑法雨，共登佛境。

歸依三寶之第一頌曰：

歸命盡十方，最勝業遍知，色無礙自在，救世大悲者。

歸命，梵語南無Namah或Namo，是敬禮、救度之意。歸是趣向依投之義，命是己身之性命；歸命即爲以自己無二獨一之生命，歸奉無上之世尊。歸，又有還原之義，衆生六根，背一心而馳騖六根，皆由身、口、意三業有以致之，捨三業令還原於一心，則可由迷而悟，得成聖道。

歸命之處，不限於一方，四正四隅上下，佛皆遍在，所謂毘盧遮那遍一切處，法身遍在也。歸依三寶，固十方均可，即所歸依之三寶，亦應盡歸而敬之。三寶內涵，可分爲三：一、住持。凡雕、鑄、塑、畫之佛像，經、律、論三藏之教文，比丘等五衆和合，皆應歸依崇敬。

二、別相。五教有深淺之不同，佛有三身十身之異，法有教、理、行、果之別，僧有三賢、十聖、上人之殊，皆應歸依崇敬。

三、同體。本性雖有觀、行、融、通之異，並以覺照爲佛，軌持爲法，和合爲僧，然皆屬於一法體；故皆應歸依崇敬。

佛法僧三寶之可寶者，以其乃爲福之田。福田，可分三，即「敬田」，謂恭敬能生福；「恩田」謂報父母恩能生福；「悲田」謂濟助貧病、悲愍弱殘能生福。恭敬三寶，爲可生福，得福報也。

歸依三寶，如種福田。福田不限於一方，亦不限於一方之一剎二剎；凡十方剎中三寶，皆應恭敬，是謂將有限之生命，須盡歸於十方之三寶。

佛之可寶，其最勝者爲「業遍知」。所謂「最勝」，賢首大師疏曰：「過小曰勝，超因曰最」。過小，意爲佛果所得三身（法身、報身、應身）三德（正因、緣因、了因）超過於小乘所修的果（羅漢、辟支佛），或菩薩所歸之佛是報身佛而超過小乘所歸的化身佛。超因，意謂佛果是妙覺而超過菩薩的等覺以下，且佛果是自受用身，眞應無礙，故超過菩薩的他受用身。

至所謂「業」，指身、口、意三業的業用：「遍知」可分「眞智遍知」和「俗智遍知」，眞智謂遍知心眞如門的恆沙功德，俗智謂遍知心生滅門的緣起差別；眞智證理、俗智鑒機，佛無不遍知也。且凡夫之知，由妄心而起，是爲妄知；外道之知，不契佛意，是爲邪知；二乘之知，偏於我空，是爲偏知；菩薩之知，未達妙覺，是爲分知；唯佛能合眞俗二智，故曰遍知。這是闡明佛的意業最勝，「理量齊鑒，無倒遍知」，心與境渾然融合，爲一法界。

「色無礙自在」，是闡明佛的身業最勝。如來色身，自在無礙。至所謂無礙，依華嚴經說，則有多種，例如大小無礙、互用無礙、事理無礙、應機無礙等。大小，謂佛之一一根，皆遍法界，而不壞諸根之性，又不雜諸根之相；舉凡眼見耳聞，對境均不致有錯，六根各司其事，區別境相，大小分明。互用，謂佛之六根，可以互用，不同於凡夫之眼唯見色等。事理，謂佛對事與理之所現，分明無亂，且不礙舉體性空，所謂事不礙理也。應機，謂佛是圓迴之身，十方齊可隨機因應，所謂「佛身充滿於法界，普現一切衆生前，隨緣赴感靡不周，而常處此菩提座」（華嚴經）。

「救世大悲者」，是闡明佛的口業最勝。世，即世間，分三種：器世間，即國土世間，釋迦如來所化之境；衆生世間，釋迦如來所化之機類；智正覺世間，釋迦如來教化一切衆生種種差別之智身（見華嚴大疏）。依智度論，謂一切有爲法分世間爲三類，即五陰世間或五眾世間，眾生世間，國土世間或器世間。在世間中，器世間是佛教化之處；智正覺世間是佛已教化而成種種差別智身之處；惟眾生世間則尙待佛教化者也，故救世即爲救此眾生世間。

佛是大悲者，救此眾生世間，以救三緣中之無緣者爲最勝。依智度論云，三緣，其一是眾生緣慈悲，以慈悲心視十方五道眾生，常思與樂及拔濟其苦之心；其二是法緣慈悲，對已斷煩惱之三乘人，達於法空，破吾我之相，破滅一異之相，憐眾生之無知，欲拔其苦得樂之心；三是無緣慈悲，諸佛之心，不住於有爲、無爲性之中，不住於過去、現在、未來世之中，知諸緣不實，顚倒虛妄，故心無所緣，而佛以眾生不知諸法實相，往來五道，心著諸法之取捨分別，是爲拔此等與佛法無緣眾生於苦之心。無緣慈悲心，以與法性同體，故名大悲。悲者，梵言 Karuṇā，悲眾生之長淪於苦，欲拔濟之也。惟悲只是暫救，不能眞救，如見貧苦者，施以小惠，或給衣物，或給飯食，此等作爲，不忘我人眾生之見，有厚薄親疏之心，行不能久，且不普及，佛法中斥爲愛見。大悲則爲永救，見眾生不成佛道，發願化度一切眾生，所謂「使無有餘，皆令入究竟無餘涅槃」是。

第一偈是頌佛寶的，試爲語體詩如次：

對世間無量無數的芸芸生命，
不管生長在任何地方處所，即使是
天堂或地獄，幽谷或高嶺；
大悲者遍能知悉

他們無始以來造成的三業，在六道輪迴不停；而擅長以簡單的方法，解救他們出妄染的繫禁。

佛的智慧無限，

佛的色身無礙，

佛念念不忘，衆生苦痛，胸懷救世廣大悲情。

及彼身體相，法性眞如海，無量功德藏。

前四句是頌佛寶，此三句則頌法寶，爲標示與前四句頌佛寶的不同，故先以「及彼身體相」說明此偈之重點在頌法寶。但佛與法兩者是不能分割的，佛即是法，法雖未即是佛，惟頌法寶，其主體仍當歸之於佛。彼身，即佛身；體，即體大；相，即相大；佛有三身，用大之中，包涵報化二身，屬於佛寶，體相兩大，則爲法身，屬於法寶。法寶，分爲四種，即教、理、行、果。教，能銓粗顯，是假名，是淺而易現部分；理，能銓眞實，是深奧部分；行，是依一己功力而修習，能否達於究竟，可分別論判；果，是依修行而獲得智、斷二德，是謂果圓。

「法性眞如海」，是以海喩法性和眞如，廣大普遍。法性，又名實相眞如，法界，涅槃等，性是體義，是不改變之義，意謂眞性平等頓周，有情與非有情，共爲一體，染淨因果，皆爲此性，故名法性。依智度論云：「在非衆生數中，名爲法性，在衆生數中，名爲佛性。」言佛性，侷限於果，不通諸法，言法性則無所不賅，不僅僅於佛。故法性遍於染淨時，法性無有變異，是即實相眞如。「眞」是不僞妄，「如」是性無改變，眞如遍於染淨，遍於情及非情；情指凡夫聖人；非情指淨土穢土；以是眞如之義，豎窮三際，橫赅十方，深廣了無涯際，亦顯示體之大也。

惟眞如性既不變，則又何可隨於染淨？故以「海」喻釋之。海因風起而生浪濤，浪濤之起伏大小雖殊，但其濕性不變，不變之性，無礙於浪濤之起伏，故其動靜，實無以異，此謂之動靜不二。故長水大師云：「眞如隨緣，成於染淨，染淨雖成，眞如不變。無變之性，不礙染淨，染淨萬差，不礙一性，是故性相無二也。」

「無量功德藏」，是釋相大，謂此法身如來藏中，涵攝蘊積無邊恆沙性功德，亦即能含藏無量之事理，天台宗所謂之「一念三千」，意亦指此。本句亦含有教與行二法，教謂將所受之教接納而藏於自身，名爲藏，將所教之義理及於受者，名爲行；此二者，不相捨離，如華嚴有云：「文隨於義，義隨於文」是。行，即修行，修行能攝藏所完成之功，故名曰功。惟僅有修習，只能名之爲行，必須有所成就，常見自性，方可名之曰功；須於念念無滯中，常見自性妙用，始名功德。以是可知功德藏，皆教與行之結果而含藏者也。

含藏無量恆沙性德，亦可以海喻釋。海納萬物，其廣大，無德不備，其明澈，無影不現；無量功德藏之相，亦如海之淵深廣大含攝無量。

如實修行等。

這一句是頌僧寶，僧能如實修行，則能超凡入聖。不如實修行，則雖方袍圓頂，仍是凡僧，凡僧有所謂內凡，外凡；內凡稱三賢，外凡亦須修行至十信以上。所謂聖僧，須小乘四果，大乘十地；十地以上菩薩，方稱爲大菩薩僧。本論以修習大菩薩爲鵠的，故云如實修行。如實修行，謂依本論所述法力熏習，證得地上菩薩，發無漏智，所起之行，一一契眞，無不如實；實就是實相，如即是眞如，是謂如實修行。

以上一偈四句，是頌法寶和僧寶，試爲語體詩如次：

佛以無可比擬的完善身相、體相，
散放出光明，
莊嚴華麗，交互輝映。
法性及眞如，猶如浩渺廣大無際的海洋，
蘊藏著
無可計量的恆沙功德，引領
如實修行的僧衆等，
一步一步地向聖境的途徑邁進。

第二目　造論述意頌

爲欲令衆生，除疑捨邪執；起大乘正信，佛種不斷故。

最後一偈是頌造作本論的旨趣。綜言之，是要喚醒在迷的凡夫，破除疑惑，起大乘正信，捨邪說，歸依佛所說的正教。佛所說教義雖多，但相對的邪說，亦有九十五種之多，如依從邪說，則正確的佛教，必趨衰微；爲使佛種不斷，衆生普能獲得學佛的利益，而般涅槃，故造作本論。

大乘佛教的主體，只是一個「心」字，心是萬法之本，德相具足，應用無盡，故天台有「一念三千」之說。但衆生對大乘佛教，多起疑端，大別有二。其一爲「疑法」。謂大乘法體，爲一爲多？若爲一，則我即是佛，彼此無異，何須再求成佛？亦不必再去度化他人，於是悲、智、願三者皆息，這是發心學佛心理上有了障礙。若爲多，則佛是佛，我是我，佛已成道，我自沈淪六道，何須發心？由是起不能發心的障礙。其二爲「疑門」。謂學佛的教門甚多，不知要依那一門，方能進趣。頓、漸、別、圓，何者是，何者非，初學者，實不知其所從。由是遲疑猶豫，不能發心修行。

本論的主要旨趣，在說明大乘之所以爲大乘，從法體說，只是「一心」，亦即「衆生心」，或「眞常心」。除此心之外，更無別法，以「除疑捨邪執」，使「起大乘正信」。此「一心」，從法義說，即「攝世間法、出世間法」。而所謂大乘之義，即此「一心」具體大、相大、用大三者。體大是說眞如性遍一切處；相大是說此「一心」具無量恆沙性功德；用大是說此「一心」能生一切世間、出世間善因果，而諸佛則皆「乘」此「一心」依以成佛，一切菩薩皆乘此「一心」以達於如來地；諸佛如此，諸菩薩如此，一切衆生欲成佛，亦須如此。

衆生之不能成佛，本論即指出乃是由於無明，迷自心海；由「心」的「一念無明法性心」，心海生起六道波浪，六道即天、人、地獄、餓鬼、畜生、阿修羅，而長淪生死。然修行之道，不出二門，本論謂依眞如門，以修止行，依生滅門，以修觀行；若止觀雙修，則萬行斯備；入此二門，諸門皆達。如此即可破除疑邪，知所進趣修行。

破除疑邪，謂於眞不疑，於邪不執，方得起大乘正信。有正信，信心滿足，方得入初位，循而證位不退，生如來家，爲法王子，得紹佛位，此即「佛種不斷」之意也。

此偈亦爲本論之總綱，涵括全書。「爲欲令衆生」包括「因緣分」及「立義分」；「破疑除邪執」包括「解釋分」；「起大乘正信」包括「修行信心分」；「佛種不斷故」包括「勸修利益分」。故此偈無讚揚之含意，屬概括性的說明。爰試作語體詩曰：

衆生輪迴六道不自知處於痛苦的深淵，
爲破除對佛教的疑惑，以及
促使捨棄各種不正確的邪見——
特造作本論，以闡明
大乘法體，唯是一心。
乘此一心，在世間乃至出世間，
信心堅定，必能——
趣入涅槃，而
佛種亦賴以不斷，

綿延不絕，代代傳承。

第三目　樹立體裁

佛經的體裁，大致可分爲序分、正宗分、流通分三大部分，但本論體裁，則與其他經律，一反故例而有所不同。本論將全書分爲五大部分，造論者特別在正文開始前提出要修習佛學（法），先要有信根，故開宗明義即說：

論曰：有法能起摩訶衍信根，是故應說。

佛教東傳，衆說紛紜。惟爲說明大乘法義，造論者特造作本論，謂有方法可導引衆生樹立大乘教義的信根，故在本論開始前，即加以說明。

什麼「法」呢？即爲「一心法」。一心具二門、三大，也就是本論所要說明的內容，不外乎此。大乘，梵言摩訶衍Mahayana，依本論所述之大乘法而起信者，爲大乘信。大乘之體是「一心」。眞如門中，須堅信大乘理論之正確，眞如是顯理，其理體是眞實的，亦即不生不滅，非有非無，畢竟平等，無有變異，不可破壞，是一切法的平等之性。生滅門中，須堅信「業果不亡」；業與果兩者，如形之與影，不稍相離；業果通於染淨，一心爲無明所覆，則「無明爲因生三細，境界爲緣生六粗」，心海波浪洶湧，世間因果，相續相生；但若反染爲淨，則隨流反流，即爲出世間的淨因。在體、相、用三大中，須堅信三寶，絕不壞失；因有體相二大，則信法寶不壞，有用大，則信佛、僧二寶不壞。信此二門三大，就是信根，信的根本。

信根，謂信心滿足，即能入住而成根不退，因修行，由外凡而至內凡，信心已然堅定，必可循序而進於三賢二聖，以達於佛道。

信的重要性，有六個比喻。一曰「如手」，如人有手，入寶山中，自在取寶，有信亦爾；入佛法中，自在取用無漏法財。二曰「如師子筋絃」，其聲一發，一切諸絃，悉皆斷絕；若人發一信心，一切惑障，悉皆消滅。三曰「如獅子乳」，或以一滴，投餘乳中，悉成清水；若人發一信心，一切惡魔，悉皆變成清淨法流。四曰「如世間財」，能養色身壽命；信財能養法身慧命，故七財之首，名曰信財。五曰「如根」，已如上信根所述。六曰「如力」，謂有力能制伏剛硬強盛；有信力即能摧毀惡事及不善法，故前述五力，實皆爲信力也。

本論分五大部分，本論曰：

說有五分，云何爲五？一者因緣分，二者立義分，三者解釋分，四者修行信心分，五者勸修利益分。

所謂五分，就是五部分，「分」是區別章節之義。由於本論雖以「分」區別章節，但不夠詳明，撰者依其文，細爲標列區分，分別以章、節、目區分，目之下，以中文序數及阿拉伯序數標示。如次：

一、……㈠……1.……(1)……

如仍不敷用，則於文內以「其」標之，如其一、其二等。本論爲一思惟縝密，體裁謹嚴之作，從偈頌始以迄終結迴向頌止，一氣呵成，義理之闡述，如剝蕉皮，層層深入，實爲一曠世巨構。

本論共分爲五分，本書則分爲七章，除第一章總論、第七章總結迴向外，悉依本論順序，即因緣分、立義分、解釋分、修行信心分、勸修利益分等五分，分章敘釋。此五分，輾轉相因，由造作本論之緣由，進而廣釋其義；既已瞭解其義，進而修行；則正行已立，進而舉修行之利益，勸導精進。此五分，亦如一般經三分之體系，因緣分是序分，中間三分是正宗分，勸修利益分是流通分。

第五節　餘語

本章已就本論之大意，作一概括性說明。要之，本論係以一心、二門、三大爲全論之總綱，在教判中，爲終教，兼於頓教，並亦可攝於圓教。造論者馬鳴菩薩以三偈歸納全論，敘其緣起，樹立體裁，是以此三偈亦爲全論之總綱，導引行者皈依三寶，崇敬佛言。

本論三偈，唐譯本與梁譯本，稍有不同，但大致無差，錄之以供參考。

歸命盡十方　普作大饒益　智無限自在　救護世間尊
及彼體相海　無我句義法　無邊德藏僧　勤求正覺者
爲欲令衆生　除疑去邪執　起信紹佛種　故我造此論

第二章　因緣分

第一節　概說

因緣，梵文爲「尼陀那」（Nidana），亦譯爲「緣起」，可從兩方面解釋。

第一，一物的生長，必須要有他物爲助；例如種子是因，雨露、人工、季節是緣，獲緣之助，得以成長，是爲因緣和合而生。因緣在佛學上是一個非常重要的概念；先賢有云：儒宗五常，道宗自然，佛宗因緣。法華經云：「佛種從緣起，是故說一乘；」又云：「一切諸法以因緣爲本」。中論云：「未曾有一法，不從因緣生。」三是偈云：「因緣所生法，我說即是空。」楞嚴經云：「彼外道等，常說自然，我說因緣。」具見「因緣」一詞在佛學概念上的重要性，其意義，要言之，是「親與強力者爲因，疏添弱力者爲緣。」

第二，謂佛說法都有緣起，就是佛經中的「序分」，序分有四種：大綱序、歸敬序、緣起序、發起序。所有的佛經，都有「通」、「別」兩序，尼陀那即是「別序」。智度論三十二云：「尼陀那者，說諸佛法本起因緣，佛何因緣說此事，有人問，故說是事；毘尼中有人犯是事，故結爲戒；一切佛說緣起事，皆名尼陀那。」是則此之因緣，實爲緣起。在本書中討論「緣起」，是指第二種對因緣的解釋。故賢首大師疏云：「言不自起，製必有由，名爲因緣。」本論曰：

初說因緣分。問曰：有何因緣而造此論？答曰：是因緣有八種。云何爲八？

本論先說因緣分，問以造論之緣起爲何？很明顯的，這正是智度論所云「有人問，故說是事」的尼陀那，故答以造作本論的緣起共有八種。

第二節　因緣總相

一者，因緣總相。

第一個緣起，是造作本論的總緣起，也就是造作本論的整體性理由。何謂「總」？總是「全部」，別是其他部分；例如華嚴經之「六相圓融」，六相就是：總、別、同、異、成、壞，「總」是其餘五相的「全部」。下段論文，即從總、別說明造作本論之理由。

所謂爲令衆生離一切苦，得究竟樂，非求世間名利恭敬故。

造作本論的總緣起，就是要使衆生，都能脫離苦，得到快樂，而不是爲了世間的名利和受他人的尊敬，故佛門弟子，爲弘大佛法，都必須具有共同的抱負，也是菩薩的大慈、大悲、大願。本論造作的緣起爲此，所有的佛經律論，其造作的緣起，亦爲此。

苦，梵語豆佉（Duhkha），指「逼惱身心」；就「總」而言，我們有了這個身體，便是苦；就「別」而言，由身體所衍生的許多事，不如意者，十常八九，便有很多苦事。苦事分爲三種：一是苦苦，指身心受到逼迫，如寒、熱、饑、渴等；一是壞苦，指使身心快樂的境況消逝，若有所失，或者是樂極生悲等；一是行苦，所謂「行」，是指念之遷流，世間事，總是變動不居，而好景不常，尤使人增緬懷憶想之苦。智度論分苦爲「內苦」與「外苦」，一般則綜合之爲八種：生、老、病、死、愛別離、怨憎會、求不得、五陰熾盛。

除三苦外，尚有「分段、變易」的二種生死苦。一切衆生，包括胎、卵、濕、化四生，皆因惑業所招，而有生死。首楞嚴經云：「生死死生，生生死死，如旋火輪。」凡福德因緣識起，則叫做生；識滅則叫做死。分段生死，指欲界四生，諸有漏善不善的業，由煩惱障助緣所感的三界六道果報。有漏身的果報，因「業」的差異，形有別，壽命有限，依其階段而有差異，所謂「命有分限，時極必終」，故曰分段。變易生死，指二乘菩薩，已斷煩惱障，雖然已脫離了分段生死的麤苦，但還有賴耶識的變易，如心神之念念相傳是，這也就是所謂行苦。

佛要衆生得到快樂，不是一般的快樂。是要衆生甚至二乘菩薩脫離一切苦，即以上的三苦和二種生死苦，而得到「究竟樂」。樂是指「無上菩提覺法樂」和「無上涅槃寂靜樂。」這種「樂」得到以後，是一得永得，永不退轉，所以叫做「究竟樂」。

造做本論的第一個緣起是離苦，這是菩薩的大悲，得樂是菩薩的大慈，不是爲博得後人的讚譽和後人的恭敬，或求世間的名利。

第三節　令起正解

二者，爲欲解釋如來根本之義，令諸眾生正解不謬故。

第二個緣起，造作本論是爲了要解釋「如來根本」的正確意義，使諸衆生對此正確的解釋有正確的認識，不致於發生錯解。

什麼是「如來根本」之義？賢首大師說：「依一心法，有二種門，各攝一切法，即是如來所說法門之根本。」簡單的說，如來所說的根本法門，就是「一心二門」。一心是二門的根本，二門就是下文所要解釋的「心眞如門」和「心生滅門」。學佛的法門很多，通常都說有八萬四千法門，不管從任一法門入手，只要「心」信意誠，力行不懈，必能成佛；但是最後的根本法門，不會脫出這兩門的範圍。

什麼是「如來」？如來，梵語曰：「多陀阿伽陀」（Tathagata），是佛的十號之一。如者，眞如也，乘眞「如」之道，從因「來」果而成正覺，叫做如來，這是依成實論說的。另外還有很多解釋，例如「如實而來，故名如來」、「涅盤名如，知解（脫）名來」。「如諸佛乘如實道來成正覺，今佛亦如是來，故名如來」等，其義大致相同。如來的相對名詞是「如去」，梵語曰修伽陀（Sugata），亦譯爲「好去」，意謂「如實去生死」。如來是向下利他，如去則向上自利；這兩個名詞，是彰顯佛的「無住涅槃」。

賢首大師說：「生滅門中，本覺名如，始覺名來，始本不二，名曰如來。」什麼是「本覺」和「始覺」，下文還要詳解，茲不贅。至「始、本不二」，就是「如」與「來」合，也叫做「究竟覺」。簡言之，我們之所以要詳釋「如來」兩字，意在說明要成爲「如來」，也就是要成爲佛，都是要依靠一個字：「心」。無論是「信、解、行、證」，無論是從微細非肉眼所能見的或極爲顯著的事物，都要依靠「心」來辨別。因此如果說離開「心」可以有其他的方法能夠成佛，無有是處。

華嚴經說：

若人欲了知　三世一切佛　應觀法界性　一切唯心造

即是此意。所以要說這「如來根本」的意義，就是一心之法，這是本書下面各章「立義分」和「解釋分」等所述的正解，可離邪執。

第四節　成熟善根

三者，爲令善根成熟眾生，於摩訶衍法，堪任不退信故。

第三個緣起，造作本論是爲了要使「善根成熟」的衆生，包括胎、卵、濕、化四者，對於大乘佛法，都能發心趣向，證一切諸佛所證之道，發菩薩修行之心。在修行未有成就之前，，對大乘法的信心，亦仍堅不退縮。

什麼叫做「善根」？維摩詰經菩薩行品曰：「不惜軀命，種諸善根。」註曰：「謂堅固善心，深不可拔，乃名根也。」爲善是「因」，有善因，必得善果；爲惡也是「因」，有惡因，自必得惡果。最重要的三個善根，是不貪、不瞋、不癡，一切善法皆從此生。善根成熟，是說在「欲愛乾枯，根境不偶」時，三界生緣，均已斷絕，而執性虛明，慧性光明圓滿，但未能和如來眞如法流之水相接，乾有其慧。此際必須將一切我想、法想、非法想同時滅盡，無聖凡之見，忘因果之念，完全依照「聞性」、「中道」方法修行，深信必有成就，並能常住不退，進入十信心的第一心，即「信心」。

由「信心」繼續經由「念心」、「精進心」、「慧心」、「定心」、「不退心」、「護法心」、「迴向心」、「戒心」、「願心」等九個階段，這時信心成滿，是謂信心成熟，可進入「十住」修行。

第五節　修習信心

四者，爲令善根微少衆生，修習信心故。

第四個緣起，造作本論是爲了要使「善根微少」的衆生，包括胎、卵、濕、化四者，要修習對大乘佛法的信心。

善根微少，是相對善根成熟而言。成熟是修行十信心已臻完滿，前已言之；微少則在加強修習大乘的決定心，以利進窺大道。從十信心以言，善根的微少，相當於十信的第一心，即「信心住」。依大佛頂首楞嚴經的說明，信心住是「從眞妙圓，重發眞妙，妙信常住，一切妄想滅盡無餘，中道純眞。」意謂確實了知眞如是「理、事」並融，對於「空」和「有」

的道理，所謂凡夫著有，二乘著空，外道著邪的一切妄想，可滅盡無餘，而能達於六根互用（圓），情器雙超（妙）的境界，中道既純且眞，信心堅定是。這是在十信的初心階段，行者還要循序漸修，使臻完滿，因爲未滿，所以叫做善根微少。

依賢首大師疏，修習的信心，就是本書以下要討論的四種信心和四種修行。這四種信心和四種修行，是對「信」未滿者，令其成滿，僅相當於在十信的初位，故云微少，要鼓勵其修行，故云修習信心。

四種信心，即：信根本、信佛、信法、信僧。四種修行，即：布施、持戒、忍辱、精進、止觀五者。因止觀另須于下文詳述，故云四種。

第六節　開示方便

五者，爲示方便，消惡業障，善護其心，遠離癡慢，出邪網故。

第五個緣起，造作本論是開示方便，消除惡業障，善自護持修行的心，內則遠離癡慢，外則擺脫邪網。

方便，梵語曰傴和（Upaya），有兩種解釋。

第一，是對「般若」而釋，謂達於眞如之智的叫般若，通於權道之智的叫做方便。權道是一種便利的手段或方法。依此，則方便就是方法，大小乘一切佛教，都可稱爲方便。方者方法，便者便於使用，合言之，爲便於使用符合一切衆生求取佛法的方法。又「方」是方正之理，「便」是巧妙的言辭，對各種佛學方面的道理，用方正的道理和巧妙的言辭，加以闡釋，故曰方便。法華義疏曰：「理正曰方，言巧稱便，即是其義深遠，其語巧妙，文義合舉，故云方便。」可供參考。

第二，是對「眞實」而釋。謂究竟之旨，歸於眞實；假設暫廢，則是方便；所以又名爲「善巧」，或名「善權」，就是可以了解眞實意義的一種變通方法。法華文句曰：「方便者，門也；門名能通，通於所通，方便權略，皆是弄引，爲眞實作門。眞實得顯，功由方便。」這是從「門」來作比喻，說明方便是通往了解眞實，所以也作方法解。

修行者，在信心初位，就是還在「十信」的「信心住」，道力尙淺，不易護持其心，根器欠佳的人，容易受外界環境的誘惑，所以要開示方便，以使其修行的功夫，能與日俱進，保持不退。

方便有四，即「消惡業障，善護其心，遠離癡慢，出邪網。」前三者，依序對下品、中品、上品根器的修行者而說，最後「出邪網」，三種修行人都要遵守。

下品的修行人，從先世以來，多有重罪惡業，容易被邪魔擾亂，或者在世間事務繁雜，與人糾紛不斷，每天要傷腦筋；或者疾病纏身，呻吟床第，苦惱不已；有這麼多的修行障礙，如果要想勇猛精進，最好的方法，就是日夜禮拜諸佛，誠心懺悔，迴向菩提，以增長善根。

中品的修行人，障礙較輕，只要心內無惑無惱，外魔自然消除。故善護其心，即可依十信順序，精進修行。

上品的修行人，要遠離痴慢。癡，是愚癡，慢，是我慢。癡，梵語慕何 Moha，又叫做無明，是說心性闇昧，迷於事理，一切煩惱皆由此而起者也。唯識論曰：「諸煩惱生，必由癡故。」慢，謂恃已而凌他人，自視甚高，心志驕傲；我慢，梵語叫做 Asninana，除了驕傲外，還對他人頤指氣使，這是要不得的，法華經說：「我慢自矜高，諂曲心不實。」唯識論說：「倨傲恃所執我，令心高舉，故名我慢。」是故修行者，務要遠離癡慢，功力才能精進。出邪網，網是一種比喻，事物之參差交錯曰網，邪網是邪法之參差交錯，如網之羅人，故必須出離云。無量壽經曰：「摑裂邪網，消滅諸見。」這是修行人必須努力的。

第七節　修習止觀

六者，為示修習止觀，對治凡夫二乘心過故。

第六個緣起，造作本論要使修習本書第五章修行信心分有關「止觀」門者，對於執著於凡夫、聲聞、緣覺所有的過失，加以糾正，使不致陷於灰身滅智的錯誤。

修習止觀，相當於進入十信的第三位，就是有了常住的信心，繼續精進，如楞嚴經所說的「妙圓純眞，眞精發化，無始習氣通一精明」之際，即為修習止觀的階段。止觀，梵語曰奢摩他 Samatha・毘鉢舍那 Vipayana，止是停止的意思，止息一切妄念，止心於一境，才能進入「定」的境界，所謂「知止而後有定」是。觀是通達的意思，增進智慧，契會眞如，用智慧斬除煩惱，這就相當於十信的第四位「慧心住」和第五位「定心住」，周偏寂湛，寂妙常凝，漸進入大定的境界。

所謂凡夫，梵語曰婆羅必栗託仡那 Balapithagjana，是尚未修行的平常人。婆羅意爲「愚」，必栗託意爲「異」，仡那意爲「生」，故亦可譯爲「愚異生」，意爲凡夫愚癡，生死果報多異。大日經疏曰：「凡夫者，正譯應云異生」，大威德陀羅尼經曰：「於生死迷惑流轉，住不正道，故名凡夫」，其義更爲顯豁。

二乘，乘是使修行者各到其果地之意，有一乘到五乘的分別。此之二乘，謂聲聞與緣覺兩者。聲聞，梵語曰舍羅婆伽 Sravaka，是佛小乘法中弟子，聞佛之聲教，悟苦、集、滅、道四諦之理，斷見、思之惑，而入於涅槃者。緣覺，舊稱辟支佛，又曰辟支迦羅，新稱鉢刺翳伽佛陀 Pratyekabudha，亦曰獨覺。稱緣覺，謂觀十二因緣之理而斷惑證理，或謂觀飛花落葉之外緣而自覺悟，係就得道因緣以名；稱獨覺，謂性樂寂靜，不欲與衆雜居，修加行滿，無師友教，自然獨悟，永出世間，中行中果，故名。聲、緣二乘，有二類，一爲「愚法二乘」，謂於現世之中不回心向大乘，而入於涅槃；二爲「不愚法二乘」，即現世之中回心向菩薩乘者。一般謂天台的藏教，華嚴小教中的二乘，是愚法二乘；但天台的通教，屬於華嚴始教的大乘，此大乘分三，即聲聞乘、緣覺乘、菩薩乘，其中聲聞、緣覺二乘爲不愚法二乘。爲使修習止觀者不隔於凡夫及二乘，並能除去其過失，這是造作本論的第六個緣起。

第八節　專念方便

七者，爲示專念方便，生於佛前，必定不退信心故。

第七個緣起，造作本論是爲了要說明在修行過程中，不能以自己的力量，觀一心之法，可用專念「南無阿彌陀佛」的方法，堅決相信可以往生佛前，以護持信心，不致於遇到惡緣而產生退縮的念頭。

在這一個修行階段，相當於「十信」中的第六位：「不退心」。住於定心，定光發明，明性深入，惟進無退。是時，定力精進，則不覺用力而可保持不失，即能與十方如來的「氣分」交相接觸。

但是，處於十信六位，欲求正信，其心仍甚怯弱，受不住此娑婆世界的各種誘惑，而產生畏懼不前的心理，因此，就舉示一種使此心精進不退最簡便的方法，叫做專念方便。

專念是專念佛，思念佛的形相和功德，或念誦佛的名號，大致可分爲三種方法。一是「稱名念佛」，即口誦佛的名號，念誦不已。二是「觀想念佛」，即靜坐入定，專心思念佛的相貌和所居的莊嚴淨土。三是「實相念佛」，即觀想佛的法身和非有非無的中道實相之理。大乘佛教的念佛，是認爲三世十方有無數無量的佛，有無數無量的莊嚴佛國淨土，如衆生一心念佛，可除無量數劫的生死惡業，生時與佛的氣分相接，死後往生淨土，在彼淨土中信心不退，繼續修行，終能成就佛果。淨土宗的本源，即以此「專念方便」爲嚆矢。

念佛，一般均念「南無阿彌陀佛」，即梵語 Namoamitabha 的音譯。南無是「禮敬、皈命」之意；阿彌陀佛之意爲無量壽 Amitayana，無量光 Amitabha；阿彌陀佛爲西方極樂世界的教主，如念念不捨，必得往生西方。

念佛必得往生於佛前，從更深一層意義來說，因爲衆生的宿業無量無數，現在雖然發心修行，但力量仍嫌微弱，難以抵禦過去強大的惡業，即使現在獲得一點成就，抵銷一點惡業，惟若此報已盡，生命亦告終結，則仍難免墮入三途，縱然再得人身，亦復業報重重，不能再遇善緣。所以，一定要專意念佛，相信再無惡緣，可使退轉，也就是念佛可得不退的信心。

第九節　修習利益

八者，爲示利益，勸修行故。

第八個緣起，造作本論是爲了要說明修行的利益，勸導芸芸衆生精進修行。

修行，是依照義理而行，佛經中所說的各種義理，如不遵照修行，雖然道理懂得很多，畢竟是如楞嚴經中的佛訶阿難：「但益多聞，於奢摩他微密觀照，心猶未了」。法華經說：「漸漸修行，皆得道果」；無量壽經說：「應當信順，如法修行」；皆勸佛弟子須善依義理而修行也。

利益，有兩種意義，自益曰功德，益他曰利益；法華文句說：「功德利益者，只功德一而無異。若分別者，自益名功德，益他名利益。」故利益猶言功德。利益有益有損，有益如言「若有衆生，欲於如來甚深境界，得生正信，遠離誹謗，入大乘道，當持此論，思惟修習，畢竟能至無上之道。」利益有損者，如言：「其有衆生，於此論中，毀謗不信，所獲罪報，經無量劫，受大苦惱。」是以，修行利益就是修行功德，行者依照本論，思惟修習，以求達到修行的最高境界；如果對於本論所說的各項義理，毀謗不信，則不能達成修行的功德，更遑論益他了。

第十節　造論餘緣

有如是等因緣，所以造論。

有以上第二節至第九節的八個緣起，所以要造作本論。惟於此要特別說明，此之所謂「緣起」，非「緣起性空」之緣起，只是很單純的說明一種理由或原因；但理由或原因實不能涵蓋其意義，故勉用今人常用的緣起兩字。

從文章的結構言，八個緣起，前後貫穿一致。第二節的因緣總相和第九節的修習利益與中間六節都有關聯，可以說相當於現代學術論文的「總論」，中間六節，則多有所指。又從「十信」的角度看，自初信的「信心住」以迄第十信的「願心性」，亦依序連貫，本節，則總結前面八節，惟尚有餘意未盡，故以問答方式續爲說明如次。

問曰：修多羅中，具有此說，何須重說？

問道：其他經典，對第二至第九節所說的各種緣起，也都已說過，何須再說呢？

修多羅，梵語 Sutra，正譯爲「綖」（與線字同），意爲以綖貫花，使花連結不散；佛所說的許多言語、教理，猶如花朵，不以綖繫之，則必散落，故曰綖；教理以綖繫之，使能連貫，即稱爲「經」，故亦可譯爲契經，或名經本，大乘義章曰：「修多羅者，中國之言，此方釋者，翻譯非二，或名經本，或復翻爲直說語言，或名契經，或翻名綖。」

至於「具有此說」，依長水大師修記，可分下列七點：

一、如勝鬘經云：自性清淨心，染而不染，難可了知；不染而染，難可了知；此豈不是一心二門之義乎？況二門即是眞俗二諦，二諦何經不說？因此，本章第三節的「令起正解」，似不必說。

二、如圓覺經中，說信等四位，豈非分別道相之義乎？況其從因至果，入道行位，諸經多說。因此，本章第四節「成熟善根」，似不必說。

三、如華嚴經云：「菩薩發心求菩提，非是無因無有緣，於佛、法、僧生淨信，以是而生廣大心。」此豈不是信三寶耶？況復令信三寶，何經不說。又如華嚴，具說十地菩薩，行十波羅蜜行，豈爲施等行耶？況施、戒等，是經皆說。因此本章第五節「修習信心」，似不必說。

四、道場禮懺等事，經中具明，又普賢行願中，說十種行願，此豈不是消障之方便」耶？因此，本章第六節的「開示方便」，似不必說。

五、如華嚴經云：「譬如有力王，率土咸戴仰，定慧亦如是，菩薩所依願」。定慧，即是止觀，又淨名經中，說佛法身，從止觀生。因此，本章第七節的「修習止觀」，似不必說。

六、如阿彌陀、無量壽等經，具說往生淨土之事，況諸經中，亦多引說，亦不假其第七

（節）所起。因此，本章第八節的「專念方便」，似不必說。

七、如勸讚修進，勉勵慵惰，是經則說，何假第八（節）。因此，本章第九節的「修習利益」，似不必說。

依照以上七點，本章各節，似與他經重疊，可不必說，但長水大師說：「菩薩見義則行，無益且止。重說佛經，有何義利，爲若此耶？」本論爲解此問，曰：

答曰：修多羅中，雖有此法，以衆生根行不等，受解緣別。

答道：佛經中，雖然都曾說上述修行方法，但是衆生的根器不一，修行用力程度深淺不同；接受佛的教義和領略經文的義旨，以及遇佛說教的機緣亦復有別。

所謂衆生的根行，根是能生長的意思，梵語曰 Indria，例如眼根，能生眼識；信根，有生其他善法之力；而根行，則爲人性有生善惡作業之力，故大乘義章曰：「能生名根。」又人性猶如草木之根，根的發動處謂之「機」，修行的興廢，教法的進止，一由此根機之如何。行是身口意的作爲，如內心之趨向外境，則名爲心行。俱舍頌疏曰：「造作遷流二義名行，據此義，色等五蘊，俱名爲行。」衆生的根機，有利有鈍；利根，讀經即有心得，不待解釋，鈍根，則須有明師指導，方得領悟。衆生的心行，有廣有略，廣行者，對於各種經文，均樂於誦讀；略行者，即以一解爲已足。因爲衆生根行的利、鈍、廣、略不等，故於佛學的領悟或造詣，亦復不同。機，則謂領受佛菩薩、善知識的機緣，可遇而不可求。

所謂受解緣別，受是「信領教法」，即接受的程度；解是「開悟佛旨」，即對佛的教言所了解的程度;緣是「與佛有緣」及「與教有緣」,與佛有緣是直接接受佛的教化,聞佛之教而證道果,與教有緣則爲聞佛教而漸得開悟。因衆生對受、解、緣的接受程度不同,故須重說。

或云,遇佛是遇佛經,不是見佛;遇教是遇菩薩在開講佛經,聽而開悟;此之謂菩薩,應是對佛學有深入研究的高僧或善知識。對此,本論續答曰:

所謂如來在世,衆生利根,能說之人,色心業勝,圓音一演,異類等解,則不須論。

由於衆生的受、解、緣三者接受程度不同,因此有所謂如來在世時,能對根器利鈍不同,意行好樂有異者,分別闡述佛學義理。如果是根利的人,又於佛有因緣,樂於接受信服,則不須多說;如果根鈍,又於佛於經,都無因緣,但於菩薩語有緣,則樂於廣爲解釋,以明佛意。

佛在世時,親聆佛的教導,證悟者多,這是占了時間上的便宜,謂之「時勝」。衆生根器不同,悟解不一,根利者,占悟解方面的便宜,謂之「根勝」。對所說的人,有無因緣,有緣者占便宜,謂之「緣勝」;時勝、根勝二者的關係,依長水大師修記,有四種情形:

一、時勝根不勝,如佛在世時的六衆比丘。依毘奈耶律,六衆比丘爲難陀 Nanda,鄔波難陀 Upananda,阿說迦 Asvara,補奈婆素迦 Punarvasu,闡陀 Chanda,鄔陀夷 Udayin 等六人,結黨多作不合威儀之事,雖值佛世,占了時勝,但根鈍,終難成道果,是乃時勝根不勝。

二、根勝時不勝,如佛後五百歲持戒修福者,雖根行甚佳,但不能值佛在世時親聆佛的教導，是乃根勝時不勝。

三、根與時俱勝，如舍利弗等正值佛世。玄應音義曰：「舍利子，梵言舍利富多羅（Sariputra）。舍利母名，眼之青睛名舍利，又母眼如鸜鵒眼，因以名焉。」富多羅是「子」之義，舍利弗（富）意爲「舍利之子」，其與目連（Mahamandgalyayana）等皆爲佛弟子最受重用的人，本爲外道，逢師死，乃出家，得成道果。是乃根與時俱勝。

四、根與時俱不勝，即佛滅後不生解者。佛滅後，就是不值時，加以根行亦非上品，是爲根與時俱不勝。「解」的意義是顯示根勝的情形，「不生解」即根不勝。

這是說明，佛在世時，對於根、緣皆勝者，尙須以色（身）心（意）闡述經義；何況佛滅度後，對於根、緣皆爲劣者，更要依靠經義的引導和律論的輔助，方能有所成就。

圓音一演，指圓音和一音。佛演說法，有以一音聲者，如維摩詰經曰：「佛以一音聲演說法，衆生隨類各得解。」華嚴經云：「一切衆生語言法，一言演說盡無餘。」故一音即一切音。圓音，謂圓妙的聲音，楞嚴經云：「願佛哀愍，宣示圓音。」賢首大師說：「一一語音，遍窮生界，而其音韻，恆不雜亂。若音不遍，則是音非圓；若音等遍，失其韻曲，則是圓非音。」所以必須「不壞曲而等遍，不動遍而差韻」，方是如來圓音。

弘揚佛學，可從「身、口、意」三方面分別入手，亦即色、圓音、心三者。身是色無礙自在，口是如來金口圓音，意是其心遍知；不同類的修行者（異類）如三乘（聲聞、緣覺、菩薩三乘）五乘（再加天乘人乘）等，依其根勝情形，各能獲得悟解，則不必論了。且佛在世時，尚無紙素之經，以口說爲多，滅後結集，方始有經，故在當時爲緣勝，遇佛說法便悟也。

若如來滅後，或有眾生，能以自力，廣開而取解者，或有眾生，亦以自力，少聞而多解者。

如來滅度以後，開悟的情形不一，有一部分衆生，能夠用自己的力量，廣聞佛經義理而不須論疏解釋，一經披讀，即已開悟；有一部分衆生，也能夠用自己力量，雖少讀經文，只是略讀，但即能深解佛意而開悟。

廣聞經義，是說修行者根行均劣，但能奮發精進，對於大部頭經典，無不閱讀，以求悟解；略讀經文，如一句一偈即已悟解者，乃根行俱佳之人。這是以自力悟經的兩種情形。

或有眾生，無自心力，因於廣論而得解者。

另有一部份衆生，沒有能力了解經文之義，必須廣讀疏論解釋，或者參考其他資料，方得悟解。

對於佛教經典，由於今人去古已遠，其文句及用語，多不獲解，必須參考先哲高僧的注解；這是當代人學佛困難的地方，無關修行者的根行，只是因爲學佛的機會較差。

亦有眾生，復以廣論，文多爲煩，心樂總持，少文而攝多義，能取解者。

另有一部分衆生，不喜讀書，對於佛經長篇大論，感到厭煩。一心只想得到簡單的幾句話，就可以悟解得成正果。

所謂心樂總持，有二種意，一是聞少解多，常可舉一及三，聞一知十，是絕頂聰明的人，但亦易流於淺薄；另一種則恰好相反，是神根劣弱，不能承受衆多的經文，心煩不耐，是資質較差的人。

如是此論，爲欲總攝如來廣大深法，無邊義故，應說此論。

造作本論的緣起，除了第二至第九節的理由以外，還有本節所述的四種情形。就是佛在世時，直接聞佛說法可得開悟；佛滅度後，須以自力讀經開悟，或無自心力須廣讀經文，方得開悟，或以文多爲煩，須總持少文者；則本論文句雖少，但已總攝一切大乘經論的深旨，當有助於初學者。

本論是總攝大乘經論的深旨，凡大乘經論所述與圓實有關的義理，都不出本論的範圍。包括如來廣大深法、無邊之義。賢首大師疏曰：「深者，如理智境；廣者，如量智境；無邊者，深廣無際。」長水大師記曰：「如理智境，即眞如門，以離言說心緣等相，故言深也。如量智境，即生滅門，以染淨萬差，多所該博，故云廣也。無際者，謂理智境，即冲深無際，量智境，即廣多無際也。」由於一心二門，可包括一切經論的意義，學者能熟讀本論，則於其他經論，如楞嚴經、勝鬘經、涅槃經、法華經等等大乘經典的義理，當可思過其半。故本論之作，宗旨深奧，義理無邊，殷盼有智之流，修習毋怠。

第十一節　餘語

本章對於造作本論的緣起或理由，共舉八項之後，意猶未盡，復以問答方式，補述了五項;設想之周到,殊非後人所能及。

細讀原文,八項緣起與本論可說環環相扣,結構之嚴謹,用辭之妥愼,足可爲範爲法。如本章第二節因緣總相是本論整部論文發起的原由;第三節令起正解以迄第十節造論餘緣與本書以下各章的立義分、解釋分等亦互有關聯。綜覽古今論述,對於著作的緣起,很少有說得這樣詳明,馬鳴菩薩要提醒世人,學習大乘佛法,苦口婆心,不憚詞費,誠令後人肅然起敬也。

已說因緣分。

本章敘述因緣分的意義已畢。

第三章　立義分

第一節　概　說

前章已說完造作本論的緣起，接著就要對本論的兩個關鍵字，也最令人困惑的兩個字：「法」和「義」，給予嚴格的定義，本論曰：

次說立義分。

所謂立義分，就是建立本論的重要綱領，本論以下論述的要點，都不會逾越這一範疇，因此必須先要作深入的了解。事實上，本論的敷演，悉以此爲主幹。

第二節　摩訶衍總說

摩訶衍者，總說有二種；云何爲二？一者「法」，二者「義」。

摩訶衍，就是大乘，總言之，有二種，也就是可從二方面加以說明，那二種呢，第一是法，第二是義。

大乘的乘字，意爲「運載」，大乘就是大的運載物，可以運載廣大的衆生達到涅槃的彼岸。大乘的內涵，法華經譬喻品說得最清楚：「若有衆生，從佛世尊，聞法信受，勤修精進，求一切智、佛智、自然智、無師智、如來智見、力、無所畏；愍念安樂無量衆生，利益天人，度脫一切，是名大乘。」其涵義是十分豐富的。

首先是「法」，是說大乘法的「體」是什麼？依長水大師所記，謂「大乘之體，即是依於心，名心爲法也。」就是說大乘法的體，在於自己的心，然而「心」也是說不清楚的，不得已，就說「心」就是「法」。佛學中，講「法」的地方很多，爲免混淆，此之「法」，只限於下列二義：

一、任持自體。是說「心」本身，在自體上，眞實存在，且永遠存在，也不依附於其他物事，更不同於其他物事。它是獨立存在的，但沒有固定的形態，會因某種因緣的結合，而假立一些物事，任持自己的身體，去做善或不善的事；因此這個世界上，由於「心」的任意作持，產生了世間上千變萬化的物事。這些物事，叫做法。

二、軌生物解。所謂「法」，乃是「心」的任意作持，心能創造物事，即名之爲智慧，簡稱爲「智」，智慧愈高，創意愈豐富，而使世間事物的變化，愈爲複雜。一心向善，則社會趨於祥和；此心爲惡，則世事趨向紛擾，甚至走向毀滅；所以「心」可軌範自體，可爲善，可爲不善。我們要學佛，成就道果，發阿耨陀羅三藐三菩提，亦基於心之一念，故下文有云：「依於此心，顯示摩訶衍義。」

綜合以上兩點，「法」就是大乘，任持自體指出自體（即心）是確實存在的，不但存在，還能軌生物解，規範世界上的一切物事，而所賦予的「假名」。

法，梵語曰達磨 Dharma，意爲世界上所有的萬事萬物，包括有形、無形、眞實、虛妄、說理、道情等，悉可名之爲「法」。俱舍論光記曰：「釋法名有二，一能持自性，謂一切法各守自性，如色等性常不改變；二爲軌生勝解，如無常等生人無常等解。」

法，也是「智」的對稱。智（Joana，若那）之意，謂決斷事理。而決斷事理者，即吾人之「心」，必所決斷的事理，須藉「法」來顯示，故法是智的對待詞。而所有文字上的涵義，幾乎都以「法」來顯示。

其次是「義」，梵語阿他 Artha，意謂道理、意味等。義是要辯明「大乘」的名義，爲什麼此「心」是大乘？「大」是因具有「體、相、用」三大，故名爲大；「乘」則因過去十方諸佛已乘此心而成正覺，現在、未來衆生亦須乘此心到達彼岸，故名爲乘。

綜言之，法和義兩者：法是衆生心，顯述法體；義是此心具有三大，又能自運運他或已運當運，摩訶衍之義，即作此解。

第三節　法為衆生心

所言法者，謂衆生心，是心則攝一切世間法、出世間法。

本論所說的法，就是衆生心。衆生心攝一切世間法、出世間法。

前節說明大乘時，分爲法和義，本節指出大乘的法體是衆生心，並說明其功能。衆生，梵語薩埵Sattva，新譯曰有情，有三種不同的意義：

一、衆人共生之義，中阿舍十二云，劫初光音天，下生世間，無男女尊卑衆共生世，故言衆生。

二、衆多之法，假和合而生，故名衆生。大乘義章曰：「依於五陰和合而生，故名衆生。」

三、經衆多之生死，故名衆生。般若燈論曰：「有情者數數生，故名衆生。」其不言衆死，因有生必有死，而有死亦必有生，生可以包括死，故不言死。

衆生心分眞心和妄心。以眞心爲大乘的法體，就是如來藏心；以妄心爲大乘的法體，則爲陰妄之心。衆生的心，從大乘體上說，是「法」；如脫離了大乘體，就叫做「心」。「法」的範圍是廣大的，「心」的範圍是較狹隘的。衆生心，脫離了大乘法體，謂之「如來藏心」（Tathagatagarbha）。

如來藏心就是眞如心，以下還要詳釋。其包括「和合」與「不和合」兩門，這是說明心的活動情形。和合，就是生滅門；不和合，就是眞如門；所謂「一心二門」是。衆生是生命體，是在迷境，有許多的煩惱與生滅和合，如何能滅除世間煩惱，恢復清淨本然，這就是本書所要討論的。如果是在佛位，純淨無垢，便無所謂生滅，故亦無所謂和合。

衆生心攝一切法，包括世間法和出世間法，這是說明衆生心的功能。衆生心含眞如和生滅兩門，所以可以修世間法，也可以修出世間法。因爲眞如門是說明「染」和「淨」的一班情形，生滅門則是用另一角度來說明染淨，兩者說法雖有不同，但不出此心的範圍。

什麼是「染淨」？染是指執著妄念及所執著之事物，淨則指解脫之念及所解脫之法。染是衆生的五蘊，或妄念，或愛著，戀戀不捨，此等念頭，大致起於「無明」，故曰無明之法；淨則五蘊所欲，蕩滌無餘，故曰法性之法。十不二門指要鈔曰：「一多相礙，念念住著，名之爲染；以離障心應赴衆緣，一多自在，念念捨離，名之爲淨。」

衆生在此紛擾繁雜的社會，極易受環境的誘惑而迷失其眞心，甚至於因作「業」而受到報應，這是「不覺迷眞」，名之爲「隨流」。但在達到「始覺」境界時，就不會再染，而可直趨涅槃菩提，此名之爲「反流」。前者是迷，後者是悟，是迷是悟，只此心之一轉，心的活動狀況，繫乎一念之間。所以萬法唯心，心即是主。

從生滅門解釋，「不覺」是攝世間法的，由於不覺是世間法的根本，一切染法，即與無明相應之法，由無明而起之法，亦即三界所有的事法，都由此而成。「本覺」與「始覺」是攝出世間法的，由於此二覺是出世間法的根本，一切淨法，即眞如之體離一切垢染，皆此二覺所成。本覺所攝，有大智慧光明義、遍照法界義、眞實識知義等；始覺所攝，有三明（宿命明，知自身他身宿世之生死相；天眼明，知自身他身未來世之生死相；漏盡明，知現在苦相，有斷一切煩惱之智。）八解（即八解脫，解脫繫縛的八種禪定）力無畏等。不變的本覺和反流的始覺，即攝出世間法。

從眞如門解釋，對於染淨兩者，是可以鎔融含攝的，可以用「眞如」之理，鎔之融之，使染即非染，淨即非淨，即染即淨，渾然成爲一體。

關於衆生心所攝一切法，從以上解釋，依生滅門稱之爲「該（眩）攝」。譬如人的手，可以救人，也可以殺人，救人與殺人，是完全不同的兩會事，但手是同一人的手。依眞如門，稱爲「融攝」，譬如冶金，不同的金屬，可鎔於一爐。該攝，則染淨俱存，其差別是很明顯的；融攝，則染淨俱泯，染淨鎔爲一體，無所分別。所以二門雖都說攝，但其意義不同，下文還要詳說。

依於此心，顯示摩訶衍義。

依本論所說的心，來說明大乘佛學的義理，即體、相、用三大。

何以故？

爲什麼依本論所說的心，可以顯示大乘的意義？倘謂此心通於染法、淨法，但大乘只講淨法，染法的義理又如何能顯？倘心亦通染法，則此心非爲大乘之淨，而爲一雜亂之心；猶如雜礦，何能鑄鍊純金？再則，心法只有一個，而大乘義廣，此心如何包涵大乘之義？

是心眞如相，即示摩訶衍體故。

衆生心的眞如相，即下文對眞如兩字所下的定義：「心眞如者，即是一法界大總相法門體，所謂心性不生不滅……」等文，當再詳釋。這些「相」，即可顯示大乘的體。

是心生滅因緣相，能示摩訶衍自體相用故。

衆生心的生滅，其生滅的緣由，是依「熏」的變動，而發生的一種形狀，能顯示大乘的

「自體」，包括「相」和「用」在內。

什麼是「熏變動」？熏就是「熏習」，亦作薰習。本論下文有云：「熏習義者，如世間衣服，實無於香，若人以香而熏習故，則有香氣。」熏是一種行爲，會隨著吾人之身、口、意而變動；身、口所顯現的善惡行爲，或者意所作的善惡思惟，在發生時，其「氣分」就留在「眞如」或阿賴耶識。熏的變動，是隨著染、淨因緣，使我們的心起了變更、改作、行動或者轉而爲其他的行爲；也就是說，心是隨著熏的變更而有染、淨的不同，時而生染，時而有淨，這就是「生滅門」的大要。

所謂染，即平常所說的染垢染污，意爲不潔不淨，通常指執著的妄念或事物。淨即清淨，指脫離惡行的過失，脫離煩惱的垢染。

生滅相，指生滅的形狀，爲妄識所了知的境界，與眞如相的不生不滅，有所不同；因爲「相」亦即形狀，本身只表現一種形狀的性質，非是識的境界，可以用個人的智慧來加以判別、證明之故。其次，生滅相有二種，一是麤（粗）相，謂與心相應者，另一是細相，謂與心不相應者。不論麤相、細相，都會隨心相生滅，但不是智慧的生滅。

爲什麼心眞如相「即示」大乘「體」，而心生滅相是「能示」大乘「自體」呢？

眞如有二義，一是不變，一是隨緣。眞如門僅以不變來顯示其意義，則稱之爲「不起門」。其本身所顯示的就是眞如門「體」，所以謂之「即示摩訶衍體」。又所謂「不起」者，指「無生」之義，即不生不滅，是靜態的；此與生滅門的有染淨生滅相不同；染淨能顯示生滅門的「體、相、用」，故云能示摩訶衍體。舉例以言，譬喻心是水，眞如是濕，生滅是波；水的濕相，即示水體，即是眞如體；水的波相，即波的生滅，能示水的自體、相和用。自體（即水）具有的濕的體性，相即是水波動形狀，用即是水有潤物、養生等的功用。染淨有生滅，也有「隨緣」的意思，是動態的，故生滅門亦謂之「起動門」。

生滅門的「自體」，即所謂「本覺」，是指生滅的原因。染可成淨，淨可染污，染者各依其所作的業，在不同的時段，發生作用。

生滅門的自體是本覺，也就是眞如門中的眞如；所以名爲本覺者，係對「始覺」而言；覺則爲不覺的對待詞，這是說明生滅門除本覺是自體外，別無他體。

生滅門的自體本覺何以就是眞如門的眞如？這是因爲生滅之相發起時，係眞如不守住「不變」的自性所致。眞如受無明熏習，成就染相，雖有染相，但眞如「不變」的體性仍在，因之反熏無明，生起厭生死、求涅槃的念頭，而漸起始覺，求成淨法。所以染淨，其實也是眞如的生滅體。如下文有云：「所謂以有眞如法故，能熏習無明，乃至名得涅槃，成自然業。」綜合言之，生滅在眞如門言，是相、是形狀；眞如在生滅門言，是體。體、相雖各有不同的意義，但實際上是不能分開來說的。好像水與波，沒有水，就沒有波，而波則爲水的自體。

第四節　義為體相用

所言義者，則有三種。云何爲三？一者體大，謂一切法眞如平等，不增減故。

摩訶衍的義，有三種。那三種呢？第一是體大，謂萬事萬物，不論小的、大的、有形的、無形的、眞實的、虛妄的，其眞性深廣；亦不論凡、聖、染、淨，都應以摩訶衍爲依歸。摩訶衍也不會因染、淨而有所增加或減少。

一切法，又名一切諸法。法，梵語達磨 Dharma，意爲通於一切法。一切法，梵語 Sarva-dharma，意爲總賅萬有。智度論曰：「一切法，略說有三種。一者有爲法，二者無爲法，三者不可說法，此三已攝一切法。」

眞性深廣。眞謂非僞妄；性謂自體常住，不變不異；深謂豎窮過去、現在、未來三際，無去無來；廣謂橫遍十方，非中非外。

凡聖染淨。凡即是六趣差別，衆生由業因的不同而趣向的處所，分爲六種，名爲六趣，亦名六道：一是地獄趣 Naraka-gati，二是餓鬼趣 Preta-gati，三是畜生趣 Tiryagyoni-gati，四是阿修羅趣 Asura-gati，五是人趣 Manusya-gati，六是天趣 Oeva-gati。聖是正的意思，證正道，即名爲聖；大乘義章曰：「初地以上，息妄契眞會正，名聖。」聖人，梵語阿離野 Arya，相對凡夫而稱；三乘，即聲聞、緣覺、菩薩，皆可稱聖，然亦有層次之不同。染即是穢土，極於三界。淨即淨土，盡於十方。

諸「法」的範圍雖然極爲廣泛，但衆生不外凡聖染淨四者；此四者之因果關係，則不外乎「依、正」二報。據華嚴大疏所述，依報，又名依果，諸衆生因先業而感，其身依之而住於世界、國土、房舍、器具等，所謂一飲一啄，莫非前定，即此之謂。正報，又名正果，諸衆生各因先業感得此五蘊之身，所謂善有善報，惡有惡報是。凡聖屬於正報，染淨屬於依報。在正報中的衆生，大致可分爲凡夫、聖人兩類；依報中的衆生，不外乎依於穢土、淨土；所以用此四者來統合一切諸法，其含義已十分完整。再者，衆生所依的穢土、淨土，無論凡、聖、染、淨，都要用眞如之體作爲所依，故華嚴經有偈云：「未曾有一法，得離於法性。」楞嚴經亦云：「一切世界因果微塵，因心成體。」既然是一切所依，故云體大。

所謂「眞如平等」，是說眞性在一切法，都是平等體，譬如鏡子，照任何物均可顯像。但不同於所謂「諸法本空」，因「空」而云諸法平等，譬如鏡中所顯的形像，因「法」不同，而顯現亦異。

所謂「不增減」，意謂眞如是絕對平等的，不因凡、聖、染、淨而有所增減；由染向淨修行，不會因功力增進而眞如體有所增多，反之亦不會有所減少。

由於眞如的平等性、不增減性；染淨不二，凡聖同從，不分別善惡，故曰體大。

二者，相大。謂如來藏，具足無量性功德故。

第二是相大，謂衆生的心亦即如來藏，具足不可計量的性功德，絲毫不缺，故謂之大。

何謂「性、功德」？性，依大乘義章所釋，有四義：「一者種子因本之義。二體義名性。三不改名性。四性別爲性。」功德與功能不同，功能是「功用與能力」，能生出結果的功，叫做功能。功德則是所作的功能，能獲福利，而有所得，得即是德。如修功有所得，即叫做功德。故功德是一種善行，於人於己，皆可獲益。如來藏的性，依性的前三義，是一種「種子」、「因」、「本」、是「體」是「義」，是「不改」的，倘不作惡行，杜絕染妄，而依照佛的教義，精進修行，則所積聚的功德，無有限量，必能照修行的進程，漸次積進而獲得果位。

三者，用大。謂能生一切世間善因果故。

第三，是用大。所謂用大，因如來藏具足無量性功德，如作利他行，則其所發生的功用，可使諸衆生，先成世間的善因，獲得善果；進而成出世間的善因，獲得正果。

賢首大師疏曰：「用大者，謂隨染業行。」由於衆生眞如都在煩惱中，常因煩惱而作業，亦即眼、耳、鼻、舌、身，意之作用而造成不同的業。摩訶衍的「用」，是要令衆生能起「利他行」，做有利於他人的功德，則能造成世間及出世間的善因。其功用甚大，故曰用大。

世間的善，指有煩惱的衆生，因修習佛法，興起善念，漸行善事，例如作「十善」等是。

出世間善，指修習佛法已達到無漏的境界，超過三界者，則令其厭生死，樂求涅槃，最後以一乘滅度。

用大，能生世、出世間善因果，尙能隨機緣，出現報、化二身。報身，謂十住、十行、十迴向以上的菩薩而未達聖位者。化身，謂二乘及十信以下者。這是修習大乘由麤（即化身）而細（即報身）的功用。

用大，只說善因果而不說「不善因果」，是因爲修習佛法，都是講善，善才是眞理，善才能排除惡，善才能順應眞如，善才能促進報、化兩用；此亦名爲「眞如淨用」。不善因果，則有違眞理，且爲「惡」所治，所以不說不善因果。

一切諸佛，本所乘故；一切菩薩，皆乘此法，到如來地故。

諸如來，都是以「心」爲本，而得成佛果；諸菩薩，皆以「心」爲法，循序修行，而求達到如來之地。

修行中，「佛」是最後要想達到的果地，既已成佛，就是已把自己運載或亦運載其他衆生，而到如來地。菩薩則正在運載自己或亦運載其他衆生，向如來地邁進。除了自己的「心」以外，別無他物可乘到如來地。

我們的「心」是乘向如來地的唯一工具，所以「心」就是「乘」。因爲「一心」具有三大，即體、相、用三者均屬無限，故策勵修養此「心」，必能由染而淨，由麤而細，由凡而賢而聖，將三大發揮到無限大的境界，故名修習菩薩之法爲「大乘」。

第五節　餘　語

摩訶衍，以「法」和「義」兩者爲樞紐，敘明其所包涵的意義。法是衆生心，義爲體相用，所謂「一心二門三大」，統括了大乘全部。

對於「大」的解釋，說得最詳細的，是眞鑑師在「大佛頂首楞嚴經正脈疏」中所說：「大者，稱讚之詞，具洪闊、包含、周遍、衆多、深奧、元始、恆常、超勝八義。」大方廣佛華嚴經、大方廣圓覺經以及本書大乘起信論的「大」，均屬此義。

大乘的法是衆生心，衆生心是具體存在的，所以法是實體，不是抽象的物。說明這一個「法」，以體、相、用三大來顯示，顯示三大，則分眞如門和生滅門。

眞如是絕對不變的，是不生不滅的，是平等的，比喻海水是鹹的，全世界的海水就都是鹹的，只是濃度不同而已。海水濃度的不同，好比衆生心有凡、聖、染、淨的不同；海水可以淨化，衆生心也可以淨化。

衆生心的生滅，乃是因爲此心受外界環境的影響，常在一種起伏不停的狀態中，所謂受到六塵的污染，致使「眞如在煩惱中」。因此我們要修習「戒、定、慧」三學，脫離無明、妄念，趨向菩提之路。衆生心生滅，猶如不變的海水，由於風的激盪，生起不同程度的浪濤，風急則浪高，風停則浪息，但海水仍是海水，未曾變更。如何使心不生波，正是我們修行所要思考的問題。

就體、相、用三者而言，眞如是不變的，平等的；體大顯然也是絕對不變的，但是相大和用大兩者都是相對的、有變化的。因爲相大，是說衆生的心亦即如來藏中，本來就具有無限量的「性功德」，可發揮大智慧光明，然其發揮，須依靠個人自己修行精進的程度，不是「絕對」可以發揮的。用大，是說衆生心修行時，種善因，則結善果，肇惡因，則獲惡果，亦因程度的不同，而有差別，所以是相對的。

綜合言之，相大是體大中所具有的，是體大的屬性；用大是體大中所具有的性功德，可表現於體大的外部。所以相大是內延的，用大則是外延的。佛學上通常把這種內外延的情形，以「能」、「所」來表述。

任何法，亦即世界上任何萬事萬物，都可以用三大來表述。只是人心不同，各如其面，要把人的心說明白，比較起來，十分不容易。本書所討論的，也只是浩瀚佛教經義中的一部分，但這是最基本的，明瞭這些道理，也許可以把「不容易」的，引導進入「容易」的境界，而起信，而精進。

衆生只有靠自己的心，到達如來的果位，別無他途。所以說「心即是佛」，佛就在自己的心中，

已說立義分。

本章敘述摩訶衍的意義，已畢。

第四章　解釋分

摩訶衍的要旨，分爲法和義兩者，前章已加論述，然其理趣如何，尚待剖析，此本章之所以須加解釋者也，本論曰：

第一節　概說

次說解釋分。

這是本書最爲重要的一部分，要更詳細的闡發摩訶衍的法義，本論曰：

解釋分有三種，云何爲三？一者顯示正義，二者對治邪執，三者分別發趣道相。

顯示正義，就是要正確地解釋「一心、二門、三大」的內涵；對治邪執，就是要破除不合於正道的邪解異說，並加以糾正；分別發趣道相，指每一個人，發心趣道的情形，均不相同，有的容易接受，進步神速，有的智慮遲鈍，趦趄不前，故必須分別情形，令其修證。本論曰：

顯示正義者，依一心法，有二種門。云何爲二？一者心眞如門，二者心生滅門。

顯示正義，依照摩訶衍第一義即「法」，是衆生心。衆生心可分二門來敘明，就是心眞如門和心生滅門。此即所謂「一心二門」是。

何以說一心二門，而不說二部分?因爲「門」含有可進出的意義，行者可從眞如門進修，亦可從生滅門進修，其結果均歸趨於一「心」，亦即衆生之心。

「一心」，亦謂「一如來藏心」，此有二種意義：

其一，從心體絕相以言，眞如門是「非染非淨，非生非滅，不動不轉，平等一味」的。其二，從心體隨緣起滅以言，生滅門是隨修行者所接觸的環境和修行學習的進程而變動的，有染有淨，雖有染淨，但性恆不動；正由於不動，故有染淨。

眞如門雖心體絕相，但如隨緣，而「眞如在煩惱中」時，是即進入生滅門；生滅門是緣生緣滅，其體本空，是即進入眞如門。所以衆生在塵世中，迷惑流轉，即出眞如門而入生滅門；若覺悟修證，即出生滅門而入眞如門。如修證有成，再出眞如門入生滅門，弘揚大乘教義，以喚醒世人的迷闇；證得菩提大道，則息化歸眞，即由生滅門入眞如門。

如來藏對上述的二種意義是不加區分的，二義即爲一義，故曰「一如來藏」。一是整體之意，不是數字，換言之，謂如來藏是整體的，不能分割開來討論。

眞如是渾然一體的，沒有所謂染、淨、生、滅、動、轉等相，故曰「絕相」。眞如是平等的，衆生、一切法、凡聖賢愚都是一樣，即彌勒佛亦同，毫無差別。因眞如乃「一味」也，此之「一味」，謂「五味」之第一味。

是二種門，皆各總攝一切法。

眞如門和生滅門二者，皆分別涵括宇宙間的森羅萬有，即一塵一毛亦不遺漏。由於眞如門是「絕相」，別無染淨，故涵括一切諸法。而生滅門則別顯染淨，且亦涵括一切染淨之法。兩者性質雖有不同，但都能涵括一切法，故曰「皆各總攝一切法」。此二門既各總攝一切法，是無以異也，所以說是「不二」，仍歸於一心。

從以上的說明，長水大師加以推演說：「眞如既是諸法眞性，離眞性外，無別諸法，還攝生滅門也。」接著加以解釋說：「斯則生滅門攝法時，眞如門法，亦在生滅中；眞如門攝法時，生滅門法，亦在眞如中；如是眞如中所攝染淨，即是生滅門所攝染淨，無二無別，舉一全收，故云二門互攝。」這已經把二門各攝，推論到互攝，更進一步說明了二門的關係，是圓融的。

此義云何？以示二門不相離故。

以上所說的意義，是說明眞如門和生滅門二者的體相，互不相離，但不是從屬的關係。所謂「不相離」，指二者「不一不二」，不一是說二門，不二是說一心；只此一心，可攝二門，故云。再則，眞如是體，生滅是相；眞如隨緣成生滅，生滅無體即眞如，是亦不相離也。眞如猶如一件裝容物品的器具，生滅猶如物品，物品裝在器具中，就只見器具，不見物品；兩者合而爲一物，此物即一心是。生滅在眞如中，則全部是眞如；生滅被眞如收盡，則眞如中都是生滅。所以兩者只有不相離的關係，沒有從屬的關係。

剖析。

第二節　顯示正義

摩訶衍的意義，已分就眞如、生滅二門，予以述明。現再就二門，依經文的順序，詳加剖析。

第一目　心眞如門

一、離言法界眞如

心眞如者，即是一法界，大總相法門體。所謂心性不生不滅。

心眞如，就是指此一心。在眞如、生滅二門，不取其中任一門，而取其總；相是現象，總相即包括了宇宙間萬事萬物變化的現象，無有不盡，故謂之「大」。此一心，是二門的本體，也是宇宙間萬事萬物發生的「體」。此一心，在「相」中，即所發生的各種情形，無論怎樣變化，不管是迷是悟，其體性既不生，亦不滅，不增多一分，亦不減少一分。

所謂一法界，即此一心，賢首大師釋爲「無二眞心」；釋「一」字，謂此非算數之一，乃謂「如理虛融，平等不二」；其義已甚完備。若再作進一步解釋，則「一」是整體，是絕對，是唯一，宇宙間萬法，除此以外，別無他物，可修成聖道，故曰無二。「界」有「所依」及「所因」兩義，所有修聖方法，均須「依」此，例如欲修菩提、涅槃、十力、四無畏等；有修成聖法的願望，即須以此「因」發心起信，方有證得之一日。此外，須特別注意，「一法界」與「一眞法界」有別，一眞法界是圓教的理論，指事、理、無礙、事事無礙四法界之渾融含攝，其義完全不同。

法界，梵名達摩馱都 Dharmadhatu，亦名法性，亦曰實相，義有多種。對「法界」兩字下一定義的，以澄觀法師在華嚴經疏鈔懸談中最爲清楚，他說：「往復無際，動靜一源，含衆妙而有餘，超言思而迥出者，其唯法界歟。」這一定義，可從三方面來解釋。第一從體、相、用三大解釋。第一句「往復無際」是法界的用，第二句是體，第三句是相，第四句是融拂。

首句說法界在用大方面，無論是往（含去、起、動三義）、復（含來、滅、靜三義）都是無有邊際的。此又有三說：

其一爲迷悟說。迷法界而往六趣是「往」，悟法界而復一心是「復」。迷則妄生，悟則妄滅。眞如隨緣，迷即隨妄，則眞滅妄生，悟即妄滅歸眞。眞如不變，則迷悟生滅等情形，都與眞如無關，因眞如湛若虛空，體無生滅也。迷和悟兩者，其「來」與「去」，都無邊際可尋，故云往復無際。

其二是唯妄說。妄念的發生，論其去來，旣沒有過去的依據，也沒有未來的終結，是無始無終的，是忽然而來，忽然而去的；且其範圍，浩無邊際，攀藤附緣，難以捉摸。因妄念無源頭，即無初際，無有始，自無有終，故後際亦無。所謂「生死無有始，亦復無有終，若無有始終，中當云有何」（中觀論）是。

其三是返本還源說。是說法界之用，有往有復。文殊師利所說不思議佛境界經中說：「有往有復，名修菩薩道」，並舉出十例說明：

㈠觀諸衆生心所樂欲，名之爲往；隨其所應而爲說法，名之爲復。

㈡自入三昧，名之爲往；令諸衆生得於三昧，名之爲復。

㈢自行聖道，名之爲往；而能教化一切凡夫，名之爲復。

㈣如是自得無生法忍爲往；令諸衆生得無生法忍爲復。

㈤自以方便出於生死爲往，令諸衆生得出離爲復。

㈥心樂寂靜爲往，常在生死教化衆生爲復。

㈦自勤觀察往復之行爲往，爲諸衆生而說斯法爲復。

㈧自修空無相無願爲往，爲令衆生斷於三種覺觀心，故而爲說法爲復。

㈨堅發誓願爲往，隨其誓願拯濟衆生爲復。

㈩發菩提心，願坐道場，名之爲往；具修菩薩所行之行，名之爲復。

以上十對，上句是自利，爲往，往向涅槃；下句是利他，爲復，復於生死，以化衆生。此等自利利他，往復無際的菩薩行，即是返本還源，恢復本心。

第二句「動靜一源」是法界的「體大」，依照以上的三說，動是迷悟說中的往，靜是復，動靜迷悟，雖分屬不同的二門，但其源則一，此一源即爲體。就唯妄說言，動就是往復，有去有來，靜是不動，無去無來；欲求動，當先求靜，欲求靜，當可於動中得之；故雖動而常靜，動靜同出於一源。就返本還源說言，自利是靜，利他是動；二者互相激盪結果，則化而無化，仍不失爲一源。故爲「體」。

第三句「含衆生而有餘」，是法界的「相大」。法界是一個極其抽象的名詞，依其「實相」而言，包含宇宙間的萬事萬物；依其「法性」而言，萬事萬物的性無不包含在內。宇宙間除此之外，則別無他物，所以法界包含了宇宙間無窮盡的物和無窮盡的變化情形。這種變化的情形，很難以數字來限制，亦無法統計，故概言之曰「無餘」。華嚴經阿僧祇品說：「於一微細毛孔中，不可說（謂極多，無限多之意）剎次第入，毛孔能受彼諸剎，諸剎不能遍毛孔。」即是說明宇宙間萬事萬物的變化，概可以法界含括之。毛孔比喻法界，諸剎比喻萬事萬物，毛孔可以容納萬事萬物，而萬事萬物則不能盡法界之義。此外，衆妙之義，亦可以老子道德經來解釋。道德經說：「玄之又玄，衆妙之門。」是說虛無自然，是非常玄妙的，萬物皆由此出生，所謂「道生一，一生二，二生三，三生萬物」是。故法界的相，也是衆妙之門，包含一切而有餘。

第四句「超言思而迴出」，是總結上述以體、相、用三大對法界定義的解釋，綜合之，則三者爲一，分言之，則三者可個別獨立。三者圓融，則其義完備，其理充足，分開來說，則言辭易流於偏頗，理亦未具。而法性和實相，是超出言語和思慮範圍以外的，所謂「言詞道斷」，勉強加以說明，亦徒增紛歧，於義無補。

以上是從體、相、用三大來解釋法界的定義。

第二從「本末」來解釋。第一句「往復無際」是從本即從往復起，以迄於末即無際，統括了法界的用是無窮的。第二句「動靜一源」是法界的體，是從末至本，歸於一源，說明法性、實相，無須以假名來解釋，體性始終是不變的。第三句「含衆妙而有餘」，說明相和用和體，互不相礙，亦即本末無礙，三者層次歷然，性相分明。第四句「超言思而迴出」，說明法界是不能以言語或思慮可表達的，是一個極抽象而又具體存在的概念。

第三從「法界類別」來解釋。第一句是事法界，第二句是理法界，第三句是無障礙法界，三句分屬三個法界。另一區分，謂往復無際是事，動靜一源，動是事，靜是理，是謂事理無礙法界。含衆妙而有餘，則爲事事無礙法界，超言思而迴出，則終結上述四法界。亦有區分爲五法界者，謂往復與動，皆是有爲，靜是無爲，一源如圓融雙照，是乃亦有爲亦無爲法界，反之則爲非有爲非無爲法界。

法界的定義有何實用？澄觀法師繼續說：「冥眞『體』於萬化之域，顯『德相』於重玄之門，『用』繁興以恆如，『智』周鑒而常靜。」最後一句的「智」字是指了解法界在體相用三大運作的知識，也就是智慧以後，則在禪定中可以遍觀一切。周鑒是遍觀，常靜即禪定，亦即「止」。因此，修習止觀，進入禪定三昧，首先要明瞭法界的定義，這是大乘佛學的初基。

何謂「大總相」？大是整體的意思，渾然一體，不能分割。總是全部的意思，一切相都包括在內。相就是「含衆妙而有餘」，賅括宇宙一切變化的情形。心眞如就是這樣一個大總相。有總相就有「別」相，別相即生滅門，別相中所有染淨諸法，都可以包容在眞如門內，這也是「大」的另一項意義。

總相，依長水大師筆削記言，分爲四種層次：

(一)下者，謂一切有漏皆苦，理通苦樂，名爲總相。不通無漏，乃名爲下。

(二)中者，謂一切行無常，理該三諦，名爲總相。雖通無漏，不兼無爲，故名爲中。

(三)上者，謂一切法無我，理通四諦，名爲總相。猶是眞銓（眞諦），未窮實性，但名爲上。

(四)上上者，謂眞如是一切法之實性，遍通凡聖，情與非情，無所不該，故云上上。此超勝前三，故云大總相。

此爲大總相的另一解。

何謂「法門」？法作「軌生物解」，軌謂規則，規範；物謂衆生；解謂智解。整句話的意思是說諸衆生本身，有學習的本能，在此「法界體」（即心）上，能生出「始覺」的智慧，由此智慧，返照自心；但返照時，要依照法界的規則修習，例如「不空不有」、「無我無人」等，依而行之。「門」是可以出入的意思，法體虛通，或聖、或智，都能容其出入；出則利他，入則自證。惟云聖云智，乃佛及菩薩，凡人則尚不及。

何謂「法門體」？謂此一法界，全作生滅，即爲「事法界」；全作眞如，即爲「理法界」；但二門均爲一心所運作，亦即一體所爲，是則二者均無障礙，故法門體亦名理事無礙法界。

何謂「心性不生不滅」？這是說明「心眞如」此一法體乃不生不滅的。心性之性，即心的體，體原可映顯心態變化的情形；如心態有變化，即爲生滅門；心態不變化，即爲眞如門，是不生滅的。生滅，用二句非常抽象的話說：「有爲之諸法，依因緣和合而爲未有法之有，謂之生；依因緣離散而爲已有法之無，謂之滅。」凡有生者，必有滅，這是「有爲法」；有滅者，必不有生，這是「無爲法」。故生和滅是依因緣的和合與離散而決定的。眞如既無生滅，即使有妄生，亦僅生妄，實則心性不有妄；若能戒斷諸妄，滅除妄念，則心性仍是心性，故不滅。再進一步說，修行有了成就，如得大智慧光明、十力等功德，心性亦不生；反之，修行無成，或已有成而致心性再處於垢染狀態中，則已獲的功德滅，但心性仍不滅。是以「眞如」在世間流轉，縱有千變萬化，然所變化者乃世間，而非眞如，這叫做（心性）「世間不破」，不破即不變義。

以上所言眞如，實無適當言詞可以表達，而姑以「一法界大總相法門體」名之，亦名之爲「離言法界眞如」。

二、離言絕相眞如

一切諸法，唯依妄念而有差別；若離心念，則無一切境界之相。

眞如是不變的，是渾然一體的；世間所有一切萬事萬物，都是心體的妄念所發生的各種差別情狀；如果心不去想，就沒有妄情，世間就沒有各種不同的境界情狀，和紛紜萬象。

妄念，即虛妄的心念，指凡夫貪著色、聲、香、味、觸、法各種境界的想法。衆生日日夜夜生起虛妄的念頭，卻不知道這一切都是不存在的。船過無痕，鳥飛無跡，一切諸法，所有繁華，莫非春夢，所謂如花美眷，似水流年，瞬息即逝，但衆生莫不貪戀著眼前鏡花水月般的富貴榮華，以爲是人生高度的享受，因而迷失了自己，被妄念捲起的浪濤淹沒，不克自拔。

首楞嚴經說：「幻妄爲相。」說明虛幻妄僞的景像，都稱爲相，本身沒有「自性」。並且分別以五蘊、六入、十二處、十八界所產生的「妄」相，一一予以破解，以使衆生能從迷惑中醒悟，顯現眞心。

由於妄念，衆生對宇宙間的一切，便認爲是千差萬別的，比喻山有高低，河流有巨細，草木禽獸蟲魚，各有不同的形像；其實這種差別相，都是依妄念才發生的。如果心中不去想這些事情，便無此等形像。故曰：「見諸法者，是凡夫；不見法者，斯曰聖人。」凡夫妄見諸法，聖人則見實相，實相無生滅，眞性從未改變，所以華嚴經出現品有偈云：

眞如離妄恆靜寂，無生無滅普周遍。

這是以妄來說明眞如，次再以眞如說明離妄，本論曰：

是故一切法，從本已來，離言說相，離名字相，離心緣相，畢竟平等，無有變異，不可破壞，唯是一心，故名眞如。

綜合前文所說，眞如是本來沒有一切境界之相的；既不能以言語、音聲來表達，也無適當的文辭、詞藻可形容，更不能用衆生的想像、思考給以一定的型態；它是一切平等，渾然一體的；對修行有成就者，不會增多一點，對凡夫俗子，也不會減少一分；無論經歷多少時間，永遠不會變化。宇宙間任何巨大的力量，也都無法可予破壞，此之一心，名爲眞如。

這是說明眞如的本質，要離開一切「妄」；因爲言說、文字、心緣這一切相，就是生「妄」的根源；唯有眞心不動，才是消除妄念的本源。

凡一切法，萬事萬物，都有其形象，即所謂「相」。一切形象（相），都是依事物的性質而成立的。人看到了形象，就生愛好或厭惡的情緒，喜怒哀樂，皆由之而生，自己的本性，從而被迷惑，眞性就不克顯現，所謂「執相迷性」，即是此意。先聖先賢常勸誡，要做到「泰山崩於前而色不變」、「喜怒哀樂無動於衷」，處事才能圓滿。我們在日常生活中，要時時做到視「相」爲「無相」，唯念此心，乃一眞如，所接觸到的環境狀況，無非是「緣」而已，「緣」的條件消失，「相」就消失。

賢首大師說：「離言」、「離名」，是「言語路絕，非聞慧境」。「離心」是「非意言分別故，即心行處滅，非思慧境。」因爲言語、名字只是口中說出的音聲和文字上表達的一種符號，兩者都是假定的，事實上均難說明眞如的眞正涵義，故曰言語路絕。由于我們所聽到的和所看到的，僅是假定的字句，其實沒有獲得有關眞如理論的實際，故曰非聞慧境，慧境是要靠實際修行，才能得到的。

口所說的叫做言語，心中所想的叫做意思。所說與所想一致，則心口合一；所說與所想不一，則言與意違；離心緣相，是言不由衷，所謂「意言分別」，乃是說明言語是心路的行程，而心中所想的，不管是心口一致或言不由衷，都是心的相，而且是「妄相」，要離開心的相，使心無所緣，妄相便滅，這是「無相」之理，亦即是心行處滅也。但心行處滅，並非已經獲得智慧的實際，還是要靠自己去修行，去實踐，故曰非思慧境，單靠心中的思維想像，不足以成事。

金剛經說，凡所有相，皆是虛妄。離開了言語相、名字相、心緣相，才叫做眞。然而知道了這些道理，仍不是「修慧」；修行的初步，先要摒除一切妄相，使心「定」於一，可是人生的苦樂、空虛、寂寞、無常等等雜念，難以擺脫，都要以個人的毅力，加以克服。

離開了妄，顯出眞性，此眞性是「畢竟平等，無有變異，不可破壞」的。所謂平等，一方面則指凡夫俗子的眞性，同於佛性；一方面則指眞性處於「染、淨」時，也不會變異，過去如現在，現在如未來，染淨有變，眞性則不變。眞性隨著妄染的生滅，體如虛空，無損其絲毫，妄染滅而眞體如故，是以謂之「不可破壞」。

宇宙間萬事萬物的一切，歸納言之，只是衆生的一心；事物會變異，心則眞實如常存在，故勉強名之爲「眞如」。

以上之眞如，名之爲「離言絕相眞如」。

三、綜釋眞如之名

以一切言說，假名無實；但隨妄念，不可得故；言眞如者，亦無有相。

前面已經說明眞如是不能用言語、名字來說的，言語路絕；因爲凡可以用言語、名字加以說明，只是一種假設性的假名，依因緣和合而發生者，並不眞實。且言爲心聲，心所想的，莫非妄相，所以仍不可能切實說明眞如。所以之名之爲眞如，是勉強給予的一個假名；名是隨相而立的，但眞如沒有相，所以眞如的名，也不眞實。

在沒有更好的辦法，使初學者理解眞如，不得已而用言語、文字來表達，是退而求其次；因此，對於眞如這一名詞，也不可執著，自以爲是。先賢舉「認指亡月」爲例，說我們以手指月，不可誤認手指，就是月亮。

以言語、音聲教導初學者，十地論列出五項缺點：

㈠不正信。聽的人，只聽音聲，難以深入體會其意。

㈡退勇猛。因不能深入體會，就不會有正確的了解，遇到困難，就猶豫不決。

㈢誑他。因不了解，便以深爲淺，以淺爲深，隨己意解，欺騙他人。

㈣謗佛。因隨己意解說佛理，或執權教爲實教，或執事迷理，而均假借如來之名，則其言均爲虛妄。

㈤輕法。因謬解佛理，成了習慣；即使聽到高深的道理，就不覺其重要。

謂言說之極，因言遣言。

「眞如」的名稱，雖然是勉強賦予的，但是除了這兩字以外，實無別名可以取代，可說已到了言說的極限。因爲眞如言語路絕，不但不能以名相涵括其意義，而且還要棄絕名相，之所以賦予一個眞如的名稱，只是爲了說明上的便利，同時也爲了避免與其他的名詞混淆。

眞如，梵語曰 Bhūtatathata，眞爲眞實，如爲如常，眞實的道理就如平常的道理，充斥於宇宙之間，卷則退藏於毫釐之末，舒則瀰綸六合，無所不在，無處不至。之所以名之爲言說的極限，除了上述說明外，「攝論」所說的第十種名「究竟名」，也是指眞如。十種名如次：

㈠法名。如五蘊、十二處、十八界等。

㈡人名。如十信、十住、十行、十迴向、十地等五十二位修持位次者。

㈢教名。如修多羅等十二部經。一切均可分爲十二種類之名：修多羅（契經）Sutra，祇夜（頌）Geya，伽陀（孤起頌）Gatha，尼陀那（因緣）Nidana，伊帝目多（本事）Itivrtaka，闍多伽（本生）Jataka，阿浮達摩（未曾有）Adbhuta-dharma，阿波陀那（譬喻）Avadana，優婆提舍（論義）Upadesa，優陀那（佛自說之經文）Udana，毘佛略（方廣）Va-ipulya，和伽羅（授記）Vyakaraua。

㈣義名。如五蘊、十二處等之意義。

㈤性名。不能以文字說明其意義者。

㈥略名。如衆生等概括性之名。

㈦廣名。如衆生等集合性之名，但其中各有差別之義。例若衆生有卵生、胎生、濕生、化生等類。

㈧不淨名。如凡夫之類等。

㈨淨名。意謂生滅即眞。

㈩究竟名。即眞如，漢晉時原譯爲「本無」，但因與道家之「無」，易滋混淆，且與般若之「空」，其概念亦不相等。故改譯爲「眞如」。

爲了便於記憶十種名，先賢作一偈曰：

人法及教義　性略及廣名

不淨淨究竟　十名差別境

此眞如體，無有可遣，以一切法，悉皆眞故。亦無可立，以一切法，皆同如故。

眞如的名，是究竟名，再無他名可以取代；眞如的本體，同樣，無任何物可以替代；因爲眞如就是眞如，其一切事理，都是眞的。既均爲眞，是否可以用某一種方法加以說明呢？此亦屬不能，因爲眞的一切事理，都是「如」常時一樣進行的，永不變更的；如果刻意的去制訂某一種方法去加以規範，那只是心的妄念，是和「心行處滅」不符的。

眞如主體，包括心眞如門和生滅門兩者，所以生滅的本體，亦同眞如本體，無任何事物可以替代。眞如是「離言說、名字、心緣相」的，但只排除「假名無實」的虛妄相，不排除眞如實法，而唯依微妙眞智觀照修行。因依言說、名字、心緣而作觀照，都是「假觀」，假就是虛妄；依微妙的眞智觀照而獲得證悟，方爲眞實，故眞如實法之不可排除，爲獲得「覺心」之初階，能觀的，所觀的各種幻妄相滅盡，則獨存巍然不動的眞如。

眞如之所以爲眞，因爲一切法的法性，都是眞的，更無他法可作解釋；以生滅門有染淨而論，既有染淨，則其自性，根本就不存在，所以是有染淨有法而無性，無性就毋須討論其是否為眞了。好像攬鏡照容，不有容顏，鏡中就沒有影像。

眞如是看不見、摸不到的，但確實存在於宇宙萬有，且無所不在。眞、是「非偽非妄」，如、是「不變不易」；眞心的自性是「智」，眞如的自性是「理」，兩者一體，清淨不二；倘有其他，均屬偽妄，非正說。

當知一切法，不可說、不所念故，名為眞如。

當知一切法，之所以叫做眞如，是因「離言說相、離名字相、離心緣相」；不可說即是離言，不可念即是絕慮，對眞如的理解，就這樣簡單。奈何衆生，從「無始」以來，渾渾噩噩，只知道如何適應當前的環境，蠅營苟謀，而從不檢討自己，看一看內心，缺少的到底是什麼。我們研究學習大乘佛法，應痛下決心，「終日不食、終夜不寐，以思此事」。華嚴經入法界品有偈曰：

吐故納新自充飽，　吸風飲露無異食；
若坐若立不動搖，　現斯苦行摧異道。

四、解答疑問

問曰：若如是義者，諸眾生等，云何隨順而能得入？

問道：眞如既不可說，不可念，若衆生發言欲問眞如之義，當為何以明之，即有所思維，則又與眞如之義不合；如此，怎樣能隨而順之理解眞如？怎樣能進入眞如之門。

答曰：若知一切法，雖說，無有能說可說；雖念，亦無能念可念；是名隨順。若離於念，名為得入。

答曰：眞如是不可說，不可念的，但若知一切法，即使說了，也沒有「能」說和「可」（所）說；能說是從主觀的意念來說明，可（所）說是從客觀的意念來說明，兩者的說明，都不足以正確地說明一切法的實相。不可念的情形也是一樣，即使起念，也沒有能念和可（所）念。要擺脫了說和念，就能隨順眞如的理路，漸漸積聚修持的功德；而得入於眞如的領域。

一個人的思慮，分秒不斷，我們的腦子中，時時刻刻想事情。所想的一切，幾乎是無所從來，亦無所從去，隨時滋生，隨即消失，無影無蹤；因此，說和念，沒有所謂主觀（能）和客觀（所）的分別。

雖然有念，但要離念，是要離於「斷見」；一切法的說和念，沒有主觀性和客觀性，是要捨離「常見」。什麼是「斷常見」？依照佛學大辭典的解釋說：「有情之身心，見為限一期而斷絕，謂之斷見；反之而見身心皆常住不滅，謂之常見。」舉簡單的例說，斷見，只承認現在這一生，沒有來生；常見，則承認還有來生；兩者各占一邊，故亦名「二邊見」。衆生墮在邊見的很多，善業經說：「汝今應常如是修學，亦令衆生了達因果，修習善業；汝當於此正見不動，勿復墮在斷常見中。」二邊見有違中道之義，欲不墮二邊見，須深信因果，方為正見。二邊見的應用很廣，「說念」也一樣，不可趣於一邊，以為說念完了以後，不會再有後果，這是斷見；其實不然，可能會因動心而付之實施的行爲而衍生出很多的狀況，甚至不可收拾，有此斷見的人，是不負責任的，是任性的。反之，深信說和念完了以後，必有後果，這是常見，也是錯誤的，這類人，往往謹言愼行，無所作爲，或者不珍惜生命。說和念的中道，就是要離開說和念，亦即無說和無念。

離二邊見，即爲正念。對於事理，就不會以主觀的或客觀的心態，妄加分別，這是一種在修持上較爲便利的方法，名之爲「方便觀」。圓覺經中有云：「居一切時，不起妄念，於諸妄心，亦不息滅。住妄想境，不加了知，於無了知，不辨眞實。」不起不加，即無有能所分別，也是安住心境的方法。能安住心境，雖未能離念，而可順於無念，是名「隨順」。

未離念，是當修持時，用「觀」觀察自心，審思對於主客觀的各種念和說，是否均已停止；如麤念不起而細念猶存，仍爲未離，但已隨順而能觀無念矣。若離於念，即久觀不已，妄念均息，則漸契合無念的眞理，這就叫做「正觀」。

正觀，意謂「觀」與眞如相當，猶如瓶之與蓋，合之則爲一體。觀察自心，到了無念的程度，就入於正位。正者，聖也，修持在「十地」以前，只是「方便」，須登「十地」，方名爲「入理聖人」。所以有隨順的方便觀，可契入聖境，以離於念，即得證眞如，是名「得入」。再者，正觀，只討論「念」，不討論「說」，緣言語麤淺，而心念微細，心念尚須遠離，何況言語？

五、依言眞如之相

前面說明「心眞如相」，眞如有不變、隨緣二種意義，是「離言說相、離名字相、離心緣相」，統稱爲「離言眞如」，並區別爲「離言法界眞如」和「離言絕相眞如」。但倘認眞如是不可知、不可說，則如何令人能生起信心？衆生如何得解？因此還是很勉強的要用文字來說明眞如的「相」，先賢名之爲「依言眞如」，以有別於「離言」。本論曰：

復次，眞如者，依言說分別，有二種義。

其次，眞如，如依言說來加以區分，有二種義相。

這段文字，是非常淺明的。不過在離言眞如中，既說「畢竟平等」，則眞如只有一個，而且是「平等」的一個，何以依言眞如說是有二，豈非矛盾？對此，要特別留意，眞如是只有一個，現在說有二種義相，只是爲說明方便，對此不可心存執著的意思，更不可認爲眞如有「相」；因爲眞如是「無相」的，此之「相」與「義」之意同。在無相之中辨相，相即無相，仍不脫離「離言眞如」的範圍。爲說明方便，不得不依言語來說明，故十地論有偈云：

何故不但說無言　示現依言求解故

云何爲二？一者，如實空，以能究竟顯實故。二者，如實不空，以有自體，具足無漏性功德故。

眞如有二種義相，一種是如實空，因爲能夠顯示眞如是切切實實的眞正存在，眞正存在的就是「空」，所以也可名爲「空眞如」。一種是如實不空，因爲眞如有自體，不似「妄」之無自體；又具有性德，不同於多若恆河沙數的有、流等煩惱；所以也可名爲「不空眞如」。

「如」字的意義是「常」，例如「如如」，就是「常常」；「實」字的意義是「眞實」，可說明所有的「妄」都是空的，不存在的，無實體的。故「如實」就是「眞如」的代名詞，現就眞如的空和不空分二部分略作解釋。

第一，如實空的空，是要除去一切妄，使妄成空，不是說眞如的本體是空的。眞如的本體沒有妄染，就名之爲空。所謂妄染，通常是指「九想」和「六染」。

九想亦作九相，謂在作觀時，對人死亡後，起九種不淨的觀想。這是勸誡貪著於色、聲、香、味、觸的人，對之作當頭的棒喝。人的肉體是不乾淨的，死亡以後，有九種變化，成九種不同的相。

㈠脹相 Vyadhmatakasamjna，屍體膨脹。
㈡青瘀相 Vinilakasamgia，屍體暴露，經風吹日曬，則色變爲青紫之瘀相。
㈢壞相 Vipudumakasainjna，屍體壞解。
㈣血塗相 Vilohilakasainjna，屍體壞解，血水遍布。
㈤膿爛相 Vipnyakasamjna，屍體生膿腐敗。
㈥噉相 Vikhaditakasainjna，屍體腐敗，生蛆被噉。
㈦散相 Viksiptakasamjna，被噉後，軀體分散。
㈧骨相 Asthisainjna，血肉散盡，軀體不存，唯餘白骨而已。
㈨燒相 Vidagdhakasanijna，骨經燒後，歸於灰土。

眞如心體是清淨的，但行者在修持中，頓起無明，遂有六種染心之相，稱爲六染：

㈠執著外境，致淨心受染，爲起於我執之煩惱，名「執相應染」。

㈡於苦樂等境，相續不斷，致淨心受染，起於法執之煩惱，名「不斷相應染」。

㈢爲分別世、出世間諸法之智，致淨心受染，爲起於微細法執之煩惱，名「分別智相應染」。

㈣現境界之相，致淨心受染，係受無明熏動，爲最極微細之執，名「現色不相應染」。

㈤生能見之相，致淨心受染，乃根本無明致之，名「能見心不相應染」。

㈥因根本無明而心體始動，名根本業。淨心旣動，即易受染，爲衆生迷妄之元始。名「根本業不相應染」。

九相與六染，與眞如實體不相應，故名爲「空」。涅槃經有一個很好的比喩，來說明眞如空，云眞如像一個空的瓶，瓶中無物，而瓶體是存在的，瓶體即是眞如，是眞實存在的；瓶空，是瓶內無妄染。此之謂「如實空中法空眞如。」

第二，如實不空的空，有二義，依賢首大師疏曰：「一、有自體者，異妄無體故。」意謂眞如是有自體，與妄之沒有自體是不同的，此之謂「如實不空眞如」。「二、具性德者，異恆沙有流煩惱故。」意謂眞如是有性德的，與「有、流」等恆河沙數煩惱不同。「有」，指「三有」和「二十五有」。三有是三界的異名，生死之境界，有因有果謂之「有」，故三有即爲三界（欲界、色界、無色界）的生死；亦即「欲有」，指欲界之生死；「色有」，指色界之生死；「無色有」，指無色界之生死。就三有再加細分，則可分成「二十五有」，即欲界有十四有，指四惡趣、四洲及六欲天；色界有七有，指四禪天、初禪中之大梵天、第四禪之淨居天及無極天；無色界有四有，即四空處。二十五有之詳細情形，可參考「大佛頂首楞嚴經正語」第十一章「五陰魔境」。

至所謂「流」，意謂所有的煩惱，能促使人的精神緊張，甚至崩潰，尤其物慾橫流的今天，道德淪喪，常爲感情所困，不能自拔，走上不應該走的路。煩惱猶如江河的暴流，可載舟，亦可覆舟，故名爲「流」。流分爲「四流」和「九流」；四流是見流、欲流、有流、無明流，衆生在此四流中，妄惑不絕，而漂流沉溺，以至於覆頂。「九流」指二眼、二耳、二鼻孔、口、大小便孔；由身體內部流漏，曰九漏；由外部進入，曰九入，又名九瘡、九孔。這是色、聲、香、味、觸等五陰進出的場所，妄惑出生的關口，也是恆河沙數煩惱發生的根源。

綜合言之，如實不空的不空，是說眞如有其實體，而與妄之無實體不同；眞如又具性德，而與煩惱等染不同，因煩惱爲「染」，而性德則爲淨也。此之謂「如實空中我空眞如」。

以上依言語辨認眞如之相，心眞如門有五種眞如，離言眞如二種，即法界眞如和絕相眞如；依言眞如三種，即如實不空眞如，如實空中法空眞如，如實空中我空眞如。

六、釋　空

所言空者，從本以來，一切染法不相應故。謂離一切法差別之相，以無虛妄心念故。

前段依言眞如所討論的不空眞如。法空眞如及我空眞如，這一個「空」字，究竟是什麼意義呢?從根本上來討論,乃是因爲眞如和一切染法都沒有關聯,眞如是清清淨淨的,一塵不染的。一顆晶瑩朗潔的心,完全沒有虛妄的念頭,所以對於萬事萬物,也不會起分別。

起分別心,是說心的境界;染法雖然很多,但全靠心來加以區別,心可以從主觀的或客觀的角度來區別一切染法。「離一切法差別之相」,是從客觀的角度,辨認色、香、味、觸等境界相;「以無虛妄心念」,是從主觀的角度,以智慧來分辨見、聞、覺、知等相。故凡境界,皆從心念而生,既無心念,則境界亦無。

人的智慧,能分別境界,看起來是聰明,其實是把心的眞義誤解了。心所分別的境界是妄情,有了妄情,就失了對心的正確認知;正確地認知心的眞義,則妄情不會發生。所以心離開妄念,亦即拋棄了一切染法,「無虛妄心念」,這就是「空」的概義。

當知眞如自性,非有相、非無相,非非有相、非非無相,非有無俱相;非一相、非異相,非非一相、非非異相、非一異俱相。

前面討論「空」,指眞如的「空」,亦即「如實空」的概略意義。由於眞如的體是不變的,既然不變,就沒有「相」,所謂離言絕相,已詳爲說明,爲了更進一步說明眞如的絕相,再舉出眞如的十種絕相。

(一)非有相,眞如與一切染法不相應,凡「有」,都是妄念所生,離妄念,妄有即無,故曰非有,非眞如之相。

(二)非無相,眞如離妄念爲非有,惟眞如體不變,故曰非無,非眞如之相。

㈢非非有相，眞如離妄有爲「非有」，若「非」其「非有」，亦非眞如之相。

㈣非非無相，眞如離妄有而體不變爲「非無」，若「非」其「非無」，仍非眞如之相。

㈤非有無俱相，非有、非無、非非有、非非無四者，俱非眞如之相，故不可執著於眞如相之有無。

㈥非一相，眞如離虛妄心念，則一切法無差別之相，以衆生執取之法，無量無邊，其相甚多，故曰非一，此非眞如之相。

㈦非異相，衆生執取之法甚多，相亦各異；既各相異，皆因虛妄心念而起，則各異相實不存在，故曰非異；此非眞如之相。

㈧非非一相，眞如相「非一」，若「非」其「非一」，自非眞如之相。

㈨非非異相，眞如異相因離虛妄心念而不存在，若「非」其「非異」，則仍不存在，故亦非眞如之相。

㈩非一異俱相，非一、非異、非非一、非非異四者，俱非眞如之相，故不可以虛妄心執一切法取差別之相，而言眞如相之一異。

眞如無相，是說明世間諸法，都不是眞實的；要離所有虛妄心念，才能認識「空」的正確意義。因此與四宗外道所說的道理不同。

第一宗外道是「數論外道」，認爲眞如有「有」等性，並與「諸法一」。這相當於「非有相」，是不眞實的，例如以「色」而言，各種顏色的性因均爲一，但眼等諸根對之則非爲一，而應依照根（如眼等）的功能來區別；進一步說，一切法都各有其特性，應依其功能加以區別，故非一。然此亦爲妄執，非眞如義。

第二宗外道是「勝論外道」，認爲眞如有「有」等性，但與「諸法非一」，這相當於「非無相」，是不眞實的。例如各種顏色都屬於一性，但色彩不同，須由眼根分辨，沒有眼的盲者就不能分辨。可見諸法皆由心造，而心念莫非是妄，惟眞如體在，故非眞實。

第三宗外道是「無慚外道」，認爲眞如有「有」等性，但與「諸法亦一亦異」，相當於「非非有相」，亦非眞實。例如色彩是一性，絕不可能有他性，如有他性，則非色彩，故亦一亦異不眞。

第四宗外道是「邪命外道」，認爲眞如有「有」等性，但與「諸法非一非異」。相當於「非有相」與「非非有相」兩者，此意非眞。何故？既云「有」等性非一非異，則應無所執，若心有執著，則有虛妄心念，起一切法差別之相；且非一非異，發生有、非有、均有、均無等四種情形，使「有」等性，更致混淆不清；故其說不眞。

以上，眞如之「十絕相」，外道多論之，俱非眞如的眞義。廣百論云：爲顯世間所執諸法，皆非眞實，及顯外道所執不同，故偈曰：

有非有俱非　　一非一雙泯

隨次而配屬　　智者達非眞。

乃至總說，依一切衆生，以有妄心，念念分別，皆不相應，故說爲空，若離妄心，實無可空

故。

綜而言之，由於衆生有妄心，心中常起念頭，妄復多如塵沙，思慮一刻不停，時生時滅，分別計較；此與如實之體，實不相應，故名之爲空。倘能離此妄心，則一切染法旣無，如實之體亦無可空矣。但非謂眞體是無，因恐聞前述眞如自性有十種絕相，便以爲眞如全無自體及功德，則謬矣，故總括起來說：空，謂眞無妄相；不空，謂自性功德，清淨本然。

七、釋不空

所言不空者，已顯法體，空無妄故。即是眞心，常恆不變，淨法滿足，則名不空。

因爲眞如法體，沒有妄相，但爲了要彰顯這一法體，使行者能有更進一步的認識，所以要反過來說，眞如是不空的。也就是說，眞心有「常、樂、我、淨」四種功德，恒常不會變更，故云「不空」。

所謂「常」，是指不受過去、現在、未來三際以及生、住、異、滅等四相的遷流，眞心是常存的。

所謂「樂」，指不受「三苦」（即苦苦，由於苦事而生煩惱；壞苦，由樂事之去而生苦惱；行苦，由一切法之遷流無常而生苦惱。）八苦（即生、老、並、死、愛別離、怨憎會、求不得、五盛陰熾盛等八者）的影響，而「恆」在快樂的狀態中，眞心是長樂的。

所謂「我」，是指我人的行爲，不受一切業行的繫縛，得以自由自在。繫縛，即貪、瞋、癡三者的煩惱，離此三者，則行爲不會生變，而「我」乃得自在。

所謂「淨」，是「染」的相對，染而不染，是謂淨法滿足。不空，除了「常、樂、我、淨」四者以外，其他超過恆河沙數的功德，亦悉在其中，例如下文所述的大智慧光明遍照法體等是。

此外，所謂「常恆不變」，是從縱的關係來說，過去、未來、現在三際的眞體，雖無窮無盡，但只說明自體是切實存在的。所謂「淨法滿足」，是從橫的關係來說，淨法在宇宙空間是無窮無盡的，因此具足無漏功德。所以自體既常恒不變，又具足無漏功德，即不能謂此法體是空，故曰不空。

亦無有相可取。以離念境界，惟證相應故。

既然淨法不空，如果執有妄情，是不是也是不空呢？須知執有妄情，動了妄念，就是有相。眞實法體的自性功德，是沒有相的，所以要離開一切念，無念，便是眞智的境界，能證得與眞智相應，便是無相。既無一相可得，則不空亦不異空。是以空與不空，乃一體之兩面。

八、贅　語

關於空與不空，在本論中已經說得很清楚。近代學者方東美先生在「華嚴宗哲學」一書對此也曾加以闡發，他說：「我們人心的對境上，具有如實空與如實不空二種眞如，而空與不空是屬於二種如來藏，皆可以由此而區別性與相；屬於如實空時，則妄染諸法盡空，纖塵毫無染著，這就是體大；如實不空，這個不空就是眞如，其中含藏一切諸法，而且具足恆沙功德，這就是相大。」（見下冊三〇七頁）又說：「所謂空，是指一切意識上面的分別，或常或斷，或苦或樂，或一或異，或我或無我，或心法或色法，或可見或不可見，或有對或無對，或有爲或無爲，或有福或無福，或世間法或出世間法等二邊所顯的中道實相。」（中道實相似應爲「心態」，其所述之意，主要是說明「無念」，不空是無一相可得，故不異空。見同書第三一三頁。）

誠然，人類心靈的狀態是無限的，自然界的許多現象，人世間的悲歡離合，物質慾望方面的貪得無厭，在在都引誘人們走向妄情染著。惟有將這一切相，也就是把心靈上無限擴充的現象，消除罄盡，才可說證得了菩提。

第二目　心生滅門

眞如有不變和隨緣二義，旣云不變，何有隨善惡緣而成染淨諸法？兩者似互相牴觸，惟如就眞如之體以言，眞如是常住不變，不生不滅的，其之所以不變，乃是隨緣變現諸法而常不失其性的意思。譬如鏡子能現物像，是由於鏡體之淸淨，鏡體有淸淨自性，故能映物；眞如能隨緣生出諸法，亦同此喩。

心生滅門是討論萬物生起因緣，亦即從不變之眞如本體，遇到外緣而開展萬有事物的差別相，也就是第二章立義分中所說「是心生滅因緣相，能示摩訶衍自體相用故」之意。

一、意　義

心生滅者，依如來藏故，有生滅心。

心生滅是依於如來藏，因依如來藏，故有生滅心。

如來藏，梵言謂Tathagatagarbha。前面已略述眞如在煩惱中，謂之如來藏，眞如出煩惱，謂之法身。佛性論第二如來藏品云：「一切衆生，悉在如來智內，故名爲藏，以如如智稱如如境故。一切衆生決定無有出如如境者，並爲如來之所攝持，故名所藏衆生爲如來藏。」依此則如來藏涵有三義。

第一是「隱覆」，謂眞如在煩惱中時，煩惱隱覆了眞如的性德，不使顯現，是爲煩惱隱藏如來，如來爲煩惱所藏。比喻櫃中藏金，名爲金櫃，但櫃不是金。如來隱而不現，係因如來法身無相，不能以一般的智慧來了解，「識」既不能認，眼更不能見，故名爲如來藏。勝鬘經曰：「如來性住在道前爲煩惱隱覆，衆生不（能）見，故名爲藏，是衆生藏如來也。」

第二是「含攝」，是包涵的意思。謂眞如處於衆生之位，則含「和合」與「不和合」二門；爲和合門者，生一切之染法，爲不和合門者，生一切之淨法；故眞如攝一切法及如來藏一切法。勝鬘經曰：「一切衆生，無有出如如境者，並爲如如所攝，故名藏也。」

第三是「出生」，依長水大師筆削記釋：「出生者，謂十地證眞名藏，能成佛果名如來。」故唯有如來藏能成佛果，亦即依十地之修習次序，漸次證得自性清淨，皆賴此藏於吾人內心深處之佛性。

如來藏之有生滅心，因有「無明」之風，動作所致。自性清淨心，平靜湛寂，猶如一池春水，澄明清澈，忽來一陣微風，則波光瀲灩，忽來一陣狂風，則浪濤洶湧。不動之池水爲爲風所吹而動，其動靜雖殊，但其體同爲水則一。生滅心的理趣，亦同此一情形。

無明，梵名Avidya，意爲闇鈍之心，不明瞭諸法的事理，也就是愚癡。諸經對此一名詞之解釋甚多，如本業經曰：「無明者，名不了一切法。」唯識論曰：「云何爲癡？於諸事理迷闇爲性，能障無癡一切雜染所依爲業。」

由於如來藏受無明風動而生生滅心，故人世間的許多現象，都是因此而發生的，成爲生死輪轉苦樂的根本原因。楞伽經云：「如來藏者，輪轉苦樂因也。愚癡凡夫所不能覺。」依如來藏修持，也是證得菩提的唯一途徑，勝鬘經云：「依如來藏，故有生滅；依如來藏，故證涅槃。」又云：「若無如來藏，不能厭生死苦，求涅槃樂。」

所謂不生不滅，與生滅和合。

所謂「不生不滅」，就是眞如體；所謂心生滅，則依如來藏；如眞如與生滅和合，人世間就產生許多現象，亦即如來藏自性清淨心，因無明風動而有生滅相；故「生滅之心」與「心之生滅」，兩者是一件事，但生滅不是外來的，是在自身內與眞如和合。換句話說，眞如和生滅兩者合一。

和合，意謂萬事萬物偶然的遇合，如鳥在空中飛行，偶然停歇在樹枝是。依此義，可分三方面說明。

第一，眞如家所起的生滅，還與生滅家的眞如和合，不是別有一段生滅，自外而來與眞如合。眞如心是眞，生滅是妄，故說「生滅之心」，是「妄之眞」；而「心之生滅」，則爲

「眞之妄」，兩者互相包涵，是同一件事，但有本末，不可不辨。再者，心是體，生滅是相（現象），反覆皆一，無有二。

第二，心之生滅，因無明風動，而生滅之心，則從「本覺」起，兩者無二體，亦不相離。心之不生滅，即眞如亦即自性清淨心，若無「無明」風動，則不起生滅之相，所以眞如之不眞，是因與「妄」和合而成。要破除「妄」與眞如的和合，還我自性清淨心，其修持，須從「本覺」起，本覺即如來藏。從如來藏修持自性清淨，就是「直成菩提」之路。簡言之，由如來藏修行，可證眞如，成就佛果。以是，眞如門與生滅門兩者是一體的，是一而二，二而一。本論下文云：「如大海水，因風波動，水相風相，不相捨離。」水之動，是風吹的現象；動之濕，是水的現象；水動不離於風的現象，沒有風的動力，水就不能彰顯其濕的特性。我們的心，也是一樣，不生滅心因無明風吹而動，故心不離於生滅之相，生滅不離於心相，兩者不相捨離，故名爲和合。

第三，須注意者，和合是「不生滅心」與「生滅」合，而非「生滅心」與「不生滅」合。「不生滅心」與「生滅」合，是眞如有「隨緣」之義，意爲「眞隨妄轉」，叫做「背覺合塵」。「非生滅心」與「不生滅」合，是「息妄歸眞」，叫做「滅塵合覺」。前者，從眞入迷，則體隱而相現；後者，由迷入眞，則相泯而體現。故前者爲心生滅門，後者爲心眞如門。

非一非異。

眞如是不生不滅的，但當接觸到外界事物的時候，亦即所謂無明風動，就起了生滅心；

這時，眞如成爲生滅現象的本體，隱而不現，亦即隱藏在衆生的心中了。

眞如受無明風動，是全部動的，不是一部分動，一部分不動；因爲是全部動，所以心與生滅的現象是一致的，我們的心不會一部分有生滅現象，一部分沒有；故心與生滅「非異」。雖然心有生滅現象，而且隨時都在變，但是眞性永遠不變，故心的生滅與眞性「非一」。

什麼是「生滅」？依「有爲法」言，因緣和合而產生一未有之事物，而成爲「有」，謂之「生」；因緣離散而將已有之事物消滅，即成爲「無」，謂之「滅」。凡事物是不可能永遠存在的，是以有生必有滅；但以「無爲法」言，有滅者必不有生；若依中道言，則有爲法的生滅是假生假滅，不是實生實滅。

生滅的所以發生，依楞伽經說是緣於「七識染法」，因爲緣於「如來藏淨法」，是不生不滅的。但染法與淨法兩者和合，則成第八識即阿賴耶識。由於兩者和合，故云「非一非異」。至於「七識」，即眼、耳、鼻、舌、身、意及末那識。末那意爲我執，謂執持阿賴耶識中的見分爲我，審察思量其特點爲我執，故與我癡、我見、我慢、我愛等的煩惱，不相分離。

淨心與染心的和合，亦即生滅與不生滅的和合，構成了第八識；即阿賴耶識。染淨和眞如生滅兩者的意義是不同的，是完全不同的兩的範疇，故云「非一」，也可以叫做「不一」。但是眞如門和生滅門其實是一體，從染心起修而達成自性清淨心，無非是修得果位的過程，故兩者是一件事，因曰「非異」，亦名「不異」。

非異，依賢首大師疏解，有三種意義。

其一，以本從末明不異。所謂「本」，就是眞如；所謂「末」，就是生滅，是從眞如到生滅來說明非異。楞伽經說：「如來藏是善不善因，能興造一切趣生。」善即「佛說十善業道經」中十善：「能永離殺生、偷盜、邪行、妄語、兩舌、惡口、綺語、貪欲、瞋恚、邪見」，反之即爲「十惡」。衆生之爲善爲惡，皆繫於自心一念間。「趣生」，趣即六趣，亦名六道，指地獄趣，餓鬼趣，畜生趣，阿修羅趣，人趣，天趣等六者。生即「四生」，梵語 Caturyoni，指胎生 Jarayuja，卵生 Andaja，濕生 Samgaedaja，化生 Upipaduka 四者。趣生，也能爲善爲不善。善與不善，是心的生滅現象，如來藏是眞如，生滅現象，既由如來藏心所造，故曰不異。這是從本（眞如）到末（生滅）來說明「非異」的意義。賢首大師再引用涅槃經文來加以說明，曰：佛性隨流成別味。並引經文云：「譬如雪山，有一味藥，名曰樂味，其味極甜。在深蘩下，人無見者。有人聞香，知其地中，當有是葯。過去往世有轉輪王，於雪山中，爲此藥故，在在處處，造作本筩，以接是葯；是葯熟時，從地流出，集木筩中，其味正眞。其王歿後，是葯或醋、或鹹、甜、苦、辛、酸，六味成別。如是一味，隨其流處，有種種味。」這是比喻佛性，因爲受煩惱污染，而發生變化，別成六味，亦即六道。這是說佛性是眞如，六道是生滅，六道皆從佛性流出而成，故曰「非異」。

其二，攝末歸本明不異，這是從以上相反的方向來加以說明，就是說生滅歸于眞如，來說明非異。淨名經說：「衆生即如」。衆生是有生滅的，而如是常恆不變之意，謂衆生即在常恆不變中，亦即眞如是不變的，既言是「即」，可知兩者不異。涅槃經說：「十二因緣即佛性故。」又說：「我於諸經說，若人見十二因緣者，即是見法，見法者，即是見佛，見佛者，即見佛性。何以故，一切諸佛，以此爲性：善男子，觀十二因緣，有四種智，得四菩提；乃至云，以是義故，十二因緣，名爲佛性。」此處以十二因緣爲生滅，衆生之佛性爲眞如，既言「即」，是即不異。按十二因緣，梵名 Dva dasaiga Pretityasamutpada，新作十二緣起，指無明 Avidya，行 Sainskara，識 Vignana，名色 Namorupa，六處 Sadayatana，觸 Sparsa，受 Vedana，愛 trsua，取 Upadana，有 Bhava，生 Jati，老死 Jaromaraga 等。又引華嚴經十地品云：「菩薩復作是念，三界所有唯是一心。如來於此，分別演說十二有支，皆於一心，如是而立。」三界即欲界、色界及無色界，是生滅；心是中道實相，是不變的眞如；三界唯一心，所以示生滅與不生滅未嘗有異。又云：「四相本來平等，同一覺故。」四相即生住異滅是生滅，覺即眞如，兩者既同，故不異。由於「非異」之義深隱，故特引經廣解。

再者，所謂「攝末歸本」，意謂生滅所包含的一切現象，最後都要歸向於眞如，除了眞如，別無所歸；眞如唯有生滅，別無他法可言相異。但不生滅與生滅是同一的，好像水和波，沒有水，便沒有波，波濤的洶湧與平靜，都要歸於水的本體。

其三，本末平等明不異。這是從不生滅與生滅兩者的平等關係，說明不異。楞伽經有云：「此如來藏識藏，一切聲聞緣覺，心想所見，雖自性清淨，客塵所覆故，猶見不淨，非諸如來。」又云：「令勝鬘夫人，及利智滿足諸菩薩等，宣揚演說如來藏及識藏名，七識俱生，聲聞計著，見人法無我。故勝鬘夫人承佛威神，說如來境界，非聲聞、緣覺及外道境界。」

此言如來藏就是不生滅的眞如，七識「俱」生就是生滅，既云「俱」，也就是平等的意思。楞伽經偈云：「甚深如來藏，而與七識俱。」即在強調不生滅與生滅的平等意義。

以上說明「非異」的義旨，爲方便記憶，前賢特概括爲五字，即「能、成、即、唯、俱」。「能」就是如來藏「能」造成自己心境的一切現象，所謂境由心生，故不異。「成」就是佛性隨環境而「成」，而佛性即是眞如，故不異。「即」謂衆生「即」是如，衆生有生有滅，如是眞如乃不生不滅，兩者既互相屬，故不異。「唯」是三界「唯」一心，如來演說，皆於一心，亦「唯」有心方能演說，三界有生滅，一心即眞如不生不滅，故不異。「俱」是如來藏與七識「俱」起，如來藏即眞如不生不滅，七識有生有滅，兩者相等，故不異。綜言之，僅唯眞如或妄象，都不會成就現象，但眞妄和合，則一切千變萬化的善、惡以及無記性的事相，便紛然雜陳；故眞和妄，兩者的和合，是平等的，其際限是很難區分的，故不異。

我們要修行，走向菩提之路，唯一可依賴的，就是自己的「心」，除此，別無可依。但是衆生在這娑婆世界上，這顆心，到底是「染心」，因此，要到達自性清淨心，實需一段漫長艱苦的歲月。既了解染、淨和眞如、生滅兩者的「非異」，現再就此二者意義的不同，亦即「非一」方面，加以闡述。

所謂「非一」，亦即「不一」，實則就是「非異」的第一種和第二種意義的不同。第二種意義的「非異」，是「攝末歸本」，就是生滅的眞如，唯不生滅；第一種意義的「非異」，是「以本從末」，就是眞如的生滅，唯論生滅。基於此，所以說「如來藏者，不在阿賴耶中」，因爲如來藏是不生滅的，而七識則爲生滅，故阿賴耶不在其中。然此係就「不一」而言，而非謂不和合，爲什麼呢？是由於如來藏的不生滅，就是七識生滅的不生滅，所以與七識的生滅「不一」；再則，七識的生滅，就是如來藏不生滅的生滅，所以與如來藏不生滅亦「不一」。這二種情形，都是從不生滅與生滅兩者和合的現象，來說明「不一」的，其實也與「不異」的情形相同。

如來藏隨緣而作生滅，失其不生滅，因不生滅仍存在，則不會有生滅，所以生滅的發生，源自不生滅，這也是兩者「不異」的另一種情形，亦可云「不一」。此因生滅是短暫的現象，生滅現象消失，如來藏即恢復其不生滅；如來藏的不生滅，是恆久存在的，由不失不生滅，才會有生滅，這是「不一」的主要義旨。

分辨「不一」，可從四方面來說明。其一是「眞」，即如來藏，這是不生不滅的，如水之具有濕性；其二是「妄」，即無明，這是非生滅非不生滅，如大海遇猛風而起巨浪，浪與水難以區別；其三是「七識」，這只有生滅，如水之有波浪，起伏不斷；其四是和合即「阿賴耶識」，這是亦生滅亦不生滅，如海之有動靜兩種型態。這四種情形中的任何一種，都足以說明「不一」的義理。

「非一非異」，是說明生滅心（即「不生不滅與生滅和合」）的性質，不生不滅與生滅是兩件事，是完全不同的，不生不滅就是眞如，就是如來藏心；而生滅則是從如來藏心所產生的世間萬象。因此，如果說生滅心是「一」，那麼生滅和七識的相滅盡時，眞心也消失了，這是錯誤的；換句話說，人生一世，只有生滅兩件大事，生滅間所產生的各種事相，都是虛幻不實的，倘認爲虛幻事相滅盡，眞心也消失，無須受因果的報應，這就流於「斷見」了，所以生滅心是「非一」的。

生滅心的第二個性質是「非異」，是說生滅與不生滅是同一件事，亦即生滅與不生滅都是從如來藏心發出來的。如來藏心如受無明風的熏動而起生滅，不生滅心隨即隱而不現，換言之，如來藏心亦即眞如隨緣而變，不變的眞如即隱沒。由於生滅與不生滅兩者都是從如來藏心發出來的，故曰：「非異」，若謂兩者是「異」，那麼生滅發生的時候，不生滅亦同時存在，則將謂生滅所發生的因果，不管是善、惡、無記的事件，均不影響不生滅的藏心，這就墮於「常見」，也是錯誤的。

再者，生滅與不生滅兩者若爲「一」，則無「和合」可言；兩者若「異」，亦無「和合」可言；必須是「非一非異」，才能有「和合」。中論有偈云：

染法染者一，一法云何合；

染法染者異，異法云何合？

即是此意。

另外，異與非異，在楞伽經卷一「一切佛語心品之一」，有兩則精彩的比喻，來作解釋。第一則說：「譬如泥團微塵，非異非不異。」又說：「若泥團微塵異者，非彼所成。而實彼成，是故不異。若不異者，則泥團微塵，應無分別。」這是說，泥團和微塵，泥團是微塵的累積，塵積成團，不叫做塵，成了兩種東西，這是「異」。但泥團是微塵累積而成的，本質上仍是塵，這是「非異」。

第二則說：「金莊嚴具，亦復如是。」凡金屬製成的任何器具，各有其用，雖然器具使用的功用不同，形象亦「異」，但是本質，則同爲金屬，故「非異」。

這樣不厭其煩的解釋「異與非異」是牽涉到一個更進一步的概念，就是「識」的問題。楞伽經說：「諸識有三種相，謂轉相、業相、眞相」。轉相，乃是人所具有的八識，對事物輾轉變化現象的認識，也叫做「轉識」。業相，乃是人的業力所造成的現象，善業能生樂果，惡業則生苦果，也叫做「業識」。眞相，乃是所認識的正確現象，謂之正智，也叫做「眞識」，亦即「如來藏識」。綜言之，對三種相的認知，可分爲「眞識、現識及分別事識」。現識是對當前境界的認知，分別事識是對當前境界事物的區別，兩者輾轉發生作用，互爲因果。當人們接觸外界所發生的現象時，識就發生作用，認知現象，叫做「現識因」。由「現識因」的認知，經過六根六塵的分辨，給以假名，叫做「分別事識因。」這二種「因」，大致都是個人在日常生活以及環境等熏陶而養成的所謂「經驗」，實質上是虛妄不實的。要把這種虛妄不實的識因泯滅，恢復「眞識」，那麼一切由六根所生的識就滅，這叫做「相滅」。

生滅與不生滅和合，具有「非一非異」的特質，名爲阿賴耶識，亦即如來藏識。藏識不有「現識因」和「分別事識因」，只是眞實地反映住「因」的眞相。所以楞伽經下結語說：「轉識、藏識、眞相若異者，藏識非因。若不異者，轉識滅，藏識亦應滅。而自眞相實不滅。」接著又說：「非自眞相識滅，但業相滅。若自眞相識滅者，藏識則滅。藏識滅者，不異外道斷見論議。」故其結語，如來藏識是不滅的。

名爲阿梨耶識。

阿梨耶 Alaya 或名阿剌耶，或阿賴耶，或阿陀那，只是譯音的不同，是八識中的第八識。也就是「所謂不生不滅與生滅和合，非一非異」的「依如來藏故有生滅心」之涵義所賦予的一個專用名詞。梁朝眞諦三藏譯爲「無沒」，意爲不失，是說有情衆生的心識，能夠執持可受用的一切事物，而不沒失；唐玄奘法師譯爲「藏識」，意爲攝藏，是說衆生的心變化無定，這山望見他山高，不守自性，或好高騖遠，或貪得無厭，或高傲，或謙和，或爲善，或作惡，隨環境所遇而變。玄奘法師之所以譯爲「藏」，是說此第八識能含藏一切事物種子。又大日經疏謂正確的譯語應爲「室，謂諸蘊於此中生，於此中滅，即是諸蘊巢窟。」第八識，有此不沒失的功能，因而遇到外在環境的事物，就能現起其所識的境界，所以說是「種子」。一個人，記憶力很強，過目不忘，見解敏銳，處事圓融，常常讚揚之爲天才，或云具有宿慧，這就是其「種子」，累世受熏，永不滅失，故能隨時應付各種狀況。有佛性種子的，可以成佛；菩薩種子的，可以成菩薩；有聲聞、緣覺種子的，可以成聲聞、緣覺；種子可熏修，故即使不具佛性的一闡提，也可立志起修成佛。因此，阿梨耶識是衆生走向菩提之路的根本。

依唯識論，阿梨耶識，有三種性質，亦謂之三種「位」。

第一位是「我愛執藏位」。在這一個位次，是一般平常人，心中有「我」，我所愛的，所喜歡的，於自己有利的，都會起執著之意，深藏內心。一切異生，二乘有學，以及七地以前菩薩，皆起我執，名爲阿賴耶，或「執識」。

第二位是「善惡業果位」。在這一個位次，是七地以上至八地未滿十地的菩薩，或二乘無學，其作爲都是善事，但會受到惡果或無記性果的果報，這是因爲在異生的業報未盡，致有善因未獲善果之差別，這叫做「異熟識」。

第三位是「相續執持位」，也叫做「通因果一切位」。認阿梨耶識，是執持諸法的種子，是宇宙萬象產生的原動力；異生因果，通由其執持，使不散失，故另名之爲阿陀那 Adana。唯識論曰：「第八識，雖諸有情皆悉成就，而隨義別立種種名，或名阿陀那；執持種子及諸色根，令不壞故。」修習至第八地以上，因已離我見所執，不同於第一位的阿賴耶，故以名別之。這是說，雖然修習已到了第三個位次，但因爲「識」仍存在，惟不可以再名爲阿賴耶、阿梨耶。又在這一個位次，我執之見，在入「觀」時，不會再起，亦名爲「永不起位」。

阿賴耶識，依賢首大師疏曰：「能藏自身於諸法中，又能藏諸法於自體內。論云：能藏、所藏、我愛執藏，此之謂業。」長水大師則作更深入的說明曰：「所藏義，謂此識體，藏在根身種子器世間中，以根身等，是此身之相分故；如珠在像中，同身在室中。若覓梨耶識，只在色心中，欲覓摩尼珠，只在青黃內。」說明「能藏」曰：「謂根身等法，皆藏在識體之中；如像在珠內，欲覓一切法，總在梨耶中；欲覓一切像，總在摩尼內。」

二、依義別解

阿梨耶識是不生滅和生滅的和合，是眞和妄和合的識，其性質是非一非異，已作解釋。爲詳細說明其涵義，續就「生滅心」、「生滅因緣」和「生滅之相」作更深入的剖析，這是本論的精要部分。

第一、釋生滅心。

㈠生滅心的性質

說明阿梨耶識有二義，本論曰：

此識有二種義。

這二種義，包含衆多法；所謂「外則包羅萬象，內則能所俱成；存之則生死無涯，破之則涅槃有得。」如果不有透澈的認知，就不能了解精要的所在。

前已述眞如有「不變」和「隨緣」二義；無明有「無體即空」和「有用成事」二義；眞如是「眞」，無明是「妄」；由「不變」和「無體即空」成眞如門，由「隨緣」和「有用成事」成生滅門。

隨緣眞如與成事無明各有二義，一是「違自順他」，一是「違他順自」。

無明中的「違自順他」復有二義，一是能反對銓示性功德，一是能知名義成淨用。「違他順自」亦有二義，一是覆眞理，一是成妄心。

眞如中的「違他順自」復有二義，一是翻對妄染顯自眞德，一是內熏無明令起淨用。「違自順他」亦有二義，一是隱自眞體，一是顯現妄法。

以上隨緣眞如與成事無明各具有四種意義。其中眞如中的翻妄顯眞與無明中的反對銓示，由這二種意義，得「本覺」；眞如中的內熏無明令起淨用與無明中的能知名義成淨用，由這二種意義，得「始覺」。又由眞如中的隱眞義與無明中的覆眞義，由這二種意義，得「根本不覺」，由眞如中的顯妄義與無明中的成妄義，由這二種意義，得「枝末不覺」。表列如次：

表一、阿梨耶識表

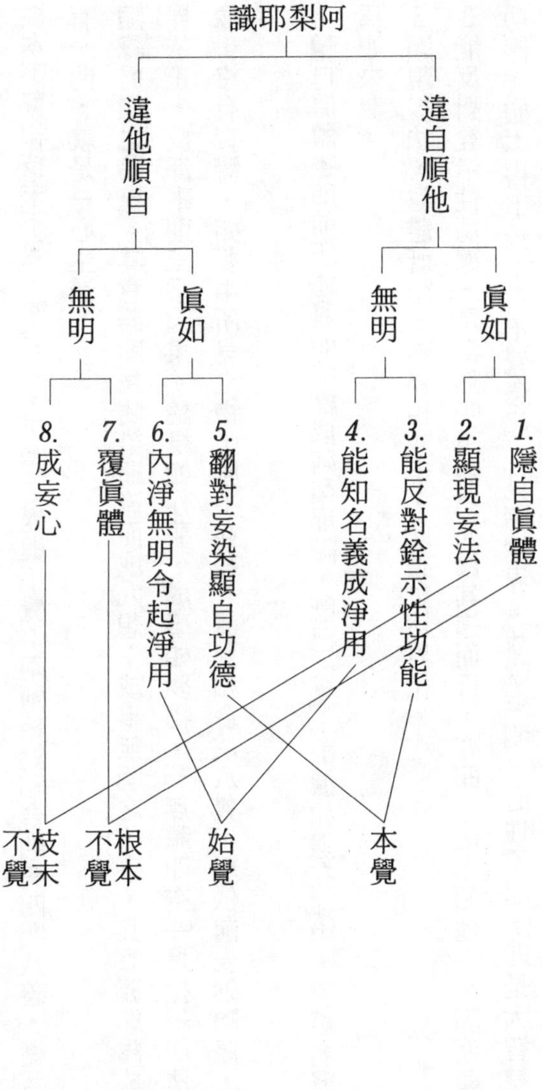

在生滅門中，識有二種義，就是眞（眞如）和妄（無明），分之則有四義，即本覺、始覺、根本不覺和枝末不覺，略言之，可謂之覺與不覺；兩兩相對和合則有四門八義，總言之，則只有一門，就是一心生滅門。

隨緣眞如之隨緣，其意義即爲隨染順流而成九想；成事無明之成事，其意義即爲成染事則三界依正，成淨事則三乘因果。隨緣如作夢，成事如夢物，「無體即空」是指一切法，如鏡中像，沒有實體，如夢中所見之物，原不存在。眞妄和合成八義，現依前表列順序，分述之。

1隱自眞體，即前所述眞如隨緣成阿梨耶識，既已成識，則眞如隱在識中，不再名眞如，而名爲如來藏。

2顯現妄法，眞體既隱，則妄相顯現，此謂之境界相。

3能反對銓示性功德，是指無明不隨染而反其道而行，亦即「違自順他」，因而顯現眞性的功德。如本書下云：「不覺念起，見諸境界，故說無明，心性不起，即是大智慧光明義。」

4能知名義成淨用，謂起分別的妄心，順生滅時，即爲無明，名爲染用，若順眞如，則成淨用。如本書下云：「以有不覺妄想心故，能知名義，爲說眞覺；若離不覺之心，則無眞覺自相可說。」

5翻對妄染顯自眞德，這是下述的隨染本覺智淨相，也是修行者所須努力之處。

6內熏無明令起淨用，是說無明是妄，常起染用，要以眞熏之，力除其妄，使能順眞如之性，而起淨用。如本書下云：「以有眞如法故，能熏習無明，乃至得涅槃，成自然業。」

7覆眞體。無明是妄，妄心有差別，即所謂有分別心；但眞如是平等的，如有了差別的妄念，則眞如即隱而不現。本書下云：「染心義者，名煩惱礙，能障眞如根本智故。」

8成妄心。是因爲無明日夕熏習，乃成妄心。本書下云：「以有無明染法因故，則有妄心等。」

由1與7和合，名根本不覺；由2與8和合，名枝末不覺；由3與5和合，名本覺；由4與6和合，名始覺。是謂合八而成四。四覺實則只有覺與不覺二者，是謂併四而成二。此即生滅門識有二義之另一解。

能攝一切法，生一切法。

由於阿梨耶識包括了眞與妄、覺與不覺的二義，故謂能涵蓋宇宙萬有一切，成爲宇宙萬事萬物發生的根本起點。眞如是不變的，沒有「生」的意義，故只能說攝一切法；但阿梨耶識有覺與不覺二義，如果以本覺熏不覺，則妄退而淨生。生諸淨法，就可反流出纏（纏爲煩惱之異名），而獲始覺；如果以不覺熏本覺，則眞退而妄生，生諸染法，於是流轉生死，輪迴六道。這是說明阿梨耶識具有二義的性質。

㈡生滅心的二種意義

云何爲二？一者，覺義；二者，不覺義。

阿梨耶識有何二義？答云，一是覺，二是不覺。覺是淨法，不覺是妄，是無明。覺有本覺、始覺；不覺有根本不覺、枝末不覺。覺若隨緣流轉，則本覺隱而始覺廢，名為「滅」。覺不隨緣流轉或於隨緣中反流轉，則本覺顯而始覺起，名為「生」。

㈢兩種意義的辨識

對本覺與始覺二者的意義，須有深入了解：先略述，後廣陳。

1. 略述本始二覺

⑴顯本覺體，本論曰：

所言覺義者，謂心體離念。離念相者，等虛空界，無所不遍，法界一相，即是如來平等法身。依此法身，說名本覺。

本覺與始覺的主體是「覺」，要先了解覺的意義，才可進一步解析本覺與始覺的內涵。所謂「覺」，意為「心體離念」，因為心體是眞實的，但念想則是虛妄不實的；心體是靈明朗鑒的，隨時可以鑒照任何事物，若起念，則心體蒙塵，乃成闇昧，這就叫做「不覺」。心體離念，闇昧盡除，還為靈明，即名為「覺」。由於心體本來就是離念的，也就是本來就沒有念的，所以叫做「本覺」。

此之所謂心體，就是不生滅心，即阿梨耶識的本體眞如。有生滅的阿梨耶識，雖然日日夜夜妄念不斷，但時生時滅，心體並未受到沾污，這就是心體離念的義相，也就是本覺相。

本覺相不著任何一物，其情形與虛空等同，不但無「不覺」之闇，且有大智慧光明的涵義。所謂與虛空等同，以虛空的意義有二：一是周遍，虛空沒有不到的地方，橫遍三際，豎通凡聖；二是無差別，虛空無論在任何地方，都是一樣，在纏出障，性恆無二，是絕對的平等；本覺相之等同虛空，即有此二種性質。

三際，即是三世；前際是過去，後際是未來，中際是現在。凡聖，指凡夫與聖人；未斷惑的人是凡夫，小乘初果以上，大乘初地以上稱爲聖人。本覺相不論凡聖，不論凡聖的三際，都是周遍存在的。

在纏，指在煩惱中；出障，指出離了煩惱的障礙；不論在煩惱中，不論已出離煩惱的障礙，本覺相的性質，恆無二致，是絕對平等的。

本覺相的二種性質，稱之爲「法界一相」，也就是「體相用」三大中的「相大」。

相大，即是如來的平等法身。如來是應身，而法身乃是眞身；故本覺相實即是如來的法身，說明了心體離念以後，就與法身無二。平等法身，謂不論聖凡，衆生都具有如來所證的、沒有差別的法身。

什麼是法身？佛有十身，法身（Dharmakaya）是其中之一，其義甚夥；依呂澂「中國佛學源流」說：簡單的說，法身是相對「生身」而言，生身是佛的濟度衆生託於父母胎生之肉身，佛入「無餘涅槃」，生身沒有了，但不能說就沒有佛了，佛所證得的眞理，所說的言教，即理與教通稱之爲「法」者，仍然存在；有「法」在，即有佛在，因此，說佛以法爲身，謂之法身。這是依據小乘昆曇學中講，大乘還有很多的說法。（另澂著，中國佛學源流略講頁

(一二二)

本論中所說的法身，依長水大師修記云：法身，謂心體寂滅，無有變改，從本已來，可軌則故，名之爲法；是體依聚故，名之爲身。這一法身與小乘所說的法身，有所不同，小乘所說的法身，是入「無餘涅槃」，佛所存在的，是法而身已滅；此所說法身，乃「是體依聚」，而有「覺」故立名爲覺，以顯示法身是一個具體且我們日夕不須臾離的東西，既不凝滯，亦不寂沒，活潑潑地存在於身心；從凝滯寂沒方面說，可以叫做法身；從活潑潑地存在於身心方面說，就叫做本覺。

(2)釋本覺名，爲什麼要叫做本覺呢？本論曰：

何以故？本覺義者，對始覺義說。以始覺者，即同本覺。

前文開頭說明覺的意義，而在結束時則說「本覺」，其故何在？這是因爲本覺與始覺，其義相近之敬。衆生本來就有覺體的，但因受塵垢的污染，覺體就被污染而隱沒了，根本不知道覺體是存在於自體之內；直至要發心修行，洗滌塵垢，由染漸而成淨，覺體才開始顯現，才開始知悉覺體的存在，這就是始覺。由始覺而循序修行，染去淨成，最後到達大智慧光明的境界，始覺與本覺即融合而名爲「覺」。此覺即是本覺。

所以始覺是由本覺發動的，覺的發動，不外兩個原因，第一是日夕接觸佛法，勤誦佛經，了解佛說的義理，進而奉行不輟，這是內因；第二也要有相當的機會，接觸佛法，平常徵逐酒肉，治遊嬉戲，貪圖生活上的享受，甚至爲非作歹，就沒有接觸佛法的機會；但如果在偶然的場合，接觸到一位有道的明師，加以指點，觸發了自己的本覺，恍然有悟而始有所覺，發心修行，這是外緣。內因和外緣的激盪，是產生始覺的原因，而始覺則是從本覺發動的，沒有本覺，就不會產生始覺，沒有始覺，也不會有本覺的名詞；例如婦人生了兒女，才得有母親的稱謂，不生兒女，便不得稱謂母。

始覺與本覺融合而名爲「覺」，即是修持已到達了心的源頭，覺是源於心的，亦即一心，就沒有所謂「生、住、異、滅」四相，一切歸於平等。始覺是依本覺而發動的，始覺如不離「念」，仍有妄染，即不得名爲始覺，故必須要離開「念」，做到「無念」，才是眞始覺，在未離念前，則稱爲「不覺」。如合同本覺，直達心源，則名「究竟覺」。

覺、始覺、本覺、究竟覺四者，在生滅門中討論，是因爲芸芸衆生，莫不受塵垢污染，而如來藏心深陷其中，泯滅不顯，倘始覺直達心源，染緣既盡，一切平等，離言絕相，是仍歸於眞如。

(3)釋始覺義，以上說明始覺與本覺的關係，復再就始覺與不覺的關係，說明始覺的意義。

本論曰：

始覺義者，依本覺故，而有不覺，依不覺故，說有始覺。

始覺是從本覺而來的，由於本覺，受塵垢的污染，經常處於不覺的狀態；換句話說，衆生根本不知道自己本身有本覺的存在，終其一生，總是隨著環境的變化，不斷的產生妄念，有妄念的存在，就是不覺。

不覺，好比一個人在睡覺；始覺，好比一個人睡醒了，所謂大夢初覺是。衆生沉緬於物慾，是受了環境的迷惑；不過，如來藏有生滅心，本覺依眞如法有內熏力，對於物慾產生了厭惡，不再追求，或者厭倦了貪、嗔、癡三業，改過遷善，甚至厭惡生死，有意超脫六道的輪迴，而樂求涅槃，這就是始覺。

綜上，可知始覺是從本覺而來的。衆生原有本覺，但本覺因塵染而成爲不覺；不覺因離染初淨而成爲始覺；始覺因直達心源而成究竟覺；如是，始覺即同於本覺，始覺既同本覺，故亦無不覺；既無不覺，也就沒有始覺；既無始覺，也就沒有本覺；既無本覺，則一切歸於平等。這也就市本論下文所言「實無有始覺之異」的意義。

所謂「平等」，是說始覺和本覺兩者完全相等，沒有什麼差異的。進一步說，就是始覺也等于本覺是，依本覺而有不覺，故本覺與不覺也是平等的。再則，始覺、本覺、不覺、三者，同源于覺，毫無差別，本來就是平等的。

到了平等的境界，即屬「離言絕慮」。所謂離言，是說要講始覺，其實就是本覺；要講本覺，本覺就是心源，沒有相對的名詞；要講不覺，其實就是覺；都已不是言辭所能及的。因爲離言，故無相可得，是即心行處滅，謂之「絕慮」。既離言絕慮，則生滅門最後還是歸於眞如門。所以修持到佛的境界，乃是將染、淨、覺、不覺，都涵括無遺，而結爲一體；此心清虛無累，不論是迷、覺、中道，皆不住著。

究竟覺、不覺、始覺三者也可以用來說明禪修的進程。衆生帶著一身的「業」，來到世間，此心處於「不覺」的狀態，而受因果輪迴的果報，流轉六道，是謂「報身」；眞如法熏習無明，妄心漸退，覺心「始」現，於是改過遷善，其行爲與往昔大相逕廷，日有所化，是謂之「化身」；既而功力日進，終能達成「究竟覺」的境界，乃至佛果圓融，翛然無寄，無有始、本二覺的差別，也沒有報、化、法等三身的差別，歸於平等。

2.廣明始本二覺之相

本段分三部分說明。前述的是覺，是概略的說明了始覺的體，現則廣泛的說明始覺的「相」和「位」及本覺的相。

(1)始覺之相及位

先總述因果二覺和始覺的四相、四位，次述覺心源，最後說明始覺不異本覺。關于因果二覺，本論曰：

又以覺心源故，名究竟覺；不覺心源故，非究竟覺。

「覺心源」之覺，是指始覺。始覺有二，即究竟覺與非究竟覺。區別二者，以「心源」的覺否作爲依據。開始有覺，是非究竟覺，只能說是覺的「因」；覺的程度，到了始本不二，是究竟覺，即始覺道圓而成「果」。故此二者，亦名因果二覺。

「覺心源」是說始覺是源於心的。始覺之源於心，乃是說這個心的性本來是清淨的，但受了無明的污染，成了「染心」、「妄心」；而眞正的淨心，是本覺，是如來藏，是眞如，也是覺的眞正源頭。由染、妄心而趨向於淨心，即是非究竟覺趨向究竟覺。心是妄，源是眞，故覺心源的第一種解釋是「眞妄相對」。

其次，心源也是粗細相之源。心是粗，源是細，由染心所造作的業相，即是粗相。此之謂粗細，即下文所說的三細六粗。以是覺心源的第二種解釋，是「粗細相對」。

次再就生、住、異、滅四相來說明始覺的因果二覺。

四相，生是究竟覺，住、異、滅三者是非究竟覺。生相既是究竟覺，故其順序，應該要反過來，即先是滅相，次爲異相，次爲住相，最後才是生相。這是爲了說明始覺四相的粗細所作的排列；也就是滅相是粗，生相是細，異、住兩相各有粗細。在修持過程中，當先滅粗，漸及於細，迨細（即生相）滅盡，即得究竟覺。

本來心性離念，就沒有生，也沒有滅，但因有無明迷心，破壞了心性的寂靜，鼓動起念，因而產生了四相，所以無明風動，可使心體產生由細至粗的生、住、異、滅四相。所謂「即此法身，爲煩惱之所飄動，往來生死，名爲衆生」是。進一步說，原來寂靜的心體，因無明風動而生相，生相起初是輕微的，甚至於沒有感覺，名爲細；嗣後逐漸顯著，經由住、異到最後滅相，名爲粗。

再把四相詳爲剖析，則可歸納生相有一（或云三），住相有四，異相有二，滅相有一。生相有一，名爲業相；或云有三，即所謂三細相，容後再述。何以名爲業相？是由於無明風動，不知不覺之間，心爲之動；心意初動，有善有惡，但僅止於動，還未見於行，故無相。當然，心動也有生有滅，所爲念起念落，一念之間，常常有許多生滅，或由染轉淨，或由淨轉染，外界無法得知，只是在自己內心甚深之處，起伏翻騰，故爲極微細之相。凡有念，心意初動，即成業；心不動，即不生業，以是生相亦名業相。

住相有四，其一名爲「轉相」，把心意初動之念，因無明力之繼續加強，亦即化爲他人可以看得見的行動，由心動而轉爲行，是名爲轉相。其二名爲「現相」，由於無明力的續行加強，遂令心念之相，出現了具體的境界，這是由妄心所顯現的；轉相、現相，仍在賴耶位中，屬於不相應心。其三名爲「智相」，由於無明現妄境界，因而迷失了自心，對所妄現的境界，以妄心加以分別，孰爲善，孰爲惡，孰爲染，孰爲淨，這就是智相。其四名爲「相續相」，由於無明力的續加，對智相的判別是非，繼續加以分辨，以求得自以爲的結果，謂之相續相。智相、相續相兩者均在詳細的分辨事識，屬相應心，此乃無明與生相和合，轉此淨心而致此。

異相有二，其一名爲「執取相」，其二名爲「計名字相」。是說無明迷失自心以後，更生出貪、嗔、人我之分，以及愛好、憎惡之念，而執著其一，進而取著轉深，不達目的絕不中止；這是事識粗有分別的情形，因而對事識分別給予不同的名字，進而發動身、口造作不同的業，是名爲異相。此乃無明與住相和合，轉此淨心而致此。

滅相有一，名「起業相」。意謂無明風動，使自心由淨轉染，起惑造業，由自心的微細處而發動爲顯著的行爲；所造的善惡二業既成，必定受樂苦的果報。此一念經由生、住、異之階段，謂之一周，周盡則歸於滅，名起業相，或曰滅相。人的意念是不停的，一事完成，又會另起一念，所以生、住、異、滅四者在自心中，總是生生不息。

綜言之，生、住、異滅四相，皆由無明而起。長水大師舉一「唯一夢心」喻曰：「如有一人（眞如），忽然睡著（無明），作夢（業相），見（轉相）種種事（現相），起心分別（智相），念念無間（相續相），於其違順深生取著（執取相），爲善爲惡是親是疏（計名字相），於親於善作種種惠利，於疏於惡則種種陵損（起業相），或有報恩受樂或遭報怨受苦（業繫苦相），忽然覺來，上事都遣，當知此事，唯一夢心。」是四相轉分爲九相的最佳說明。

雖然，四相是由微細而至顯著，經歷了上述的九個階段（九相），但是從開始到終結，實際上只是一念，並無粗細之差別。所謂一念，也有兩種涵義，一是無明之念，一是一剎那之念。例如有一個人，途遇仇人，頓起報仇之念，便行殺害（無明之念業）。又如以張某或王某是我仇人（計名字相），他一定會加害於我（執取相），他這種要害我的心是不會間斷的（相續相），我確定張某或王某乃是仇人，絕非善友（智相），已經被我看見（現相），既然我已經看見他（轉相），於是報復之念油然而生（生相或業相）。只此無明一念之間，也是一剎那之間，即具足了八相，粗相和細相，都鎔融在一起，完全是心的運作。

始覺的四相，「俱時而有」，就是「覺心源」，是爲究竟覺；如果四相有淺有深，覺有前後，則爲「不覺心源」，乃非究竟覺。

非究竟覺，是無明不覺之力，至爲強大，而起四相，動其心源，遂衍生多種煩惱，到最後一相即滅相，成爲業障，其結果因未曾覺悟而須受果報，長在六趣中流轉。非究竟覺及不覺，在佛學上的另一學術性名詞曰「所覺」。

究竟覺，是本覺有不思議的熏力，對無明風動之起四相，煩惱連連，久而生厭，欲求解脫，這是自己內心發動的，可名之爲內緣；另則聽聞佛法，眞如本體受此熏陶而有所覺悟，因而漸次解脫無明之力，歸向心源，這是外緣；內外兩緣結合，於是先行平息滅相，最後平息生相，大澈大悟，終於覺了心源，此爲「俱時而有」，時有覺心也，究竟覺在佛學上的另一學術性名詞曰「能覺」。

因果二覺，從生、住、異、滅的順序以言，是謂始覺的四相；如從滅、異、住、生的相反順序以言，則謂之始覺的四「位」。本論曰：

此義云何？如凡夫人，覺知前念起惡，故能止後念，令其不起，雖復名覺，即是不覺故。

前述究竟覺與非究竟覺的意義爲何？雖已從四相的順序加以說明，但在修持的實際位階上，卻是一個由滅到生的反順序。賢首大師對每一相均依「能觀人」、「所觀相」、「辨觀利益」、「結觀分齊」（觀的結論，分析綜合）四部分說明，本書亦從之。

凡夫人，即世間人，「凡」是「身居有漏，聖道未明」之意，依法修持，第一位修行的進程是「滅相」。凡夫人修持到了一定程度，深知殺、盜、婬、妄言、綺語、惡口、兩舌等惡行，必受惡報，定招苦果；因此惡念雖起，但能立即止住後念，不使此念由細而粗，蔓衍擴大，此固可謂心有所覺，然仍非眞正的「覺」，而實仍在不覺的狀態。

此時之凡夫人，即「能觀人」，雖未見法性，尚在理外，但已不是一般的普通人，是指「欲愛乾枯，根境不偶，現前殘質，不復續生」者，即已修持到第一位階的外凡，其人雖已「執心虛明」，卻「乾有其慧」（詳大佛頂首楞嚴經正語頁三八二下均同），意欲修菩薩行，而進入修菩薩五十五位行的初位，亦即十信位。

「所觀相」謂未入十信位以前，由於「欲習初乾，未與如來法流水接」，已能覺知惡業定招苦報，故止後念，是說明這一種感覺，只能「滅」這一種相。

「辨觀利益」謂既覺知能「滅相」，則「妙信常住，一切妄想滅盡無餘」，凡我想、法想、非法想同時滅盡，深信依中道修行，必有成就。

「結觀分齊」，謂就以上三者綜合分析以言，能知滅相，但因僅知滅惡，而不能覺知惡業發生的原由是起於煩惱，煩惱即是不覺，故雖名爲覺，實則仍爲不覺。

凡夫人，能有此不覺，已屬修行有素，能「漸見法性，心遊理內」；爲別於「不覺」之義，特名此不覺曰「內凡覺」，意爲凡夫人內心已有止惡起信之念而可進入十信之位。內凡是從「外凡」修持而得的，也是始覺的第一位，四相的滅相，亦爲九相中的「起業相」和「業繫苦相」。

如二乘觀智，初發意菩薩等；覺於念異，念無異相；以捨粗分別執著相故，名相似覺。

第二位修行的進程是「異相」。能觀人是二乘及初發意菩薩等。二乘即聲聞、緣覺；初發意菩薩是「十信」圓滿而進入「十住」的初位者；「等」是指在「十信、十住、十迴向」

修行中者，在此三階段修行中，未達菩薩聖位，總稱之謂「三賢」。所謂「二乘觀智」，是說聲聞、緣覺之觀，僅及於人空，不及於法空；菩薩則雙觀人、法二空；惟初發意菩薩等尚在「十住」的初位——發心住（與發意之義同），故與二乘觀智並列。

所觀相是指二種異相，即前述之執取相與計名字相，由於這二種異相，會區分內外，在身內計我、身外計我所及貪、瞋、見、愛等種種情形，因而生惑，生煩惱，二乘三賢，都會產生此念而生二種異相，是即「覺於念異」。由於覺知此二種異相是產生各種煩惱的來源，是由無明與執取相及計名字相的和合，因修行功夫日深，覺知其非，乃從心源處初發的細念，了斷粗念。不過，粗念雖斷，但細念仍在，故僅可謂之微有所覺，簡言之爲微覺。

辨觀利益者，謂既能覺知異相，則知執取與計名字相兩者於人於我實亦無有所得，而捨除之，故云「念無異相」，也是獲得「我空」利益之義。

結觀分齊者，謂因已覺「我空」，就不會再起我執的煩惱，遂捨「粗分別、執著相」。粗分別指起貪、瞋等念；執著相指執著於違、順之境，例如境遇乖違，諸事不順，厭惡之，境遇順暢，愛戀不捨是。兩者雖均捨去，達於我空，亦即已捨去我執，但仍在「十住」之位，未捨法執，故此微覺，實仍未達覺的程度，只比不覺稍佳，因名之謂相似覺。二乘三賢都在此一位中，這是始覺四位的第二位。

如法身菩薩等；覺於念住；念無住相；以離分別粗念相故，名隨分覺。

第三位修行的進程是「住相」。能觀人是「如法身菩薩等」。菩薩的修行經由「滅、異」

兩相，歷內凡覺、相似覺，其中包括十信、十住、十行、十迴向、四加行，而進入十地的初地，這時已「覺通如來，盡佛境界」（首楞嚴經句），到達了「歡喜地」，已非二乘三賢，即稱爲法身菩薩，是聖境。如前所述，住相中含「相續相、智相、境界相、能見相」等四相，菩薩住於此中修行，可由初地的歡喜地到達第九地的善慧地，層次甚多，境界不同，但均稱爲法身菩薩，惟加一「等」字，以示住於各「地」之有別。

地，梵語曰鉢里體尼Prthini，又作託史瑪Talima，又作步弭Bhumi。所以譯爲「地」者，因其有出生成長之義，能生成一切因果。法身菩薩如能修持十地而滿心，便能長成正覺。

所觀相是行者在修持過程中，發覺前所觀的二種相（即滅相和異相），不論是業繫苦相、起業相、計名字相及執取相，只是「意識」，惟知一切法都是識，在心念上不起粗、執、分別；出「觀」以後，乃知自心仍不能脫離無明的羈絆，而對染、淨法，加以分別。此則即進入修行的第三位，「住相」的第一相——相續相，也就是十地的初地，這種識叫做「相續識」。能分別染、淨，存淨去染，這就是「智相」，進入了十地的第二地——離垢地。對於淨法的執取，染法的捨棄，須經由三地（發光地）四地（燄慧地）五地（難勝地）六地（現前地）而至七地的遠行地，眞如性顯；其間，由初地的「分別法執」，到七地都是「俱生法執」，稱之爲「智識」，也是住相的第二相——智相。既於染淨法有所分別，則現染淨的種種境界，是即住相的第三相——境界相，稱之謂「現識」，此際，「一眞如心」，己心與佛心相應，而與「色」皆不相應，留住於此地，根身器界，皆眞如自心，不動不壞，是名不動地，乃十地的第八地。第八地的眞如自心，一經發生作用，則能見法界一切事理，莫不互攝、互入，即遍、即包，是即住相的第四相——能見相，稱之謂「轉識」，能見心與染法已不相應，且在法界已無障礙，是名「善慧地」乃十地的第九地。在住相的四種相中，由初地以迄九地，由相續相以迄能見相，心念都在住相，故云「覺於念住」。雖然在住相中的修行，如此的繁雜，且無明隨時會來困擾，但修行的順序，不必由初迄九，甚至可反復進行，楞伽經有偈云：

十地則爲初，初則爲八地；第九則爲七，七亦復爲八。
第二爲第三，第四爲第五，第三爲第六，無所有何次。

這也說明覺在住相時，會生起各種因緣，亦即未覺之時，無明之念，會與住相和合，因而堅執於住，竟不能再作更進一步的修持，滯留在初地九地之間，故須觀照無明念起情況，不拘在初地、九地的任一地，反復進行。方可藉觀照的功用，在無明念中，照察法我，確切認知第一義諦空，畢竟一無所有，當可證無生法忍。

辨觀利益者，謂既於無明念中，反照住相，竟一無所有，則已如理照察法、我之體，實了不可得，故云「念無住相」，是乃法空之義，亦即獲得法空的利益。

結觀分齊者，謂「念無住相」以後，即脫離始覺第二位修行的進程「異相」後，從住相的相續相開始，或者從執取相捨棄後開始，一直到能見相止，由分別法執、俱生法執以迄於了無所得，此際法身菩薩的修行，已經歷了五十四位的修行進程，再進一步，便是究竟覺了。

此階段結束，不但沒有「細念」（指三細相，即無明業相、能見相、境界相，係根本無明之相狀），也沒有「粗念」（指六粗相，即由三細相更進而生六種粗相，謂智相、相續相、執取相、計名字相、起業相、業繫苦相。三細相稱爲根本無明，此稱爲枝末無明。），更不會起「分別」的念頭。在住相中，只說「離分別粗念」，這是與前述滅相、異相「離細念」不同的地方。粗念有六，住相占其五，住相的修行進程是初地到九地，而法身菩薩在無明念中，以始覺的力量，或前地或後地反復不斷的努力修行，到了可脫離住相的四種相，而做到「念無住相」，則隨個人的智力，覺的程度多少有所不同，因名爲「隨分覺」，這是始覺四位的第三位。

如菩薩地盡，滿足方便，一念相應，決心初起。心無初相，以遠離微細念故，得見心性，心即常住，名究竟覺。

第四位修行的進程是「生相」，能觀人是菩薩。第三位的修行，叫做法身菩薩，或曰地上菩薩；茲之謂菩薩，謂已十地滿心，其心堅定不移，故可謂之「金剛心菩薩」。修行到了十地，可謂功德圓滿，有學之位已窮，再無可進，故云「地盡」。何謂地盡，一是「滿足方便」，一是「一念相應」。要達成這兩個條件，須修滿菩薩的萬行，其心中之「一念」，隨時隨地與本覺相應，從不間斷，這也叫做「無念之念」，也就是始覺與本覺相合的一念。楞嚴經曰：「是諸菩薩從此以往，修習畢功，功德圓滿，亦目此地，名修習位；慈陰妙雲，覆涅槃海，名法雲地。」即是此意。始覺與本覺相合，亦謂之「智圓」，阿毘達磨雜集論云：

「究竟道者，謂金剛喻定，此有二種，謂方便道攝，無間道攝。」方便是覺染心之源，證得解脫；無間則覺粗相之源，斷絕間隔三細六粗，至修習位。

所觀相，即生相。在前一位的「住相」，中間共分為四相，修習至初地時，有相續相、智相、境界相、能見相等四相；修習至二地以及七地時，則斷相續相，尚餘三相；修習至八地時，則斷智相，尚餘二相；修習至九地時，則斷境界相，九地修習圓滿，則斷能見相，但還餘最後一個位次的相，即生相。

生相，是說「覺心初起」，我們原已被無明迷惑了的心性，開始有所覺悟之謂。傳通記糅鈔六曰：「問：根本無明其相如何？答：我等心性天然迷悟二，其迷本名根本無明，悟本名本覺。此二無始本有法，自性天然理，難及思慮，不出言舌處也。」修習到十地時，覺心開始搖動了根本無明，最初是微細的，這就是「生相」，由於繼續不斷搖動無明，漸及於粗，深知起惑造業，終必流轉無窮；惟有以眞淨心，照察「有、無」和「因緣」所起生相的道理，做到「心無初相」，而「遠離微細念」，眞性顯現，才是達成十地修行的唯一途徑。

辨觀利益者，謂心無初相，乃因已遠離微細念之故；亦即修習至第十地，發現此心，是「眞淨心體」，本自不動，即使在動心時，亦無動相，而巍然獨存，是即已無初相，所謂「見心」是。在前滅、異、住三位的修習中，雖各有所覺，但因「動念」未盡，最多只能說是「念無住相」，到了這一位，十地滿心，動念都盡，不見微念，而得洞徹心體，故云。

結觀分齊者，因已遠離微細念，微細念亦即生相，念既不生，心中再無虛妄，眞性顯現，故云「得見心性」，「心即常住」。

何謂「見」？這是一個術語，梵語捺刺捨囊 Darsana，意謂「思慮推求、審詳，而決擇事理」，吾等凡夫，尚未步上聖道，則一切想法，規劃，所作決定，都可以稱之爲「見」。但長水大師云，此「見」，謂是薩婆若 Sarvajna，則其義有所不同，且有二種解釋。一是謂「一切智」，慧琳音義云「即般若波羅密之異名」。另一謂「一切種智」，圓覺大疏鈔云「即諸佛究竟圓滿果位之智也，種謂種類，即無法不通之義也，謂世間種種品類無不了知故。」後義較爲詳盡，亦符合本論之意義。

「性」不顯現，係被虛妄所覆蓋，今既遠離微細念，不再生相，業識盡去，性即現前，性現，是謂「得見性」，得一切智，一切種智。賢首大師疏曰：「今生相夢盡，無明風止，性海浪歇，湛然常住。」所以在始覺的第四位。夢念都盡，與前三位的「覺」未至心源，還有業識起滅，截然不同，這叫做「大覺」，名爲「常住」；佛地論云「如大夢覺」，即此之謂。賢首大師續曰：「又前未至心源，夢念未盡，求滅此動，望到彼岸；今即夢念都盡，覺了心源，本不流轉，今無始靜，常自一心，平等平等，始不異本，故名究竟覺也。」可知修習至此位，更無所進，就名爲究竟覺。

究竟，梵文爲 Uttara，謂事理之至極。三藏法數釋究竟覺的意義說：「究竟即決定終極之義也。謂能覺了染心之源，究竟終窮，同於本覺，故名究竟覺。」與賢首大師的疏解相同。

菩薩修行至第四位（生相），十地已盡，滿足方便，遠離了微細念，證得了見心長住，行已滿，智亦圓，而得名究竟，但是否與所謂「等覺」和「妙覺」有所不同呢？依楞嚴經說，則曰「如來逆流，如是菩薩順行而至，覺際入交，名爲等覺」；又曰「從乾慧心至等覺已，是覺始獲金剛心中初乾慧地，如是重重單複十二，方盡妙覺，成無上道。」顯然是不同的修習層次。惟依瓔珞經說，則謂「等覺照寂，妙覺寂照，今見性常住，即是照寂，名究竟覺，即是寂照。」而是從「寂、照」二義，分爲等、妙二覺，是又似無不同。

金剛心，是指菩薩的大心，堅固不能破壞，猶如金剛之堅固。智度論曰：「一切結使煩惱所不能動，譬如金剛山，不爲風所傾動；諸惡衆生魔人來，不隨意行，不信受其語；瞋罵謗毀，打擊閉繫，斫刺割截，心不變異。……人來斲鑿毀壞，諸蟲來齧，無所虧損，是名金剛心。」四教儀曰：「即是邊際智滿，入重玄門，若望法雲，名之爲佛；望妙覺，名金剛心菩薩，亦名無垢地菩薩」四教集解曰：「所修觀智，純一堅利，喻如金剛，名金剛心。」

金剛心是菩薩修習的最後一個位次，之前則爲地上菩薩和三賢二乘，此三者通稱爲「正定聚」；之前在修習十信之位次，稱爲「不定聚」；之前即在十信以前，稱爲「邪定聚」。正定聚、不定聚、邪定聚三者總稱之爲「三定聚」。對「三定聚」（或曰三聚）一般的解釋，是說一切衆生，莫不在此三聚之內，分別言之，謂正定聚爲必定能證悟者，邪定聚爲畢竟不證悟者，不定聚爲在兩者中間如有緣則可證悟，如無緣則不得證悟。此說通大小乘，如俱舍論即謂「正邪不定聚，聖造無間餘」是。由於其與菩薩位次，始覺四位等關係，甚爲複雜，茲依照前述各點，列表如次，使有更清晰之了解。

表二　法數配置表

三定聚	位次	始覺四位	四相	九相（三細六粗）	意識及五識	六染
邪定聚	十信以前（外凡）					
不定聚	十信	內凡覺	滅相	業繫苦相		
				起業相		
正定聚	三賢二乘	相似覺	異相	計名字相（分別我執）	意識	執相應染
				執取相（俱生我執）		
	地上	隨分覺	住相	相續相（分別法執、俱生法執）	相續識	不斷相應染（初地）
				智相	智識	分別智相應染（七二地）
				境界相	現識	現識不相應染（八地）
				能見相	轉識	能見心不相應染（九地）
	金剛心	究竟覺	生相	無明業相	業識	根本業不相應染（十地）

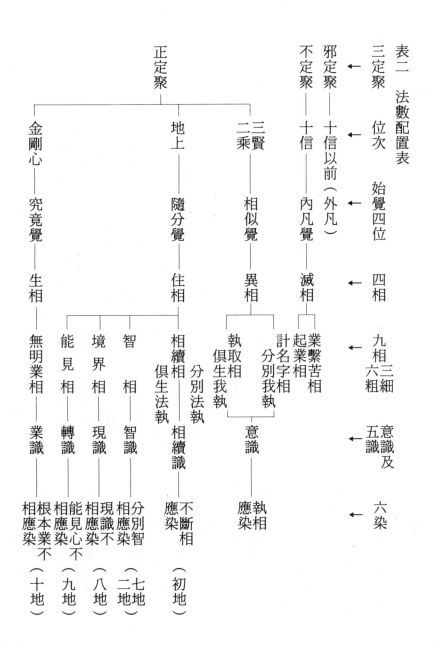

在上表中，很明白的顯示，聚集在這娑婆世界中的一切衆生，立志學習佛行，是從邪定聚、不定聚、正定聚三個階段進行；其位次由十信以前、十信、三賢二乘、地上菩薩、金剛心菩薩等五個階段獲得成就；始覺的四位則從內凡覺漸次到達究竟覺，並分別記以滅、異、住、生等四相，說明要盡除生相才是十地滿心；而六粗三細等九相的滅除，是從最初的業繫苦相開始，到無明業相滅除爲止，至此則意識及五識亦去，六染消除，此心無念，歸於清淨。凡此，皆說明修行是可以「頓悟」，但須「漸修」完成，一個階段一個階段的證得，毫無可能「頓時」做到十地滿心。

以上說明遠離微細念，得見心性；現更進一步，解說心源無念。本論分爲四段，一爲引經證明，二爲重新解釋覺心初起，三爲舉出不覺之失，四爲舉出覺之得。先說其一，本論曰：

是故修多羅說：若有衆生能觀無念者，則爲向佛智故。

所以經典中有云，倘若衆生能觀如此遠離微細念的道理，即使未離念，便已經種下了皈依佛的「因」，開啓向佛的智慧，雖還不能證得無念，但一定有希望可證得佛「果」。這是說個人的修行，有此覺悟，是即爲由「外凡」而趣向「內凡」，漸次必可達到「究竟覺」的位次。

次說其二，重釋前文，本論曰：

又心起者，無有初相可知。而言知初相者，即謂無念。

再者，所謂心起，即前文所說的「覺心初起」；此初起之心，只是知悉可以得見眞心，不可謂眞心已現，因爲還有所起之相。始覺的修行，漸次精進，經由滅、異、住、生四相的捨除，到達金剛心位次時，仍有初起之相，亦即生相。必須知悉已沒有生相，再無妄念產生，方能謂之「知初相」。而所謂「知初相」者，即是再無妄念產生，故曰「無念」。其實，眞心原本是無念的，但因被迷惑時，才有妄念產生；一旦覺悟，恢復了本來面目，就不再生念，也不再生相，歸於清淨。

次說其三，舉出不覺之失，本論曰：

是故一切眾生，不名爲覺。以從本來，念念相續，未曾離念。故說無始無明。

上文說明無念，才是覺悟；因此一切眾生，以仍有念故，都不得名之謂「覺」。只有修行到金剛心位次時，知悉初（生）相，這才到達了佛陀的境界，才得名「覺」。自此以下的眾生都不得名之謂「覺」，即使地上菩薩、三賢二乘，十信等，雖有內凡覺、相似覺、隨分覺等名稱，但都不是「覺」，只是區分始覺的位次，利於說明而已。其所以之不得謂「覺」，是因爲在這些修習階段「有」念之故。

眾生有念，不名爲覺，是因爲迷失了本心；三細遽興，六粗競作，而致念念相續，永不間斷；所以不覺之失，即爲「未曾離念」，未離念，是即不覺。因此，自金剛心以次的「覺」，都是「不覺」。此一「未曾離念」的「不覺」，稱之謂「無始無明」。

什麼是無始無明？先釋「無始」。無始是說一切世間，若眾生、若法，都沒有開始的。譬如說人的今生是前生的因緣而有，前生也是從前生的前生因緣而有，如是往前推究，沒有終極，故衆生及法的開始，實不可得，因名之謂無始。

無明在佛學上是一個非常重要的概念。梵語曰阿尾儞Avidya，是說闇鈍的心，不能透徹了解事理，也就是愚癡之意，誰能說自己對一切事理都很明白了解呢。本業經說：「無明者，名不了一切法。」大乘義章說：「言無明者，癡闇之心，體無慧明。」又「明」是「覺」的意思，「無明」就是「沒有覺」，也就是「不覺」，是「覺」的對待詞。

在本論中說無始無明，是去妄念歸眞如的教道。起信論義記曰：「唯此無明爲染法之源，最極微細，更無染法能爲此本，故云忽然念起也。如瓔珞本業經云：四住地前無法起，故名無始無明住地。是則明其無明前，無別有法爲始起之本，故云無始，即是論忽然義也。」因爲無明是染法之源，而且是「忽然起念」的，此念不知其所從來，故曰無始。又因爲「四住地前無法起，故名爲無始無明住地」，良以無明爲「五住地」煩惱之端，十二因緣之首，充分說明在無明之前，再沒有其他的法可以作爲始起之本。由於無始無明，而「念念相續，未曾離念」，這就是不覺之失。

次說其四，舉覺者之得，本論曰：

若得無念者，則知心相生、住、異、滅；以無念等故。

前文舉出不覺之失，乃因未曾離念。如果離念，則得無念，是修習已到達了心源，亦即得究竟覺。到達了究竟覺的地位，就完全知悉一切衆生的心相，其動，其轉，不外乎生、住、異、滅四者。

既得無念，又完全知悉一切衆生皆有四相，豈非仍爲有念？這是始覺修習到十地滿心，雖已知衆生有四相的起滅，但知衆生同具一心，都可以修習到覺至心源，達到無念的境地，不是難事，因此，此有念與無念，實爲同一件事。華嚴經有云：「如來成正覺時，普見一切衆生，悉皆成佛。」即指此。

再者，修習到無念，已經了解眞心的念本來就不存在的；了解衆生的念，雖有生、住、異、滅四相，但此四相，畢竟即生即滅，也就是本來就無念的。譬如一粒寶珠，能現四種不同的顏色，色澤幻變，現而即隱，所見者，唯一寶珠，此寶珠，即眞心，色澤即心相，心相是不存在的，也就是眞心是無念的，也可以說，衆生與佛相望，衆生都可成佛。

前文說「本覺是如來平等法身」，又說「本覺義者對始覺義說，以始覺者即同本覺。」現重就始不異本，加以說明，並結束有關始覺的論述。本論曰：

而實無有始覺之異。以四相，俱時而有，皆無自立，本來平等，同一覺故。

實際上，始覺與覺沒有不同，所謂得無念，就是得覺無念，亦即始覺。因爲始覺的四相，莫非一心所成，在迷失時，則連鎖循環，心念不斷流轉；一旦由不覺而有所覺，則知四相無有自體，唯此淨心而已。但這是指已獲究竟覺的位次而言，未達到這一位次，四相猶如大海中的浪濤，洶湧澎湃，無有間息。浪濤雖然不息，畢竟無有自體，其本體仍是水，風浪雖大，一旦平息，還歸爲水。所以在修持過程中，如何平息心海中的浪濤，是主要的課題；在前述析論始覺時，曾將之分爲內凡覺、相似覺、隨分覺、究竟覺等階段，只是說明四相起伏的情形，須隨各人的智力，前後而覺。當然，未達究竟覺，始覺不同於本覺。再者，本段經文，又指出「四相俱時而有」，此四相的出生，不必一定依滅、異、住、生的順序，四相是依心而立的，無有自體，故曰「皆無自立，本來平等」，因四相滅盡的覺，名稱固有所不同，但均名爲覺，同爲一覺。所以始覺與本覺，並無任何差異。

所謂「四相俱時而有」，既然在前文分出了內凡、相似、隨分、究竟的位次，指出覺有前後，何以又說「俱時」？賢首大師疏曰：「謂唯一夢心，四相流轉，處夢之士，謂有前後，各各隨其智力淺深，分分而覺。然大覺之者，知夢四相，唯一淨心，無有體性，可辨前後，故云俱時無有自立等也。」說一個人，須臾之間入夢，夢中經歷了生身的生死，悲歡離合等情境，有喜怒，亦有哀樂，但一覺醒來，恍知是夢，只是此心之流轉而已。是以夢中經歷多年，醒後是須臾間事，故復引攝論云：

處夢謂經年，寤乃須臾頃；故時雖無量，攝在一剎那。

此之謂「一剎那」，梵言曰 Ksana，謂時之極少。仁王經曰：「何等名爲一剎那量？衆緣和合，法得自體頃，或有動法，行度一極微，對法諸師說，如壯士一疾彈指頃，六十五剎那，如是名爲一剎那量。」時之極少，就是指「無念」，又引楞伽經說明一心與四相的關係說：「一切法不生，我說剎那義，初生即有滅，不爲愚者說。」意謂四相剎那流轉，必無自性，無自性，即是無生，四相是依心而生的，心不生，則四相不生，所以修行必須要靠自己，控制自己的心。

如何控制自己的心？賢首大師又引楞伽經云：「七識不流轉，不受苦樂，非涅槃因。如來藏者，受苦樂，與因俱，若生若滅。」眼、耳、鼻、舌、身、意、末那等七識，不在心中流轉，就沒有苦樂，有了這些使心流轉的因素，就不能成涅槃。如來藏，則是受苦樂的，與這些因素同時存在，隨時會產生好惡，而造成善或不善的果業，不過會不時的生滅，也就是說如來藏是可以控制的。首楞嚴經也指出，五陰、六入、十二處、十八界，皆如來藏妙眞如性。即七識的感覺，各能反映於心，如來藏原本就是沒有生滅（如）、靈明而不晦昧無所謂往來（來）、亦不偏於空界能含藏世及出世間一切法（藏）的妙眞和性。如來藏隨七識流轉而產生的萬事（法），都無體性，有體性的只是眞心，故賢首大師疏結曰：「唯是眞心，無有別法，是故四相即一眞心不覺即同本覺故。」眞心能盡除四相，四相如夢，夢中有無量時的念，但寤後視之，不過一剎那間事，此爲得無念的最佳說明。同時也再次說明，悟是可以在一剎那間「頓悟」，由不覺而得本覺，但修行仍要經由四相次第而盡，這是在修行時必須要了解的。

(2)本覺之相

前文所說的本覺，是本覺的體，現說本覺的相。本覺的相，分隨染本覺和性淨本覺。先明隨染本覺，本論曰：

復次本覺，隨染分別，生二種相。與彼本覺，不相捨離。

因爲始覺奏功，心體離念，本覺的體相，就顯現出來。但是本覺的體相，亦即眞如，不是言語文字可說明的，只能用染、淨來加以分別。譬如說明月的皎潔，用萬里無雲作陪襯；烏雲蔽月，則明月隨而受染。眞如心然，本覺亦然。隨染而生二種相，與本覺不相捨離，所謂「生」，即前述「阿梨耶生一切法」之生。那二種相呢？本論曰：

云何爲二？一者智淨相，二者不思議業相。

那二種相呢？其一是智淨相，其二是不思議業相。

所謂智淨相，智就是始覺的智，淨就是本覺自身的清淨心，意爲衆生被無明妄染眞心，因始覺的智慧，逐次將妄染予以掃除而漸復其原本具有的清淨。由垢染而復清淨，也就是由隱而顯，從不覺而恢復爲覺的一種相。

所謂不思議業相，不思議，亦曰不可思議，意爲理之深或事之奇，不可以平常心忖度，不可以言語議論也。但不思議與不可思議兩者仍有分別，維摩經慧遠疏曰：「據實忘情名不思議，據情忘實名不可思議。」又曰：「不可思議凡有二種，一曰理空，非惑情所測；二曰神奇，非淺識所量。」不思議業相，是智淨相之對，言始覺達於極點，而至究竟覺之位次時，妄染已全部掃除，本覺發揮固有的功能，發生不思議業用的一種相。

智淨相雖然自身捨離了業識，但只捨離妄染，還歸清淨；不思議業相，則除了還歸清淨外，尚能產生大用。萬里無雲的皎潔明月，高掛天空，好比是智淨相；明月散發清輝，照耀山河大地，好比是不思議業相。這兩種相，都與染緣有關，所以叫做隨染本覺，或隨緣本覺。

更進一步分辨智淨相，可分「因」與「果」二方面說明。「因」是推斷未決宗義的理由；

例如某人爲中國人（宗），因其爲南京人故。中國人是未決的宗義，但依其爲南京人之理由，南京屬於中國，故可推斷某人爲中國人而可決定其宗義，獲得結果。所以「因」也是能獲得結果之意，婆娑論曰：「因是造義」，即此意。智淨相在「因位」修行，有其順序，本論曰：

智淨相者，謂依法力熏習，如實修行，滿足方便故。

從智淨相修行，其第一步是要依「法力」熏習。法力分內、外二方面，內則以眞如熏無明，掃除妄染，這是理法；外則以佛學上所受教導的各種方法，努力修習，依佛教言如教行道，這是教法。理法與教法，雖有內外不同，但統名之爲「法」。依此內外法的熏習，功力日進，可從「十信」的初信位始，經由十信、十住、十行、十迴向，勇猛向前修行，具修福智，而成熟善根。這是從「外凡」經由「內凡覺」（修滿十信），到達「相似覺」的修行四十個順序，所獲的位次，稱爲「三賢二乘」。而這一修行的順序，不過是資以成佛的糧食，稱爲「資糧」，資是資助，糧是糧食，如人遠行，必須要有糧食，資助其身；這些成佛的資糧，亦即四十修行順序中所獲的功德善根，也叫做「順解脫分善」。

要更進一步修菩薩行，即在修行「十地」之前，亦即修畢十迴向後，進入初地，尚須作「四加行」的善根修行。

四加行，亦名「四善根」，是從外凡進入內凡，得以漸見法性而心遊理內的修行。依楞嚴經說，爲「暖地、頂地、忍地、世第一地」四者。

暖地是「佛覺用爲己心，若出未出，猶如鑽火，欲然其木」，意謂以佛心用爲己心，在感覺上，似若已出，似若未出，此時具觀四諦，修十六行，伏煩惱惑，不斷切實加功，以引接佛法氣分猶如鑽木取火。將春先知，全身暖氣流佈，故曰暖地。

頂地是「以己心成佛所履，若依非依，如登高山，身心虛空，下有微礙。」意謂己心似已有佛履至，我心即佛，佛即我心，似我依佛，又似若未依，猶如攀登高山，身在虛空，心中尚有掛礙。此時宜切實將此掛礙，完全拋開。由於此掛礙，乃是微礙，當繼續觀四諦，修十六行，則身心明暢，如在虛空高處，故曰頂地。

忍地是「心佛二同，善得中道，如忍事人，非懷非出。」意謂己心與佛二者，已同爲一體，即心即佛，故善能以中道處事。猶如一位能忍耐的人，既能容忍，亦不會懷恨；由於尚有一分忍耐的心，懷之而似不能捨離。此時宜將此忍心，毫不猶疑予以滅除。滅除之方法，分上、中、下三個層次。下忍爲觀八諦，修三十二持；中忍漸滅，上忍惟一，行二剎那心。由於忍心之非懷非出，尚有二剎那心在，故曰忍地。

世第一地的第一，是指上忍的二剎那心，再滅除其一，尚餘一剎那猶在忍位，故須「數量銷滅，迷覺中道，二無所目。」數量，指己心與佛二者，亦指因果二者，亦指修習的位次如始覺四位等。這段文字的意義說數量銷滅，意謂須心佛雙泯，因果兩忘；在往昔的迷惑中，已經覺悟到中道。亦即上不見佛智，下不見自心，概無所見。由此將從「世間」的修行，進入「出世間」的修行，爲與「十地」修行的初地，有所區別，故名爲世第一地。

四加行的加功、用、行，仍在三賢二乘的位次，也就是在始覺四位的內凡覺的位次。爲求見道，努力修此善根，叫做「順決擇分善。」

本段所說的「如實修行」，除了四加行的修行，尚須修「四尋思觀」和「四如實觀」。四尋思觀，謂諸法各有名、義、名義自性和名義差別四種。名，如色、受、想、行、識等名稱；義，如各該名稱本身的意義；名義自性，謂各該名稱的性質；名義差別，謂各該名稱體性意義不同之點。世間萬事萬物（諸法）的觀察，不會脫離這四種範圍。修行者觀此四法，要認識這不過是自己內心的變化，假名有，實則無，一切都是虛幻不實的。在暖、頂兩位修行時，要同時修此四尋思觀。

四如實觀，謂從四尋思觀，繼續推求其原因，而生印可決定之智，不但如實了知所取所緣的名、義、自性、差別等四者，是自己內心的變化，假有而實無，並且也了知此四者本身，也是假有而實無。就禪定以言，在暖位修行時，了知名、義、自性、差別等皆假有實無，而得「定」；由「定」繼續尋思，觀知當無可取，進入頂位修行，即可了知以無所取故，增強了定力；順著定力修行，進入忍位修行，印證了觀無所取，實乃「如實之智」。如實者，有三品，下品是印證無所取，中品是順無所取，上品是印證無有能取。質言之，如實智之意，謂如實遍知名、義，名義自性、名義差別四法，離識非有，「所」取無，能取亦無，由是而進入世第一地之修行，依無間定，即入禪定，不再間斷，以觀修如實智方法，印證法空、我空；並捨離「所」取，即能除去遍計所執性；捨離「能」取，即能除依他起性。如是精進修行，即能圓滿成就眞實性，亦即圓成實性。修行至此，已登初地，即歡喜地，謂之見道。二地即離垢地以上，就叫做修道。從離垢地起的修行，不同於地前的依法力熏習，緣教而修，而日漸與眞如的一法界大總相法門體相契合，故曰如實修行。

由如實修行而滿足方便，是說修行方法已全部完畢，亦即十地修行圓滿，到達了法雲地，「慈陰妙生，覆涅槃海」，得究竟覺，獲金剛心菩薩的位階。

以上詳細說明智淨相的因，由因起修，可得什麼果呢？本論曰：

破和合識相，滅相續心相，顯現法身，智淳淨故。

由前所述修習方法，到達了智淨相的層次，已獲金剛心菩薩的位階，但也僅止於菩薩，如欲成等覺或妙覺，仍有待進一步的修行。在此位階，獲得「斷」「智」二果。

所謂「斷果」，就是「破和合識相」。在未達智淨相以前，根本無明常與眞淨心和合，尚不是淳淨的心，必須破一分不覺之相，始能顯一分本覺之性，破盡根本無明，心無所合，照體獨立，即顯法身本覺。

所謂「智果」，就是「滅相續心相」。在滅根本無明和合識的過程中，染心中的業相以及其連續顯現的心相，逐次滅盡；心相是虛妄的，可以滅盡，惟心體是不生不滅的，不會被滅；以是染心去而始覺還原，遂成淳淨圓智。猶如窮子歸家，蒙垢的寶珠恢復其光芒。

斷、智二果是連接在一起的，具此，方能顯現法身，成淳淨圓智。此之法身，即是本覺，本覺與根本無明及六染心和合，謂之隨染本覺，去除染心，還原爲本覺，即智淨相，詳言之，謂淳淨圓智；淳是不雜，淨是離染，圓是無缺，智是滅識；此淳淨圓智之成，亦僅成應身始覺。

所謂「成應身始覺」，乃指此身還不是法身，只已修習到始覺的究竟，充其量只可稱之謂「應身」。「應」有二種含義，第一種「應」是指始覺的智與本覺相呼應，這是自然而然的相應，故曰應身，亦名「報身」。第二種含義較爲複雜，是指始覺未至究竟，但已與本覺稍相呼應，如在相似覺時，及三賢二乘地前位次，有此跡象，名爲「劣應」，亦名爲「化身」；如在隨分覺時，亦即地上菩薩位次時，名爲「勝應」，亦名「應身」或「報身」。應身始覺，當指此而言。

成應身始覺，則智德圓淨，故亦名「智身」。但是此之始覺與前之本覺，是本來就存在的，原來就是心的主體；此之應身與前之法身，則是由修持而得，是心的客體。進一步說，這是心的識和相都已滅除，但性仍在，性即本覺，本覺能成法身，所以報身和法身，乃是心的主體和客體互動的結果。在海東疏義中謂爲「此皆義說能所成也。」

爲說明智淨相的意義，本論曰：

此義云何？以一切心識之相，皆是無明。無明之相，不離覺性。非可壞非不可壞。

前文說「破和合識相，滅相續心相，顯現法身，智淳淨故」是什麼意思呢？乃是指一切心識之相，只是心相成識，識滅，亦只是心相滅，其生與滅，俱爲心相，不及心體；故說滅相續心顯法身，是指出相與性不屬於同一範疇。爲什麼要指出這一點呢？因爲說到生滅，恐聞說動彼淨心，成於起滅，今說相續心滅，則淨心亦應滅，實則淨心乃是不生滅的，是本覺，是眞如；而心相即心識之相係對一切業識而言，皆爲無明不覺，因受熏而有，是妄；眞和妄是不同的，但諸識以及不覺之相，仍不離本覺之性，故智淨相爲隨染本覺之一相。

眞和妄是不同的，眞心和妄心是否在同一心體上？既說識相皆是無明，識相可滅，亦即妄心可滅；實則無明不覺之相，原依眞起，與本覺之性，非一非異，非異故非可壞，非一故非不可壞，是以眞妄在同一心體上，無明可滅而眞心不滅。從非異非可壞的意義看，可以說無明就是明，就是覺，所以涅槃經有云：「明與無明，其性不二。不二之性，即是實性。」從非一非不可壞的意義看，說無明滅，覺性不壞，故涅槃經云：「因滅無明，得菩提燈。」眞和妄在同一心體上，亦即無明與明，同屬於一心體。一般人以爲斷盡惑結，可以證眞，卻不知惑體本來就是眞，惑只是覺中的不覺，去除不覺，覺原本就在。

這一段文字，是說明智淨相中的二個引起疑惑的問題，其一是疑眞同妄，其二是疑眞妄不同體，已詳爲說明。爲說得更簡明點，舉喩說明，本論曰：

如大海水，因風波動。水相風相，不相捨離。而水非動性。若風止滅，動相則滅，濕性不壞故。

此一比喩，含有三喩。其一是「大海水」，喩眞心；其二是「風」，喩無明；其三是「波」，喩業識等。水不會自動，「因風波動」，這是喩「眞隨妄轉」。水不會自起波相，乃因風而起，無風自不起波浪，故大海水不離於風相，風大則波浪大，風小波浪亦小；風不會自現動相，須依水而現，故風不離於水相，這是風與水「不相捨離」，是喩「眞妄相依」。

水的性質是靜的，沒有風，就不會動，其動是隨風而動的，是他物的介入，是被動的，這是喻「眞性不變」。如果風停止，水的動相亦滅，水恢復爲大海水的靜態，這是喻「妄滅眞存」。

水相是靜是濕，風相是動；風吹水動，動處不靜全濕，濕處全動。亦無靜處；水相可以說是波的動，風相亦可說是波的動，水與風，俱以波爲相，兩者不相捨離，比喻一切染法，依眞而起，由動而發。染法望眞，如波之望水，是水相，是眞之相；若望於動，如波之望風，是風相，是癡之相。這是「眞隨妄轉」意義的引伸。

綜合言之，本論結語曰：

如是眾生清淨心，因無明風動。心與無明，俱無形相，不相捨離。而心非動性，若無明滅，相續則滅，智性不壞故。

本段結語，分四點說明：

其一，「眾生清淨心，因無明風動」，是上述比喻中的水隨風動；水不能自生波浪，要因風起浪；風不能自現動相，要因水方現動相，所以風動即水動。引伸之，心不能自生其識，要因無明方成識；無明不能自現妄相，要因心方現妄相。故無明動相，就是心的動相。此謂之「淨心合海」喻。

其二，「心與無明，俱無形相，不相捨離」，即前述之「水相風相，不相捨離」。言眞如心無形相，無明亦無形相；雖然兩者俱無形相，但當以染心爲其相，則眞與妄處於和合的狀態，不相捨離；眞妄和合，共現染相，此染法，是眞如相，亦爲無明相。質言之，淨心隨緣，無明風動水成浪，淨心全成識浪，而無淨心相；但此識浪，無非淨心，而無無明相。亦即水因風動，全成於波，只見波而不見水；風動之波，本來就是水，只見波而不見風。此謂之「風水相依」喻。

其三，「心非動性」，即云心本來是靜止不動的，像水一樣，風不起則無波。此之謂「水非動性」喻。

其四，「無明滅，相續則滅，智性不壞故」，這是說，風息，水即處於靜止狀態，水的濕性亦不壞。故無明滅，猶如風息，相續而來的業識亦滅。雖然動相已滅，但水的濕性不壞，隨染本覺能朗察萬事萬物的本性自亦不滅，亦即智性如水之濕性永遠存在。此之謂「濕性不壞」喻。

隨染本覺的第二種相是「不思議業相」，本論曰：

不思議業相者，以依智淨相，能作一切勝妙境界。

不思議業相，是智淨相的「用」，亦即是由智淨相所發生的功用。破和合識相，相續識相，顯現法身，是則此心已依眞起應，如鏡之明，可爲衆生作利益，作一切勝妙境界。寶性論云：

諸佛如來身，　如虛空無相；
爲諸勝智者，　作六根境界；

示現微妙色，　出於妙音聲；
令嗅佛戒香；　與佛妙法味；
使覺三昧觸；　令知深妙法。

所謂「能作一切勝妙境界」，乃是可爲衆生作出六種境界。緣吾人修行，開始依一根起修，如首楞嚴經曰：「故我宣揚，令汝一門深入。」從眼、耳、鼻、舌、身、意六知根中，任選一門，深入修行，則「入一無妄，彼六知根，一時清淨」（首楞嚴經）。智淨相已斷破無明，能顯現應化二身，應眼根能爲衆生示現「微妙色」，若如來三十二相八十種好等；應耳根能爲衆生作出「妙音聲」，如四辯（即四無礙辯，法無礙、義無礙、辭無礙、辯說無礙。此爲佛對諸菩薩說法時的智辯，於意業稱爲四無礙解或四無礙智，於口業稱爲四無礙辯，簡曰四辯。）八音（謂如來八種音聲，極好音、柔軟音、和適音、尊慧音、不女音、不誤音、深遠音、不竭音）等，應鼻根能爲衆生得嗅清淨「佛戒香」，應舌根能爲衆生作出「妙法味」，應身根能爲衆生感到「三昧觸」，應意根能令衆生「知深妙法」。

成就了智淨相，這是自身的利益；作不思議業相，乃是爲他身的利益。菩薩成就了自身利益，也要以應化身成就他身的利益。自身利益，謂得解脫，遠離煩惱障、智障，得無障礙清淨法身；他身利益，謂以應化身示現六根境界。

不思議業相之用，還有很多，本論曰：

所謂無量功德之相。常無斷絕。隨衆生根，自然相應。種種而現，得利益故。

本段文字，依賢首大師疏及長水修記，可分爲四點說明：

其一爲無量相，謂橫顯業德，廣多無量。業德者，謂身有無量色，色有無量相，相有無量好，所住依果，亦有無量種種莊嚴等，這是從橫、廣方面說「無量功德之相。」

其二爲常無絕，謂豎（縱）顯業根，深窮來際。業根者，謂隨其所應，常能住持，不毀不失。這是從縱、深方面說，依眞依覺，永遠不會斷絕。故云：「常無斷絕。」

其三爲隨相應，謂顯業勝能，無功應機。業勝能者，謂如法華經云：應以佛身得度者，即現佛身而爲說法等，故云「隨衆生根，自然相應」。

其四爲現得益，謂顯業勝益，利潤不虛。業勝益者，謂或見形以發心，或聞法以起行，只要切實修行，其利益決不虛有。故云「種種而現，得利益故。」

以上四點，是說明智淨相乃是「應化二身，眞如大用，無始無終，相續不絕」。應身是地上菩薩的所見，亦名勝應，化身是地前所見，亦名劣應，前文已述，不贅。應化二身，都是智淨相所顯眞如的大用。

隨染本覺二相，智淨相和不思議業相；智淨相是體，是自利，是根本智；不思議業相是用，是利他，是後得智。這是兩者不同之處。

本覺之另一相，曰性淨本覺，可分爲四點說明。本論曰：

復次，覺體相者，有四種大義，與虛空等，猶如淨鏡。

前段是說明「隨染本覺」，這一段說明「性淨本覺」。本覺的「體」在淨的狀態時，有四種「相」，各「相」都涵有四種「大」義。此四種大義與虛空相等，亦猶如淨鏡。虛空和淨鏡是比喻，來說明性淨本體的四種相。

空和鏡都各具四種大義：「大」是指「遍空、遍現、遍淨、遍照」，亦即「無相、等現、清淨、明照」四者。

虛空是無所不在的，也沒有形狀可指，平等地顯現在各處所，故云與虛空等。淨鏡是明朗清潔的，可以朗照萬事萬物，無所遁形，故云淨鏡。賢首大師疏此四種大義曰：「空及鏡，皆有四義，故取之爲喻。一、空鏡，謂離一切外物之體。二、不空鏡，鏡體不無，能現萬象。三、淨鏡，謂磨治離垢。四、受用鏡，置之高臺，須（需）者受用。」按此四義，即下文所述之四相：如實空鏡、因熏習鏡、法出離鏡、緣熏習鏡。不云「空」而僅以「鏡」爲喻，是便於說明故。

茲先說明第一相，如實空鏡。本論曰：

云何爲四？一者如實空鏡，遠離一切心境界相，無法可現，非覺照義故。

是那四種相呢？

第一是「如實空鏡」。本覺的自性，原就是清淨的，在性淨本覺中，第一相就是「眞如實體」的自性，故云「如實空」。眞如中是一點妄染都沒有的，什麼都不存在；以「虛空」爲喻，即言其空無一物；以「鏡」爲喻，即言從主觀的心相無有喜怒哀樂之情緒，從客觀的心相亦無青黃赤白長短方圓的形色。簡言之，「如實空鏡」是眞如的「本相」。但此一「本相」，並不能包含眞如整體的意義，只是性淨本覺的第一種相，只是「遠離一切心境界相」。所謂「遠離一切心境界相」，是說對一切事、理，不會去加以分別，因爲不去分別，就不會有任何境界，從而無有「相」可生。一個人的分別心和分別境，實即妄心妄境，與「如實空鏡」遠離，與眞如不相應的。因爲妄染在眞如中是不存在的，故云「無法可現」。

所謂「無法可現」，是指萬事萬物在「如實空境」中是不會顯現的。不是說「如實空鏡」不會顯現萬事萬物，乃是說萬事萬物本不存在，是妄心妄境，所以不會顯現。好像兔子沒有角，以鏡照之，仍沒有角，本來就沒有的，鏡中絕不會無中生有。

但這並不是說拿了「如實空鏡」來照萬事萬物，或者說以「如實空鏡」作爲衡量事物的標準；而是說空與鏡只是一個比喻，說明性淨本覺的第一相；眞如不是鏡，只能說類似鏡；眞如不是空，也有不空的一面；凡屬妄染，與眞如都不相應，也就是本論前文所說的「從本已來，一切染法不相應故」之義，故云「非覺照義故。」

非覺照義，如從兩個不同的角度來看，依賢首大師疏，首謂從遍計所執性看，則是「以妄念望於眞智，本無覺照之功，以情執違理故，如鏡非有外物，以彼外物無照用義故，即顯鏡中無外物體。」妄念與眞如是不相應的，眞智中絕無妄染。次謂從依他起性看，則是「以本覺望於妄念，亦無覺照功能，以妄本無故。如以淨眼望空華，無照燭之功，亦如鏡望兔角。」妄念本來就不存在，眞如照之，亦空無物也。所以不論從妄從眞來看「非覺照」的意義，如實空鏡是「遠離一切心境界相」的。遠離一切心淨界相，簡言之，即是「無相」。

性淨本覺的第二種相是「因熏習鏡」，本論曰：

二者，因熏習鏡。謂如實不空。一切世間境界，悉於中現，不出不入，不失不壞，常住一心，以一切法，即眞實性故。又一切染法，所不能染，智體不動，具足無漏，熏眾生故。

第二是「因熏習鏡」。前文第一「如實空鏡」說性淨本覺是「空」，以境爲喻，謂之「空鏡」；茲之第二因熏習鏡則謂性淨本覺是「不空」，實實在在存在，以鏡爲喻，謂之「不空鏡」，意爲「如實不空」。

「不空」可分「因」和「熏習」兩點來解析。

云何爲「因」？娑婆論云：「造是因義」，謂「因」是造作萬事萬物的根本原因。世間萬事萬物，一切境界，都可在這「如實不空」的「鏡」中展現出來。鏡是「性淨本覺」的比喻，由於「性淨本覺」亦即眞如此一名詞太抽象，不易說明，故取一具體的事物，以作替代；故亦以「不空鏡」比喻的「性淨本覺」乃是確確實實存在作說明。存在，即指有「自體」，也有「性功德」，亦即前文所說「以有自體，具足無量性功德」之意。性淨本覺既有自體及性功德，則無妄染，而世間萬事萬物，莫非因緣所生，故本覺中所展現者，自亦均爲妄象。此猶若淨鏡的映現萬象，由於無明之緣而顯其形；無「無明之緣」則不能現其形，故曰：「不出」。再者，無明是妄染，本無自體亦無性功德，自不能自外入於性淨本覺，故曰「不入」。所表現的萬象，既不出，亦不入，但亦不是沒有，本覺確能展現妄象，故云「不失」。所謂「無明之緣」，是指映現於性淨本覺的緣，來無所從，去無所蹤，來則展現，去則隱息，對所映現的緣，絲毫不會損壞，故云「不壞」。這四句「不出、不入、不失、不壞」，長水大師釋云：「謂內能不出，外所不入，緣起不失，理實不壞」；再進一步釋云：「內不從六根出，外不從五塵入，果不從當來失，因不從過去壞」，更爲透澈。

綜合言之，世間一切境界，萬事萬物，均能在性淨本覺展現，並且不會有「出、入、失、壞」的情形。但緣生之相，終無體性，而所以之能住於此性淨本覺之中，是因爲「一切法，本來平等，不異眞如性故。」所以性淨本覺，其性實則就是眞如，也就是眞如心，而一切法，即常住於此心中。

云何爲「熏習」？本論下文曰：「熏習義者，如世間衣服實無於香，若人以香而熏習故，則有香氣。」是說人的身、口所現的善、不善行爲，以及意所顯現的善、不善思想，其氣分留存於眞如或阿賴耶識，一如香之熏衣。身、口、意所顯現的，謂之現行法，留存的氣分，謂之「種子」或「習氣」；現行法與種子或習氣的作用，即謂之熏習。唯識述記則更作進一步的解釋說：「熏者，擊發義。習者，數數義。由數數擊發有此種子故。」本書後文還有更爲深入的說明。

性淨本覺中的熏習，是較之前述「因」的敘述更進一步分析，不但證實性淨本覺的確實存在，並且還具足恆沙功德。因爲性淨本覺的性是淨，所以一切染法雖於其中展現，但不會影響其本質的淨。例如鏡中所映現的污穢或醜陋，並不表示鏡本體的污穢或醜陋；反之，污穢或醜陋越明顯，纖毫畢露，則越顯得鏡子本體的潔淨。鏡映一切染，亦即性淨本覺映現一切染法，鏡不為其所染，性淨本覺亦不為其所染，故可推衍為「不染」之義，本論即曰：「一切染所不能染。」鏡在映現一切染時，鏡體不動，猶如性淨本覺的本體（或謂之「智體」）不動，因為鏡體或智體本來是潔淨的，原無一物，未嘗有所增減，雖映現染，但未為所染；由於此一「不動」的特性，故性淨本覺具足無漏，恆沙性功德；本論即曰：「智體不動，具足無漏。」由此無漏性功德，更進一步能成為熏習眾生的原因，使眾生厭棄生死輪迴之苦，樂於追求涅槃的愉樂。這也就是佛性論中所說的：「自性清淨心，名為道諦。」

性淨本覺的第三種相，是法出離鏡，本論曰：

三者，法出離鏡。謂不空法，出煩惱礙、智礙、離和合相，淳淨明故。

性淨本覺的第三相是「法出離鏡」，亦可謂之「淨鏡」，指性淨本覺的自體，沒有一點妄染，淳淨明徹，如鏡子之不沾有一點塵埃。

此之所謂「法」，即是性淨本覺自體。本覺「出」了「煩惱礙」和「智礙」，也「離」了「和合相」，則其自體淳淨明徹。因兩礙既出，則業識等均亡，此心便無可「和合」，故其「離」，乃出礙的結果。

在第三相中，仍以「鏡」來比喻眞如本覺，喻其確實存在，故云「不空法」。進一步說，本覺的存在，亦即芸芸眾生本來就具有此覺，所謂佛就在自己的心中，不必外求；但為兩種障所礙，而致得不到如來智慧大光明；今由「本覺內熏」，由「外凡」而逐漸進入「內凡」，「始覺」奏功，此心退染還淨；這是確確實實存在可依為修持的方便法門。

二種礙，即「二障」，謂「煩惱障」與「智障」。

煩惱障是說一個人的欲望或者自私自利的意識、心態，例如貪、瞋、癡等惑，會昏煩、惱亂身心，造成粗細染心，因而長淪在三界六趣生死輪迴之中，障礙了追求涅槃、寂靜的道路，這都是由「我執」而生的障礙。

智障，亦名之爲「所知障」。智，本來不是障，但因染心所依者，乃是無明，眞心被無明所染，成爲愚、癡、迷、闇，障礙了能「知」的「智慧」，不使菩提妙智出現，故名爲智障，這是由「法執」而生的障礙。

二障之間的關係，有寬有狹；煩惱障所在之處，智障隨之，智障在處，煩惱障未必有，這是因爲煩惱障的發生，是限於爲「不善」或「有覆無記」之事，而智障則不限於此，亦通於「無覆無記」之事；此外，煩惱障是具體而明顯的，可用數字標示，如十惑等；但智障則是抽象的，行相難知，不能具體列舉其行相的多少。

和合相，是一種業相，例如一隻鳥在空中飛行，偶棲息於樹枝，這是鳥與樹枝的和合，是業相。生滅心與不生滅心和合，亦爲業相，如藉「本覺內熏」之力，掃除生滅心，則可證得性淨本覺的淳淨明相。

淳淨明，分開來說，是「淨」和「淳明」。淳淨是「滿淨」，完全的淨，菩薩在這一部分是「完全的淨」；淳明是「滿覺」，完全的覺，菩薩在這一部分是「完全的覺」。

綜言之，性淨本覺的第三相「法出離鏡」指出了修習眞如的方法，在出二障、離和合。

不空，即第二相的「因熏習鏡」，性淨本覺亦即不空如來藏，而如來藏亦名如來法身；此為專屬第三鏡之義，與前述如來藏義異體同；淳、淨、明三字，亦代表法身、解脫、般若三義，行者備此三點，成大般涅槃。

性淨本覺的第四種相是緣熏習鏡，本論曰：

四者，緣熏習鏡。謂依法出離故，遍照眾生之心，令修善根，隨念示現故。

性淨本覺的第四相是「緣熏習鏡」，亦名「受用鏡」，仍以鏡喻眞如本覺。意謂眞如本覺像一面潔淨的鏡子，纖塵不染，可用以照見萬事萬物。又如塵空之無半點浮雲，能接受宇宙間的一切。但此鏡必須依法「出煩惱礙、智礙」和「離和合相」，亦即完成了第三鏡的修習程序，才能發揮「受、用」的神妙功用。

所謂「緣熏習鏡」，緣與熏習，就是「受」與「用」。此心空無一物，廓然朗然，自可鑑照萬物，接「受」一切，包括「眾生之心」在內。對眾生的心，可「用」以使之修行善根，令起修行大乘佛法的正念。不過，修行非一蹴可幾，所謂「頓悟漸修」，故名之曰「熏習」。

所謂「緣」，梵語曰 Pratyaya，意謂「附著」，但前賢都譯為「攀緣」，指一個人的心識，附著於外在的一切境界；譬如「眼惟對色」、「耳惟對聲」，即指眼惟附著或攀緣於色、耳惟附著或攀緣於聲的境界等。心識與境界的關係，佛學上有一個重要的概念，就是「能、所」；能是指主動，所是指被動，這雖是極為粗糙的解釋，但通常對經典出現了類此的用詞，可以從這一方向作進一步的思考。依此，心識是「能緣」，境界是「所緣」，心識向境界而動的作用，總名之爲「緣」，也就是「心攀緣於境界」；換句話說，就是心在想事，故亦可謂之思惟，或進一步思而求其知。惟此之謂「緣」，是特指外在的一切境界，而謂「外緣」，是指爲諸衆生而作發起善根的各種有利境界，以是此「緣」實有「受、用」的雙重意義。

所謂「熏習」，意爲「熏成習氣」，以成善根，使善根能夠不斷的成長，由外凡而內凡，而相似、而隨分、而達究竟。熏是「資熏」，把善法像熏衣成香的方法，熏於習氣，使善根成長。「熏習」是指由身、口所作善、不善業，只要心念一動，其餘氣或氣分即留於阿賴耶識，如香之熏衣是。凡身、口、意所顯現的動作，都叫做「現行法」，其氣分留於阿賴耶識者，即謂之「習氣」。故習氣是由現行法所熏習而成。但此之熏習，是指「外緣熏習」，因性淨本覺的第四相是眞如本覺的自性相，可遍照衆生之心，而展現無窮盡的妙力，對衆生種種差別的心念，洞若觀火，了然於胸，而得以不同的方便法門，令修善根，隨念示現。

(3)本覺綜釋

關於本覺，在心眞如門中，就是眞如，是「離言說相，離名字相，離心緣相」的；在心生滅門中，則不憚詞費，分以「隨染本覺」和「性淨本覺」作詳細的解說，然兩者間的關係如何，茲再作一綜合性的比較，以增進理解。

隨染本覺，是從「染」的方面說的。阿賴耶受染，須「依法力熏習，如實修行」，使能「顯現法身，智淳淨故」，就是要去染還淨。依於「智淨」，本覺可獲不思議業用，而「能作一切勝妙境界」。此兩相，大致與性淨本覺的「法出離鏡」和「緣熏習鏡」相當；但「性淨本覺」是從自性本已清淨方面而說的，故云「出煩惱礙、智礙，離和合相，淳淨明故。」此淳淨明的法體，既已「依法出離」，自能「遍照衆生之心，令修善根，隨念示現。」

性淨本覺的要義，可概括爲以下四點：

第一點，性淨本覺是說明眞如的意義，但眞如是無法以言詞、名字來表達，心亦不能緣，這是消極的，故以「如實空」說明之。

第二點，眞如假本覺之名作說明，是說眞如是確實存在的，是「不空」的，這是積極的；也是促使衆生開悟的內因，也是萬事萬物緣起的因，故以「因熏習」說明之。

第三點，本覺出二礙，離和合，即修行已達悟的境界，這是衆生後天的修持，但只限於自利，故以「法出離」說明之。

第四點，衆生修持到達悟的境界，就可以爲衆生作發起善根的各種有利境界，這是利他；也就是說，要到達這種境界，才得以大悲心，普度衆生，令衆生發起善根，故以「緣熏習」說明之。

綜上，可知性淨本覺四相，一相比一相深入，層次分明，條理井然。

以上，雖然分從不同的角度來說明本覺，但其意義是一貫的，即是爲說明眞如覺體的涵義。又前述「始覺同於本覺」，故四者都在說明始本不二和眞如覺體。茲將其關係，列表如次。

表三、始本不二表

隨染本覺	智淨相	去染還淨	智	始本不二
	不思議業相	作一切勝妙境界	業	
性淨本覺	法出離鏡	出二礙、離和合	法	眞如覺體
	緣熏習鏡	遍照衆生心	緣	

3. 不覺

前文說「覺」已畢，茲說「不覺」，不覺是覺的相對詞。不覺者，就是阿梨耶識的第二種意義，也就是無明，就是癡，就是迷，就是闇昧無知。衆生不識佛法，都是凡夫，都在不覺的狀態中，因此探討不覺較之探討覺要具有實際意義得多。文分三段，一爲根本不覺，次爲枝末不覺，三則綜釋。

(1) 根本不覺

根本不覺或曰根本無明，分三段說明，初段說明不覺的義旨，謂「依覺成迷」；次段說明依於迷而顯示覺，謂「依迷顯示覺」；三段則爲結語。

何謂「依覺成迷」？本論曰：

所言不覺義者，謂不如實知眞如法一故。不覺心起而有其念。念無自相，不離本覺。猶如迷人，依方故迷，若離於方，則無有迷。衆生亦爾，依覺故迷，若離覺性，則無不覺。

不覺的意義，可分爲三點說明：

其一謂「不如實知」，「如實知」乃指「覺」，亦即眞如的理，只有一個「覺」，不了解這一點，就始終處於迷的狀態。故不如實知就是不覺。

其二謂「不如實知眞如」，眞如是絕對平等的，只有一個「相」，有了其他的「相」，就成不覺，而處於迷的狀態。

其三謂「不如實知眞如法一」，眞如是「一法界大總相法門體」，只有一個法界心，違此，便成不覺。

違反了上述三點，那就是根本不覺，或曰根本無明。簡單的說，本來清清淨淨的心，動了無明，此心即成迷而起無明，此之念，爲「根本不覺心」，也叫做「獨頭生相無明」，由此無明，失去本明，因乃「依覺成迷」。但此念，既依覺而成迷，則無自相，且仍不離本覺的體。好像一位迷失方向的人，惑南方爲北方，處於東方而竟迷爲西方；其之不辨東西南北，是迷於方向，有了方向的概念，故有迷；不動心，不起念，離開方向的概念，即還歸於覺，就沒有「不覺」的問題。

簡言之，有情衆生都是在不覺的狀態中，修行的目的，就是要還歸於「覺」，也就是要從「迷」修行到「悟」。了知自性的迷，才可依此「迷」修行，以求「悟」，並證實自性的「覺」是切實存在的，此之謂「依迷顯覺」。本論曰：

以有不覺妄想心故，能知名義，爲說眞覺。若離不覺之心，則無眞覺自相可說。

因爲不覺乃是受無明妄想心污染所造成，所以不覺的本體仍是覺，兩者是一體的。又由於眞如心是「離言說相、離名字相、離心緣相」，無從敘說；而不覺的妄心則錯綜複雜萬端，可以分別指述，並能切實知悉其名其義，具体的予以剖析、闡明；剖闡愈明，則眞如本覺的義理亦愈明，故無「不覺」不能顯示「眞覺」。再進一步說，說不覺，實是說眞覺；而衆生有不覺，實已獲眞覺，此即所謂「迷悟只一途，聖凡無二路」，眞妄相依，即心是佛之要旨。

⑵枝末不覺

依根本不覺，乃有枝末不覺。根本不覺是迷失眞如的無明，是妄心使衆生不知即心是佛；枝末不覺是執著妄心的無明，是妄心使衆生迷失走向本覺眞如的正確方向。衆生爲什麼會迷失走向本覺眞如的方向呢？茲依照賢首大師疏，先就「三細六粗」（本書第一六八頁表四參照），略加說明。

其一、本覺眞如，猶如淨眼。

其二、根本不覺，猶如熱、翳之氣。淨眼因翳（如眼之白內障等），熱（發炎）而病，猶如產生業識而成無明業相。

其三、淨眼成病眼，猶如如來藏轉而爲識藏，是即轉識，成能見相。

其四、有病的眼，觀察外界景物，自與淨眼不同，是即現識，乃境界相。

其五、病眼所見，既非眞實之相，則其起心，判別好壞、美醜、善惡的智，亦受影響，是即智識，亦爲智相。

其六、由病眼所見，繼續判別，堅執不改，是即相續識，亦爲相續相。

其七、由前對事理判別的決定，不論在逆境、順境，義無反顧地作取、捨、追、求，念念不住，是即意識，亦爲執取相。

其八、由執取相，對所見或所發生之事故，立名字以資區別，以便對喜好者執取，厭惡者捨棄。這也是意識，但名爲計名字相。

其九、因由眼病，所見之相，未必眞實，惟既依名字而取相，竟乃發動身口對不眞實的事物，採取具體作爲，造善惡業，是即起業相。

其十、依起業相，造善惡業，因而受苦、樂的報應，長淪生死而不能解脫。是即業繫苦相。

以上十點，以眼病爲例說明枝末不覺，皆由無明而起。首楞嚴經有云：「由汝無始，心性狂亂，知見妄發，發妄不息，勞見發塵。如勞目睛，則有狂華，於湛精明，無因亂起。」亦在說明依眞起妄，枝末不覺的情形。

眞如本覺因無明風動而起心，初爲微動，是爲無明爲因生三細；次則逐漸開展，以境界爲緣，是爲粗動，有六種粗，名爲六粗相。先述三細，本論曰：

復次，依不覺故，生三種相，與彼不覺，相應不離。

眞如是絕對平等且爲唯一的眞理，不了知此理，是爲根本不覺。有此根本不覺，漸次開展成爲枝末不覺而有三細六粗九相。故根本不覺是「本」，枝末不覺是「末」；「末」以「本」爲主體，故從「本」所開展的種種情形，是主體的「相」。因此根本不覺與枝末不覺兩者間的關係，是前後開展的，互不相離的。

楞伽經有云：「妄想爲因，境界爲緣，和合而生。」妄想就是無明，無明是不覺的主因；由於無明風動，首先生三種細相，本論曰：

云何爲三？

三種細相是那三種呢？謂無明業相、轉相及現相。

其一、無明業相，本論云：

一者，無明業相。以依不覺故，心動說名爲業。覺則不動，動則有苦，果不離因故。

無明，就是根本無明。無明風動，本覺受染，而成不覺。本覺之受染，即心意之初動，此初動，名之爲業。業有二義，一是「動作」之意，亦即心動，心中起念，起念則必有苦。二是「業因」之意，起念是招苦的基本原因，如果寂靜無念，就是覺，就不會招苦。所以動作是因，招苦是果，有此因，即有此果，因與果不須臾離也。

關於不動心，不起念，已於前文闡述「無念」時有詳明的解說，這是修行到第十地的最高境界。是故行者不可妄動無明，要「研幾於心意初動之時」，以克制妄念的產生。當知不動心就是覺，就不會招苦受報。

在三細六粗九相中，除無明業相，特別指出業相外，其餘八相，也都有「動作」，都是無明業相，但因另有其他意義，故另立別名，以資區別。

其二、轉相，亦即能見相，本論曰：

二者，能見相，以依動故，能見；不動，則無見。

能見相，亦名轉相或轉識。能是「主觀」的意思，見是「見解」之意。眞如本覺由於無明風起，心意初動，而生業相，其第二步即產生主觀的見解。無明之風不起，就不會有見解。無明之風動，最初是極爲微細的一念，自己的心稍爲動了一下而已。由此微細一念，轉爲見解，但只是心態的轉變，不形之於外部，外人無法猜度，故爲細相。

由業相轉變爲能見相，亦即由心動而生見解，此種見解，其來亦非無因，大都與過去所累積的經驗與學習而成的學識有關。經驗是由生活的體行而產生善、不善、無記（不善不惡）等不同的想法，學識則是接受某種思想而形成的見識；在現實境界中因心動而有見解，必定受其影響，故攝論云：「意識，緣三世境及非三世境」，三世即過去、現在、未來；三世境指現實境界，亦即人間，非三世境則指無爲法的境界。由此可知心之初動所生見解，其影響及於未來。

其三、現相，亦即境界相。本論曰：

三者，境界相。以依能見故，境界妄現；離見，則無境界。

境界相即「現相」，亦名現識。眞心本來是一塵不染的，因業相而有能見相，復因能見相進而妄現境界，是爲由主觀的見解而顯現客體的境界相；主觀的見解是妄，則客體境界的顯現亦屬妄。所以離開了能見相，就沒有境界相。能見相事實上是一種病態，前賢稱之謂「見病」，除去此病，則妄自滅。

關於以上所述三細相，如以鏡爲喻，則鏡體是業相，鏡能照見物體是能見相，鏡有顯現萬物境界的功能是境界相。此三者，由根本無明之妄動一念而成，與眞如俱不相應，稱之爲「不相應心」。

對於如何除去此三細，在首楞嚴經中有很詳細的解說和修習的途徑。如云「性覺無明，妄爲明覺」，即指根本無明；云「覺非所明，因明立所」，即指業相；云「所既妄立，生汝妄能」，即指能見相；云「無同異中，熾然成異」，即指境界相；下復提出世界同異的三種相續，指出「異彼所異，因異立同」，而說明衆生相實際上是無同無異的，個人的六根身體和世界的萬事萬物，無不由一念之妄動而起。（詳請參考拙著大佛頂首楞嚴經正語頁一六三以下各節。）

次述六粗。本論曰：

以有境界緣故，復生六種相。

三細相，是內心的運動；由心動產生主觀的見解，而境界妄現，都深藏在個人內心，不顯現於外部。惟既已生境界相，則主觀的見解，已付之於具體的作爲，亦即以境界爲緣由妄念而起分別，由微而著，可分爲六種情形，稱爲六粗相，依次分爲智相、相續相、執取相、計名字相、起業相、業繫苦相。

於此須注意者，三細相是屬於賴耶識（第八識）的範疇，但六粗相則屬於第六識（意識）的範疇，何以略去第七識（末那）不談？

末那，梵語爲 Manas，譯爲「意」。末那識即意識，此與第六識之意識易混淆，故逕譯爲末那識。末那識是依第六識而生的，雖仍爲意識，但此意識是持業而釋，唯識論曰：「是識聖教別名末那，恆審思量勝餘識故。此名異第六意識，此持業釋，如藏識名，識即意故。彼依主釋，如眼識等，識異意故。」六粗相屬於第六識範疇，略去第七識，有二種意義，賢首大師疏云：「一、前既說賴耶，末那必執相應，故不說。瑜伽論云，賴耶識起，必二識相應故。又由意識緣外境時，必內依末那爲染污根，方得生起，是故既說六粗，必內依末那故，亦不別說。二、以義不便故，略不說之。不便相者，以無明住地，動本淨心，令起和合成梨耶，末那既無此義，故前三細中略不說。又由外境，牽起事識，末那無緣外境義，故六粗中亦略不說。」

末那爲染污根，因其恆常與四種根本煩惱相應，故亦稱爲「染污意」。四種根本煩惱或稱四惑，謂：我癡（愚於我之相而不明無我之理）、我見（即我執，於非我之法妄計爲我）、我慢（即倨傲，持所執之我，令心高舉）、我愛（即我貪，於所執之我，深生耽著）。末那識與此四惑相應，是由意識緣於外境時，必然發生的現象。

不便相，是指意義不相合：前文已述及無明與眞和合成梨耶識相，但末那只有生滅，即識之生或滅，沒有與眞和合的可能，若能與眞和合，則成梨耶。是故在意義上與第八識有不合之處。

云何爲六？

以境界爲緣，能生那六種相？

其一爲智相，本論曰：

一者，智相。依於境界，心起分別，愛與不愛故。

智相，亦是智識，就是分別心，分別事識之一。三細中的境界相，亦即現識，是藏在內心的，內心的境界，依個人之所愛或不愛，或云與己是否有利，或云事之是非順逆等情形，而加以區分；這就是憑個人的智慧，而作判斷。故謂之「智相」。

智相的產生，是依境界而起，內心的境界，是依無明業相而起，故實質上均爲妄染。以是此境界，非屬外來，實爲內發。楞伽經有云：「外實無有色，唯自心所現，愚夫不覺知，妄分別有無。」又云：「不知外境界，種種皆自心，智者悉了知，境界自心現。」即屬此意。

其二爲相續相，本論曰：

二者，相續相。依於智故，生其苦樂覺心，起念相應不斷故。

相續相，亦是相續識，爲分別事識之二。由智相所區分的愛與不愛等境而生起樂與苦的感覺。對不愛的、不利的、拂逆的事產生苦的感覺，反之則生樂的感覺。如此連續不斷的興起此種念頭，相繼不絕，相續出現，故曰相續相。

相續相的連續，其影響所及，能增生煩惱，對於已生的業相，不成熟的能促使其成熟，已成熟的就會受到果報；並由此而引導生活上的起居作息，影響身體的健康，壽命的修短等生死大事。

其三爲執取相，本論曰：

三者，執取相。依於相續，緣念境界，住持苦樂，心起著故。

執取相，亦爲意識，爲分別事識之三。由相續相，對愛與不愛所生的苦樂等境，深生取著，堅持不變，終於產生「我執」之念。

凡夫不知苦樂等境，皆由「心動」而起，實爲妄執。其所造成的結果，不管是合乎自己的意思，或不合乎自己的意思，猶如鏡中的花朵，都是幻覺，沒有實體；執取愈深，妄念愈重，染污亦愈甚。

其四爲計名字相，本論曰：

四者，計名字相。依於妄執，分別假名言相故。

計名字相，亦是意識，爲分別事識之四。依執取相，妄執加深，對於所執著的紛繁的事物，乃建立種種名字言說，例如美醜、好惡、愛憎等，以資區別。由此等賦予的名字言說，因而產生種種紛爭，使人迷惑。所謂「名不正，則言不順」，世人對於「定義」、「公理」、「是非」等等的辯白，幾乎無日無之。楞伽經有云：「相名常相隨，而生諸妄想」，即是依於妄執，而起計名字相，進而造業受報。

在凡夫的心目中，順自己意的，都是善，不順己意的，都是惡，善惡的標準，本來就很難有客觀的取捨，或以惡爲善，或以善爲惡，兩者實皆不定。肇公云：「物無當名之實，名無得物之功；由此名故，不待眼見違順之相，但耳聞善惡之名，便生喜怒，是故目爲計名字也。」所以計名字相實是製造無盡煩惱的根源，也是惑業的開始。

以上四相，皆爲意業，在惑、業、苦三者中，乃是以惑爲門。自此以下，討論造業受報，即業與苦兩者。

其五爲起業相，本論曰：

五者，起業相。依於名字，尋名取著，造種種業故。

起業相，不屬於意識，而是具體的作爲和行動，爲分別事識之五。謂依前述四種意識，發動身口，製造善惡等，作種種業。這便是業，即苦的根源。

其六爲業繫苦相，本論曰：

六者，業繫苦相。以依業受報，不自在故。

業繫苦相，是具體作爲和行動以後，對所造成的結果，應得到的果報，爲分別事識之六。所謂善有善報，惡有惡報是。依所作業而受報，一點也不會減少，或者增加；有一分的耕耘，就有一分的收獲；作一分惡，就有一分苦，作一分善，就有一分樂，報應絲毫不爽。

自己所作的業，由自己承受，書經有云：「天作孽，猶可違，自作孽，不可逭」，即此之意。個人要對自己的行爲負責，逃也逃不了的，即使逃得了一時，也逃不過一世，故涅槃經云：「非空非海中，非入山石間；無有地方所，脫之不受報。」

由動心起念，而造業，而受報，把一個人束縛在不自在，亦即不得自由的境界中，這便是苦。如不覺悟，終不能脫離苦海，三界輪轉，死此生彼，生生死死，永無盡期。

(3) 不覺綜釋

不覺分根本不覺和枝末不覺。根本不覺之「依覺成迷」及「依迷顯覺」皆由於不了解眞如的眞義。枝末不覺分三細相六粗相，充分說明一個人陷於迷的境界之心理狀態，是個人處事其心理發展的順序或其過程。故本論乃曰：

當知無明，能生一切染法。以一切染法，皆是不覺相故。

因不了解眞如的眞義，致成不覺，而生一切染法。染法雖多，但都可以包含在三細六粗之內。三細六粗共有九種相，都可以叫做不覺相。所以不覺是九相的總名，九相是不覺的別名。

三細，是阿梨耶識，是第八識；六粗是分別事識，是第六識。第八識深藏內心，不易察知，故云微細；第六識可概略的顯現於外，故云粗顯。個人處事心理狀態的發展過程或順序，由三細而六粗，茲表列其關係如次：

表四　三細六粗九相表

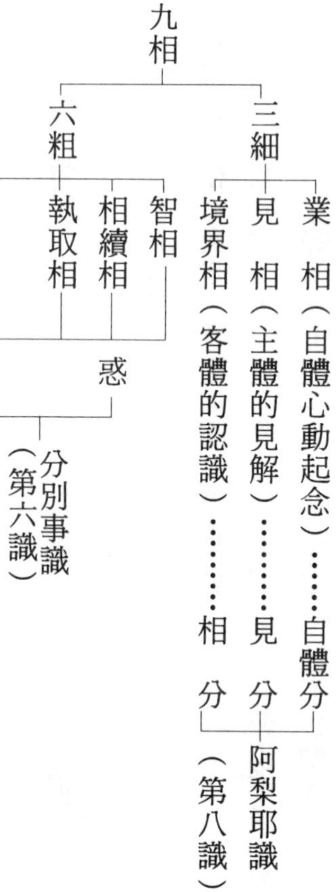

計名字相
起業相——業
業繫苦相—報

上列表中有第八識及第六識，缺第七識，已在前文詳述，不再贅說。

4. 覺與不覺的同異

以上各段，說明覺與不覺。簡言之，覺是淨，是悟，而不覺則是染，是迷。兩者性質絕對相反。但又說「依覺成迷，不離本覺」，其關係如何，不可不辨。

本論曰：

復次，覺與不覺，有二種相。云何爲二？一者，同相；二者，異相。

再者，覺與不覺，有二種相。其一是同相，就兩者相同之點以言，從生滅看眞如，是相同的；其二是異相，就不同點以言，祇論生滅一門，染與淨相對，故不同。

覺是不生不滅，不覺則是有生有滅。不生不滅與有生有滅和合，名爲阿梨耶識。在生滅門中，要說明生滅心的生滅，實際上就是不生不滅，首須辨兩者的同異。

(1)同相

本論曰：

言同相者，譬如種種瓦器，皆同微塵性相。

所謂同相，先舉例說，譬如各種瓦器，若陶製瓶、碗等件，形狀雖不同，但都是微細的塵土製成，其性質皆爲塵土。

種種瓦器，喻染、淨法；瓦器是以塵土爲性，以種種形狀爲相，喻眞如爲瓦器之性。染法，就是不覺的三細六粗；淨法，就是覺的智淨相、不思議相和性淨本覺中的四鏡。但眞如是無相的，是「一法界大總相法門體」，故以染、淨兩法來加以說明。因此可知染、淨兩法都是依眞如一性，由眞如一性而生兩法，這是兩者相同之處。

次再詳述其理，本論曰：

如是無漏、無明種種業幻，皆同眞如性相。

依上述，可知無漏、無明的種種業幻，都同於眞如性相，都是以眞如爲性而生的各種幻相。無漏是指始覺與本覺，無明是指根本不覺與枝末不覺。業即前文所說「心動說名爲業」的業，而凡心動而起的三細六粗九相，都是不存在的，是空的，也就是一種幻象，非實有。所以生滅門中由無明而生的種種業幻，譬如微塵製成的種種器具，不論其精緻粗劣，其性皆爲塵土。種種器具是「相」，塵是「性」，相是幻象，性是眞實，故從眞如的觀點看來，相即是性，是同一物，是同爲塵土製成之物。

用業幻來說明染、淨（即無明、無漏）兩法的不存在，其體本空，有一個很有名的「喻法」。

喻云：如結一巾，幻做一馬。此一箇喻，可分析之爲五點。其一，巾是作馬的所依之物；其二，作馬是幻做者的手藝；其三，幻做者依法作成了馬；其四，所作成之馬不是眞馬，非實有；其五，癡執爲有馬的存在。法云：前喻之其一爲「眞性」；之其二爲「識心」；之其三爲「依他起」；之其四爲「我法即空」；之其五爲「迷執我法」。

綜合言之，巾是眞性，幻作爲馬是起識心，此識心是依馬的幻象而起的，此馬實質上並不存在，且我所識者亦不存在，認其存在只是愚癡的執著。所以染、淨兩法，都是以眞如（巾）爲性，其他都是空的，是幻的。

無漏即是覺，覺有二相，其中之一爲不思議業相，能作一切勝妙境界；無明是不覺，不覺有無明業相，能生一切生死苦樂。但勝妙境界和生死苦樂，莫非業幻，皆不足憑。故從眞如的涵義以言，不論善惡、美醜、聖迷、佛凡、瓊漿玉液與簞食敗糜、高樓華宇與茅舍陋室，均無所異，皆同幻夢。

爲進一步證明上述之理，本論曰：

是故修多羅中，依於此眞如義故，說一切衆生，本來常住，入於涅槃。菩提之法，非可修相，非可作相，畢竟無得。

所以契經中，依照前述眞如的涵義，皆說一切衆生，本來都是具有眞如的，自性常住於涅槃，修習菩提的方法，非修相、作相可以得有成就的。

此之契經，似指淨名經。淨名經有云：「一切衆生，即涅槃相，不復更滅。」就覺與不覺的相同意義而言，一切衆生也就是不覺者，本來有眞如心，本來有涅槃性，無待修持，原即是涅槃的。而眞如的「如」，其意爲「如如不動」，亦爲涅槃之意。既然衆生原可常常停留在涅槃的狀態，則又何須修持菩提？只要不動無明，不覺者即還歸爲覺者。道理是非常簡單的，但要由不覺還歸爲覺，由迷如悟，卻非常困難。

涅槃，梵語 Nirvana，舊譯爲滅度、寂滅、不生、無爲、解脫等。圓覺經云：「以因緣俱滅，故心相皆盡，名得涅槃。」華嚴大疏鈔有云：「譯名涅槃，正名爲滅，取其義類，乃有多方。總以義翻稱爲圓寂，以義充法界，德備塵沙曰圓；體窮眞性，妙絕相累爲寂。」按圓寂梵名爲 Parinirvna，涅槃爲其略名。

菩提，梵語 Bodhi，舊譯爲道，新譯爲覺。智度論云：「菩提名諸佛道。」又云：「菩提，秦言無上智慧。」譯爲道，意謂圓通，如大乘義章云：「果德圓通，名之爲道。」譯爲覺，意爲覺悟，如唯識述記云：「梵云菩提，此翻爲覺，覺法性故。」修習菩提，分事、理兩法。從「理」的方面說，是斷煩惱障而證涅槃的一切智，這是通三乘的菩提；從「事」的方面說，是斷所知障而知諸法的一切種智，這是佛的菩提。佛的菩提，理事兩者必然均通，所以稱之爲大菩提。

一切衆生，如能依本、始二覺修持而常停留在覺的狀態，這就是涅槃相。涅槃相不是可用修習菩提的方法即從事、理兩方面來達成的，質言之，修習菩提，不是爲作涅槃相，而是望能還歸眞如。

修習菩提的方法很簡單，楞嚴經云：「狂心若歇，歇即菩提，何藉劬勞肯綮修證。」但既言修習，則只是就修習的成果以言，事實上，衆生本自涅槃，本來是佛，修習之，即使有成就，也不是新得到的。

衆生本來是佛，何以不能見到佛的報、化二身的色相？本論曰：

亦無色相可見。而有見色相者，唯是隨染業幻所作，非是智色不空之性。以智相無可見故。

這是解答上述問題，雖然衆生本來是佛，但不能見到佛的色相。佛，固然云有報身、化身、法身等三身，然乃爲說明佛理的方便，且法身原若虛空，不可得見。故如有謂見報身、化身之色相，實是衆生隨著自己的染心，起念所成之業，所造成的幻象。既爲幻象，自屬幻色，不是本覺的智色。本覺智色之相，眞空但不空，實有但非有，故無可見。

色相，意謂色身的相狀，現於外而可見者。如來不思議業相，隨根而現，對二乘示現變幻爲化身，對菩薩示現變化爲應身；這種隨衆生心變異所示現的佛陀色相，是屬於下述異相的範疇，在同相中是沒有的。

色，有三種涵義，其一爲「變壞」，凡色（物質）都會起變化，因變化而破壞原來的性質。其二爲「變礙」，凡色（物質）變壞都會對其他物質造成障礙。其三爲「質礙」，凡色（物質）與色（物質）之間，如不有秩序的排列或運行，就互爲障礙。此外，色的一種特有性質，即是可以展現的，是具體的，看起來是實際存在的，而與其他四蘊的受、想、行、識不同，爲便於世俗的理解，故常以此爲例來作說明。倶舍論云：「由變壞故……變礙故，名爲色。」又云：「或示現義。」大乘義章云：「質礙名色。」由於色相乃「唯是隨染業幻所作」，除了報、化二身是幻相以外，即法身亦是幻相，金剛經有云：「若以三十二相觀如來者，轉輪聖王，則是如來。」是以法身亦非相，爲強調這一點，故世尊說偈言曰：「若以色見我，以音聲求我；是人行邪道，不能見如來。」充分說明以生滅心望眞如心的謬誤，生滅心是業幻相，在眞如中是不存在的，生滅心還歸眞如心，則一切皆同，因爲眞如的智相是無相，不是由妄念可以得見的。

(2)異相

本論曰：

言異相者，如種種瓦器，各各不同。如是無漏、無明，隨染幻差別，性染幻差別故。

覺與不覺的異相，以瓦器爲例，雖其本體都是微細塵土製成，但其形狀與用途，卻各不相同，譬如茶杯、飯碗、花瓶，形既異，用亦不同。以此比喻無漏和無明，則無漏是「隨染幻差別」，無明是「性染幻差別」，這是兩者截然不同之處。

無漏通指本覺與始覺，是淨法，即前述隨染本覺的二相和性淨本覺的四鏡，其本體是眞如，但有隨染與性淨的不同。

無明通指根本不覺與枝末不覺，是染法，尤指前述三細相和六粗相。不覺的本體，也是心，但心生滅順序的發展，有如上述的不同。

從淨法方面說，眞如心是「一法界大總相法門體」，原是「平等」的，但「依妄念而有差別」，此妄念即是無明；因無明妄念之起，遂致平等的眞如心亦隨染心而有種種的差別相；

只是隨緣顯現，似有實無，故謂之「幻差別」。再者，淨法的差別，其隨染本覺二相與性淨本覺的四鏡，固有差別，但主要是隨無明（染法）而起的，非由於淨法的自性，故云「隨染幻差別」。

從染法方面說，無明（染法）的自性，本來就有三細六粗九種相，各各不同，三細不同六粗，六粗亦各不同。因無明自性的差別，故云「性染幻差別」。

⑶同異綜釋

綜合言之，覺與不覺的同異相，就是眞如門與生滅門兩者是同屬一心，本不相離。從異相觀點言，生滅門與眞如門是同而異；從同相觀點言，眞如門與生滅門是異而同，同相和異相是不分離但有差別的。同相的反面是異相，異相的反面也是同相，要之，謂一心能攝二門是。

第二、釋生滅因緣。

生滅因緣，在立義分中，已略說，謂「生滅因緣相，能示摩訶衍自體相用故。」即所謂體大、相大、用大，此三者，能「生一切世間、出世間善因果故；一切諸佛，本所乘故；一切菩薩皆乘此法，到如來地故。」以上，已詳細說明「生滅」的涵義，但生滅現象的發生，不是單獨的，一定有其原因和緣故，本段即釋生滅之因與緣，分二段說明，一為生滅因緣的性質和涵義，二為生滅因緣的體和相。

㈠生滅因緣的性質和涵義

本論曰：

復次，生滅因緣者，所謂眾生，依心、意、意識轉故。

依第三章立義分已說，生滅因緣能現示摩訶衍的體、相、用；因此，所謂生滅因緣乃是眾生的心體，依其意及意識的發動，而生的一切法。

心體即眞如，眾生心體即眾生的眞如心，眞如有不變和隨緣兩義，眾生不能守此心「不變」，隨緣而轉，則不生滅心與生滅心和合而成阿梨耶識，這是生滅心發生的根本原因；此根本原因（因），即是根本無明，由根本無明不斷的熏習心體，就助成發生種種紛繁事務的條件（緣）。因此種「因緣」的湊合，阿梨耶識乃產生三細相，即無明業相、能見相、境界相，此爲第一重的「眞妄因緣」。

根本無明是所有染法的根苗，也就是生滅的因；因外部境界的妄象，繼續影響意識，妄象即成生滅的條件（緣），由此「因緣」湊合，產生六粗，因而助成紛繁事務的無限發展，此爲第二重的「妄因緣」。

所謂眾生，其實就是這二重因緣的產物。眾生是眼、耳、鼻、舌、身、意、末那、阿梨耶等諸識的一個單獨的集合體，也是一個因緣的集合體，依心體而轉，在茫茫的時空長流中，生死死生，輪轉不已。對此，賢首大師特別指出「眾生」，乃「諸識生滅，相集而生，故名眾生，而無別體。」（見疏記）。這是賢首大師對眾生獨到的解釋，但是眾生是由十二種根塵輪轉的，故亦可分爲十二類，即卵生、胎生、濕生、化生、有色、無色、有想、無想、非有色、非無色、非有想和非無想等（詳請參閱大佛頂首楞嚴經正語頁三七二），惟本論所指衆生當特指人類而言，因列下面三條件，以作限制：

其一依心，心指阿梨耶的「自相心」，所謂自相心，即不依本覺眞如，不守自性而隨緣轉變的心，而成生滅之因；不覺無明，妄動心體，而成生滅之緣，故曰依心。

其二依意，謂依上述因緣，而生業識、轉識、現識；再由業識返熏無明爲因，妄象爲緣，而生智識和相續識，共計五意，故曰依意。

其三依意識，依意而作更進一步的執取，計名字，即謂之意識，故曰依意識，或曰依第六識。

依上述義，衆生者，謂依心、依意、依意識而轉之集合體也。心是總名，意與意識是別名，此輒與八識之涵義相混淆，楞伽經辨別得最爲清楚，云：

藏識說名心（如來藏識是第八識，名之曰心。）
思量性名意（作意思惟考量的性是第七識末那，名之曰意）
能了諸境相（心作意思量，能了知一切境界的情狀）
是則名爲識（此名爲識，指眼、耳、鼻、舌、身、意等六識）

故五意和意識與八識是不同的涵義，須明辨之。

綜合言之，生滅因緣是第一重的眞妄因緣和第二重的妄因緣。成此二重因緣者，析述之有三種情形：

其一，以眞如爲因，則妄境界皆爲緣；

其二，無明望眞如，則無明爲緣；

其三，無明望境界，則無明爲因。

無明、意轉、意識轉三者各有不同的性質和涵義，依本論順序，分別析述如次：

1. 無明，本論曰：

此義云何？以依阿梨耶識，說有無明。

生滅因緣，是「所謂衆生依心、意、意識轉故」，此一意義爲何？簡言之，是依阿梨耶識，而有無明之故。

阿梨耶，就是上文所說的心，梨耶中的眞如，亦即是生滅的因。生滅心分覺與不覺二義，無明在阿梨耶識乃屬於不覺義，亦即生滅的緣，這是上述三種情形中的第二種：以無明望眞如，則無明爲緣。由此因緣，乃轉而成爲意及意識。

上面這段話是說生滅因緣乃因衆生依心、意、意識而發生的，而其發生又以依阿梨耶識中的無明。可是阿梨耶就是心，何故要特別提出阿梨耶中有無明呢？依照賢首大師疏有三種解釋曰：

其一，由此梨耶，有二義故，謂由無明，動彼眞心，成此梨耶；又即此梨耶，還卻與彼無明爲依，以不相離故。何者？謂依迷起似故，即是動眞心成業識，迷似爲實故，即是依梨耶而有無明也。

其二，以梨耶有二義，謂覺（與）不覺，前別就本說（意謂覺即是本，依本起末故），故云依覺有不覺。今就都位論（意謂從眞妄和合以言，如風動水成波，風和水俱在波中）故云依梨耶有無明也。此即二義中不覺之義，正在梨耶中，故說依也。

其三，此中正意，唯取眞心隨緣之義，此隨緣義，難名目故（意謂隨緣中具未起已起之義，難以一義目之。所謂未起，指未有梨耶時說；所謂已起，據已有梨耶處說）。或就未起說，依眞如有無明，或約成就已起說，依梨耶有無明。

以上三種解釋，對於「依阿梨耶識，說有無明」的說明，可互相補充；也唯有互用此解釋，才能充分說明無明在阿梨耶識中的涵義。

2.意轉　意，分爲四種識相，五種名，最後結論，歸於一心。先明四種識相，本論曰：

不覺而起能見、能現、能取境界、起念相續，故說爲意。

依一心即阿梨耶識而說有無明，無明亦即不覺；因無明熏，心體隨有變動，依變動的順序，而起四種識相，即能見、能現、能取境界、起念相續；亦即前文所說的能見相、境界相、智相和相續相。由於此一心之動，轉成四種相，故名爲意，實則可名爲「意轉」。

不動心，是在本覺中；動心，即陷於不覺。故生滅因緣，最基本的原因是動心，所謂妄動無明，將原來的淨心轉而成爲染心。眞性受染而迷，此心即成妄心，這是依根本不覺中的「依覺成迷」而說的；由根本不覺而生的妄心，發展成爲枝末不覺中的「三細相、六粗相」。眞性受染而迷之造成的緣由，起於一個「似」字，在修持中，自認爲此心「似」不動，「似」

平常一樣，在一種微細的狀態，不斷的流轉，終於不能把持自心，陷入不覺；所以「動心忍性」是一步修持上極為重要的功夫。賢首大師將依根本不覺而起妄心，簡約為「依迷起似」，依妄心而起枝末不覺，簡約為「依似起迷」，以便記憶。

能見，是因心動，阿梨耶返熏無明，對於不了解的事或理，為增加其了解，用本覺中原有的智慧，轉而成為能見的妄見，叫做轉識。

能現，是依轉識的妄見，妄現自所想像的境界，以為眞實，叫做現識。

能取境界，是依現識中的妄境界，不以為妄，而加以分別，愛好者取之，不喜者捨之，叫做智識。

起念相續，是依智識，對所取境界，念念不斷，叫做相續識。

以上四種識，連同無明業相的業識，稱為「五意」。前三識，即是三細相；後二識，即是六粗相中的前二相。五者相互依賴而生，即有業識，方有轉識；有轉識，方有現識；有現識，方有智識；有智識，方有相續識。此等相互依賴而生的情形，稱為「依止」。

五意亦即五意轉，亦可謂之心理發展過程，本論復廣作解釋，以示其重要性。本論曰：

此意復有五種名，云何為五？

意，有五種名，那五種呢？

一者，名為業識。謂無明力，不覺心動故。

其一是業識。所謂業識，是說因無明之力，而使覺成為不覺，成為不覺是因心動之故。

此之無明，指根本無明。心不會自己起動，必假外力，外力即是促成心動的緣因或條件。譬如水是靜止的，無風便不會起浪；風力即是緣。覺是不動的，不動便無相；不覺是動，動就有相；動即業義，業則繫苦。

二者，名爲轉識。依於動心，能見相故。

其二是轉識。所謂轉識，是依前業識的心動，轉成能見之相。轉識有二種情形，若無明所動，從內而起，轉成能見相，這是屬於本識的轉，在三細的範疇，稱爲轉識。本識，是阿賴耶十八名之一，是有爲法、無爲法及一切法的根本。從內而生的心動，譬如泉水自地層湧出的波浪，此爲一。另一種是心之動，爲外間的境界所促成，這屬於事識，就不在三細的範疇，而相當於六粗中的智識。事識，爲分別事識之略稱。由外間境界而生的心動，譬如風之吹縐一池春水。本段所說的轉識，應爲在本識中的轉識。

三者，名爲現識。所謂能現一切境界，猶如明鏡，現於色像，現識亦爾；隨其五塵對至即現，無有前後；以一切時任運而起，常在前故。

其三，是現識。所謂現識，是依前轉識的能見，進而展現其「能現一切境界」的功能。所現的一切境界，是心體受無明的熏染，忘失眞如，因此所現的境界，是妄心生起的妄境，不是實有的。心體猶如明鏡，鏡中所現的境界，只是境界的反映，顯示其影像而已，是「本來無一物」的，現識亦復如此。心體對於經常出現在四周的五塵，如色、受、想、行、識種種境界，隨時會如明鏡一樣，立即反映顯現；從空間方面說，沒有前後之分，以時間方面說，則任何時都不會失去其映、顯的功能。現識，屬於三細的範疇。對於所現的一切境界，除五塵外，依瑜伽論說，還包括「五色根及根依處」、「種子」、「器世間」等三類境界。此三類境，皆爲第八相分所執受。

所謂第八相分執受，第八，指八識中的第八識，即阿賴耶識或阿梨耶識（Alaya-vijnan）。相分，謂心體變爲所緣的境相。第八相分就是阿賴耶識所緣的境相。執是包涵、保持之意義，受是接受境界之相。在前述三類境中的種子之義，依仁王經軌謂「引生義、攝持受」，則種子之義與執受相同。演繹之，種子之義可分三，其一謂攝爲自體，其二謂持令不散，其三謂領以爲境。以此之義來評量根身及器世間，則根身不能「攝爲自體」，器世間即山河大地等一切境界，只能「領以爲境」，故俱非執受，而唯第八相分之種子，方能克當其義。亦因此理，但舉五塵爲「對至即現」，不及根身及器世間。

再者，此之第八相分執受，是現識的特有性質。爲其餘七識所無，不但一切時常在前，且相續不斷。眼、耳、鼻、舌、身、意六識，都會斷滅；第七識末那，雖淨分不斷，但以染分言，亦成斷義；而心體一旦受無明熏，即在迷境，故「先有」此現識，諸法於焉生起，成爲諸法起生的根本，末那識則無此義。現識復因「持令不散」，故相續不斷，乃生起智識。

四者，名爲智識。謂分別染淨法故。

其四，是智識。謂不了解現識所映現的境界，而作微細的區別，何者爲淨法，何者爲染法，因而生起法執；區別淨染，須憑智慧，故云智識。這是屬於六粗的第一相，即智相。

五者，爲相續識。以念相應不斷故。住持過去，無量世等善惡之業，令不失故。復能成熟現在、未來苦樂等報，無差違故。能令現在已經之事，忽然而念，未來之事，不覺妄慮。

其五，是相續識。謂依前之智識，繼續細分淨、染的心境，念念相應不斷，長時相續，自心持續不斷地評析，歷久不忘。這是屬於六粗的第二相，即相續相。在三細相中，心境未分，念不相應；經智識微細區別以後，取以爲境，則念與法執相應，故能長時相續。

相續識的功能有二：

其一是能起潤惑。謂能住（留住）持（任持）過去無量世的善惡之業，不會失散。對於過去無明所發的業行和種子，未成熟者，因相續識的不斷以惑滋潤，而使之成熟，這便造成了未來果的「有」。「有」是未來甚至未來世所感應的果，也就是業行和種子的變異。但如相續識不以惑潤之，則此業相當可銷亡。例如植種子於土，無水就不會發芽成長，自然焦枯。惑乃指自心的偏愛，像貪、瞋、癡等惡業，以水喻之，則名愛水，因水有滋潤的特性故。是以欲斷未來的「有」，唯有斷「惑」。

其二是能起潤生惑。謂滋潤已成熟的業行，能感報相應，行善業者得樂報，行惡業者得苦報，絲毫不爽。本論曰「復能成熟現在、未來苦樂等報，無差違故」，即是此義。現在報，即現世報；未來報，即今生報及後生報。過去、現在、未來三世的業果，由因生果，復由果生因，流轉持續不絕，皆由於相續識之起潤生惑。

種子有「持令不散」的特性，現在的業行，固必不忘，過去的業行，亦念念不忘，甚至於「忽然而念」及過去世之業行，或妄自慮及未來之業行，是均為相續識的功能，也是種子在相續識所發生的作用。

關於「意轉」的說明，本論的結語曰：

是故三界虛偽，唯心所作。離心則無六塵境界。

綜合起來說，一切事情的發生，包括欲界、色界、無色界三者，其發生的根本源頭，歸於一心的發動。一心隨無明之動，而有業識、轉識、現識、智識、相續識，三界一切事情的發生，不會超出此五意，而五意則唯依一心。

由一心所展現的事物，似乎是存在，實質上並不存在；因為展現的事物，隱藏在心，其體不實，故曰虛。不存在的事物而欲展現其存在，則其所造作者必為偽物，雖能具體的顯示，但一定是依一心的意轉而作，其實並不存在，故曰偽。簡言之，虛是「有即非有」，偽是「不有而有」。三界諸法（萬事萬物），隨著無明的熏蒸而展現，全無真實，只是一心的運作而已；正如楞嚴經所說：「諸法所生，唯心所現。」

無明的熏蒸，由業識而轉為現識，可說是由微細的一心，涵括了整個的宇宙的運作。因為一心包含了最為重要的「種子」，五根即眼、耳、鼻、舌、身等，其動作，必然影響世間或外界周遭的一切。最近有所謂「渾沌理論」，謂北京一隻蝴蝶的振翅飛行，可以影響紐約氣候的變動，說明世間萬事萬物的相互依賴性。蝶翅的振動是非常微細的動作，一如業識之起於無明的熏蒸，故一心之作，由主觀的思惟，及於客體的種種，而楞伽經早有偈曰：「從於無色界，乃至地獄中，普現爲衆生，皆是唯心作。」說明宇宙萬有，唯心所作。

　此外，關於「有即非有」和「不有而有」，前賢有一個很好的比喻來加以說明。例如一條繩，繩是「有」，但體是蔴，故繩是「非有」；繩的形狀似一條蛇，實體是繩不是蛇，故曰「不有」，但繩是實際上存在的，故曰「有」。嚴格的說，繩和蛇都是妄相，都不存在，其實體是蔴。質言之，凡爲無明熏蒸而展現的萬事萬物，皆是虛僞的妄相；因此，從阿梨耶識開始發展的萬象，必然也是虛僞，只有一心眞如，才是眞實的，才是實相。

　只有一心才是眞實，離心就沒有眞實的境界，盡是虛妄相，故由眼、耳、鼻、舌、身、意六根所對的色、聲、香、味、觸、法六塵盡是虛僞妄相。所謂「心生、種種法生」，而此所生之法，皆不存在，一切由識而起；而識則猶如幻夢，夢去境空，仍唯一心。以是六塵境界，皆爲幻境，離此識心，六塵皆不存在。

此義云何？

　六塵既不存在，只唯一心，但如若只唯一心，境又如何而有？而且此一心，不可得見，乃是「性淨明體」（楞嚴經正語頁九後參照），既而有境，則何由而見，云何唯是一心呢？

本論答曰：

以一切法，皆從心起，妄念而生。一切分別，即分別自心。心不見心。無相可得。

　這是因爲世間萬事萬物，眼所見，耳所聞，鼻所嗅，舌所嚐，身所觸，意所生法，都是此心受無明的熏蒸而受染污而起；換言之，六根所對的事物，都是心受染污而產生的妄念。

妄念又何以會產生萬事萬物呢？這是由心動起業識、轉識、現識、智識、相續識的作用而產生的。妄念是受染污的心，賢首大師釋之爲「異心」，一切法（即萬事萬物）皆由異心的妄念而作種種分別；所以做「一切分別」的，不是眞心，而是異心的識，也就是眞心隱而異心顯，個人的行爲，隨「意」而轉，造成世間諸般錯綜複雜的各種幻象。眞心是一「淨明體」，朗明皎潔，纖塵不染，既不能自見，亦無他可見，故云「心不見心，無相可得」。

綜言之，眞心是不動的，無自見，無他見，亦無相；生滅的緣起，皆係無明風動，如無明風滅，則識浪亦滅，一切歸於平靜，異心復歸眞心。故本論復曰：

當知世間一切境界，皆依眾生無明妄心而得住持。是故一切法，如鏡中像，無體可得。唯心虛妄。以心生則種種法生，心滅則種種法滅故。

所以應當了解世間所展現的一切境界，莫不是依衆生的根本無明，熏蒸妄心起五識而形成的。一切境界，除了一心以外，都無實體，好像鏡子中所現的影像一樣。境界是心所顯現的，如果心受染污，成了異心，一切事物的展現，當然也是虛妄的。

所謂「心生則種種法生」，謂一心不受染污，不會自生一切境界，乃因無明風動，致心體隨熏而成，故云心生。所謂「心滅則種種法滅」，謂心體還原，復歸眞如一心，破和合識相，滅相續心相，風停浪息，故云心滅。由「心生法生，心滅法滅」的原理，可知心是實體，法是妄無體；眞如一心是萬事萬物生起的根本「因」，無明風動而造成生滅心的無明是「緣」；由此生滅因緣和合的道理，成就了「色、心」諸法；而諸法無性的意義，也更爲明顯，眞如隨緣不住的道理，也更爲曉暢。

3. 意識轉　在前段意轉中討論的是業識、轉識、現識、智識，亦略提及相續識。本段則就相續識作深入的討論，將相續識名之爲意識轉，以別於前述的四識。本論曰：

復次，言意識者。即此相續識，依諸凡夫，取著轉深。

最後，討論意識轉。意識，亦即相續識，前述五意，亦略及相續識，但均只能名之爲意，因相續識雖由智識意轉而來，然不過是意之轉，是心理狀態的自然演變，由細相入於粗相的一個環節。而此之相續識，則謂將生起人我之分，並有貪、瞋、見愛等粗惡煩惱，更進而生起執取相和計名字相，乃至起業相以及業繫苦相；故已離開了前三意的細相，由對萬事萬物之分別的執著，而進入粗相有人我之分別的我執。

凡夫是指芸芸衆生，亦即在「十信」以前的「外凡」和十信以後的「內凡」，前文已詳爲說明。凡夫從「自以爲是」的智識，持續不斷地起分別法執和分別我執，將自身的作爲，具體地表現於外部，而致愈陷愈深，不能自拔。這就是「意識轉」，由看不見的業識、轉識、現識，「轉」而爲意識。不修習佛學的凡夫，大抵如此，故云取著轉深，意即一心追求妄境，著於妄境，轉而爲極「粗」的業繫苦相。

何以謂智識是粗相？乃因智識對於事物的分別，產生了執著的意，名爲「分別法執」，但還沒有具體作爲表現於外，故雖爲粗相，而仍不離細相的範圍，因可謂之「粗相中的細相」。嗣由智識而生起相續識，由「俱生法執」而生起「分別我執」，則具體作爲展現於外，完全脫離細相的範圍，因可謂之「細相中的粗相」。這一點的差異，非常重要，對此有警覺的，可進入三賢二乘的位次，否則就是凡夫。

計我我所，種種妄執。

凡夫之所以迷惑於妄境，其病根在於「計我」和「我所」，不了解除心之外，莫非妄境的道理。以為自己的身體就是「我」，對「我所」看到的事物，以為都是眞實的。因此把眼、耳、鼻、舌、身、意所接觸到的「六塵」，都認為眞實，而起「分別法執」和「分別我執」，進而產生「事識」，卻在不知不覺中陷入了妄境，妄生種種對事物的執著，這就是執取相和計名字相。

隨事攀緣，分別六塵。

因執取相和計名字相，妄生種種六塵境界，加以分別，就會隨著這種種事物，不斷的賦予各種名字，見愛執著；甚至於對於原來是苦的事，認為是樂；原來是不淨的，認為是淨；世事原來是無常的，是不斷的演變著的，卻認為是常；肉體的我原本也是不存在的，都認為是存在。種種與佛說眞正的道理相反境界，攀緣附會，皆由此六塵為緣而起。

此之攀緣，意謂眞如心本來是不變的，其變或其動，必有相對的境界，例如六塵，皆屬攀緣而起。攀，如人不良於行，則持杖而行，持杖就是攀的意思，唯持杖方能由此方而行於他方也。緣，如心是主體，境是客體，心馳於境，謂之為緣；故前賢釋攀緣曰「心為能緣，境為所緣」，其重點在一個緣字。也是指心的不穩定性，忽而在此，忽而在彼，猶如猿猴的攀樹援枝跳躍而行。

人身是一個整體，但有眼耳鼻舌身意，分具六種功能，稱之謂六根；六根功能在分辨色聲香味觸法，稱之爲六塵。凡夫就是愛好六塵，不時分辨六塵而寖淫其中，貪著其事。可是一般人，不明瞭這個道理，終日營苟，貪戀幻境，最後一無所得。

名爲意識，亦名分離識，又復說名分別事識。

綜合以上「即此相續識，依諸凡夫，取著轉深，計我我所，種種妄執，隨事攀緣，分別六塵」等，名之謂意識。在「意識」中，可「轉」出眼耳鼻舌身意等六識，由六識能分辨六塵；六根六識是屬於內在的，六塵則屬於外境，內緣於外，交相馳騁，此如來藏心就如野馬之奔騰，一發不可收拾，而騖於分辨事物，愛者執之，不好者捨之，故亦名爲分離識，又因其能隨事攀緣，對現在事，忽然起念，過去事，念念不忘，未來事，籌劃規擬，故復名爲分別事識。

此識依見愛煩惱增長義故。

此意識或分離識或分別事識，會依見、愛、煩惱三者不斷增長。

見，梵名 Darsana，謂思慮、推求、審詳而決擇事理。見惑，指各種妄見，作不正確的分析，計度道理而造成我見、邊見等妄惑。如能斷除見惑，照見眞理，即了澈無我、無常等正確道理，摒除常見、我見等邪想，則爲了卻生死的第一步。見惑是不明眞理，故亦名「理惑」。

愛，是貪、染之義，而貪、染則皆由心所造作；心的造作，謂之思（梵名Oint）；故愛也就是思惑，指對貪、瞋、癡等的迷戀而思慮世間事物所起的妄惑。如能斷除思惑，不迷於色聲等事物，思惟修習眞理，則同爲了卻生死的第二步。思惑是迷於事物，故亦名「事惑」。見惑猛利，斷見惑猶如破石；思惑柔鈍，斷思惑如斷藕絲。斷見惑之位，謂之「見道」；斷思惑之位，謂之「修道」。見思二惑俱斷之位，謂之「無學道」。

煩惱，梵名Klesa，指貪、欲、瞋、恚、愚、癡等惑，煩心惱身。唯識述記曰：「煩是擾義，惱是亂義，擾亂有情，故名煩惱。」煩惱有「根本煩惱」和「枝末煩惱」二種，跟本煩惱能生枝末煩惱，大乘義章曰：「本爲末依，名之爲住；本能生末，稱之爲地」，故名爲「住地」。住地的煩惱有五種：

其一曰「見一處住地」，謂身見等三界的見惑，入見道時，斷於一處。

其二曰「欲愛住地」，謂欲界的煩惱中，除見與無明，其中愛著之咎最重，故特表愛之名。

其三曰「色愛住地」，謂色界的煩惱中，除見與無明，其中愛著之咎最重，故特表愛之名。

其四曰「有愛住地」，謂無色界的煩惱中，除見與無明，其中愛著之咎最重，故亦特表愛之名。何謂「有愛」？此之「有」，指生死之義以及無色界之愛於生死的果報，乃愛著的最終者，故名。

其五曰「無明住地」，指三界一切無明。無明爲癡闇的心體，心無慧明，乃一地煩惱的根本。

以上五者，稱之爲「五住地」或「五住地惑」或「五住地煩惱」。茲表列如次，以明其關係：

表五　五住地煩惱表

煩惱	枝末煩惱	見惑	三界	見一處住地
		思惑	欲界	欲愛住地
			色界	色愛住地
			無色界	有愛住地
	根本煩惱		三界	無明住地

由於見、愛、煩惱三者熏習，使「意識」不斷的增長，不斷的轉換，由智相轉爲相續相，繼轉爲執取相、計名字相而迄於起業相，成就現行，造作爲業，終繫於苦。以是名之爲「意識轉」。

㈡生滅因緣的體相

*1.*緣起甚深，本論曰：

依無明熏習，所起識者。非凡夫能知，亦非二乘智慧所覺。謂依菩薩，從初正信，發心觀察；若證法身，得少分知，乃至菩薩究竟地，不能盡知。唯佛窮了。

在上段生滅因緣的性質和涵義中，詳細地說明了三細六粗等九相，最初是依無明的熏習而起業識，而成轉識、現識、智識和相續識，最後因相續識的「取著轉深」而成意識。但是，此一緣起，實在是非常深奧的；凡夫即使已修完十信位，固不能知；即二乘的智慧，以只在相似覺的位次，亦只能知意識；因爲在意識中的五住地，二乘只知其四，而不知無明故。菩薩的修行，從正行開始，修行十信之初，其發心之時，已可觀察到本識、自性與緣起因果之體；但此之觀察，只是比度，尚未親證；緣起因果之體，即眞如，因即無明，果即本識的三細相。若菩薩證得法身，即已去初地，也只是稍有所知，甚至於到了究竟地即十地，也不能完全知。唯有佛如來，生住異滅四相俱了，五住地惑盡，才得窮源了當。可見生滅因緣的體相，甚爲深密。

何以故？是心從本以來，自性清淨。而有無明，爲無明所染，有其染心。雖有染心，而常恆不變。是故此義，唯佛能知。

何故呢？因爲眞如心從本以來，就是清淨的；但因有了無明，心體被無明所熏染，遂有了染心，此謂之「即淨而染相」；可是自性的心體，非自染，是因無明熏習不守清淨而成染的，故亦可謂之「不染而染相」。雖有染心，但心體的清淨仍常恆不變，即使成染亦清淨如故。如鏡中現穢，鏡體不穢，鏡體是隨緣示現，本體清淨不動如故，此即所謂「即染常淨相」。染淨二義，言其淨，有三細六粗等九相；言其染，又謂眞心不變；可說是十分微妙深奧，甚難了別，故云唯有修行到佛境界，才能澈底了知。

2.緣起差別

⑴染心緣起根源。本論曰：

所謂心性常無念故，名爲不變。

前述緣起甚深之義，大致可將生滅因緣的體相，分爲三點：一是自性清淨的「眞如」，是緣起的體；二是緣起之因的「無明」；三是緣起之果的「染心」。由染心亦即妄心而開展染淨各種不同的差別相，形成世間萬有，故染心是緣起的根源。

眞心的本性是靜止不動的，故云「無念」，而無念即是「覺」，既常無念，就沒有「不覺」；既沒有不覺，則此心不動，不動則此心靜止，即名「不變」。

以不違一法界故。心不相應，忽然念起，名爲無明。

眞如是「一法界大總相法門體」，因爲不了解此理，即此心與眞如「絕對平等、不變」之理不相應，亦即不如實知眞如法唯此「一」故，而忽然無端起念。此「忽然無端起念」，名之曰「無明」，意即此心失去了「明」而成迷，明即是覺，前已述之。這是染心緣起的根源，也是染心緣起的原因。

⑵染心差別之相

前文已說明根本無明熏染眞如本體，成阿梨耶識，此則說明根本無明發生的原因，兩者有所不同。

所謂「心不相應」，是指根本無明與「心王」、「心數」（或云心所）不相應。心王，謂可了別所對之境；心數或云心所，謂心所對之境而起貪、瞋等情。大日經有云：「安住心王，等同虛空」，是亦不動之義。但「忽然念起」，則是安不住心王，乃起塵沙之多的心數，因而生起對萬事萬物的分別。

對萬事萬物生起分別的念，除了此心以外，別無其他可生染心，故此無明，亦謂之「無始無明」。

至所謂「忽然念起」的「忽然」，不是指「突然」，乃是指再無在無明之前會生染心，故染心的生起，是三細的第一位次，最爲微細。染心之相分六。本論曰：

染心者，有六種。云何爲六？

爲無明所染的染心，可分爲六種相，有那六種相呢？這是依三細六粗九相的相反順序排列的，即由粗相至細相逆次而述，但因斷此染心，係爲二乘三賢修行方便，故將計名字相、起業相及業繫苦相，論列於執相應染中。

一者，執相應染。依二乘解脫，及信相應地，遠離故。

其一是「執相應染」，這是六粗中的執取相和計名字相，也就是以上所述的意識，見、愛、煩惱等增長之處。因爲執取相和計名字相，使此心觀察外界境物而生見、愛、煩惱，亦即原本清淨的心，與境相應，因而染污自性，故云。聲聞、緣覺亦即二乘，要能斷盡此見、思兩惑，才能達到無學之位，而得解脫。

二乘，即名爲聖；斷盡見、思兩惑而無明惑未盡，則只能名爲賢，由於修習完成十住、十行、十迴向，雖名爲三賢，而實已趨向菩薩之位修行。仁王護國經疏曰：「十住、十行、十迴向諸位菩薩，皆稱賢者。」

信相應，是說菩薩歷經四十一位的修行，信根成就而得解脫，不會退失既已修得的成果。四十一位修行即十信、十住、十行、十迴向，在加上最初的「乾慧地」。在修行十地以前的菩薩，總名爲「信行地菩薩」；此菩薩再不會有見愛、煩惱，故曰「遠離」。

二者，不斷相應染。依信相應地，修學方便，漸漸能捨，得淨心地，究竟離故。

其二是「不斷相應染」。此即五意中的相續識，六粗中的相續相。由於法執相續，生起不斷，故不斷亦爲相續之義。依信相應，菩薩遠離見、愛、煩惱，已得人空，在三賢位中，修唯識觀，尋伺方便；亦即於修畢四十一位後，續修「四加行」，以期善能通達佛理，生大喜樂，進入「十地」的初地「歡喜地」。在此修行過程中，便漸能捨去內外的塵垢，法執、分別等意識，皆不得「現行」，此心皎潔明淨，故云「得淨心地」。淨心無有塵垢，是因爲見、愛、煩惱已徹底的遠離。

所謂「現行」，即是「種子」，亦曰「隨眠」。阿賴耶識有生一切法的功能，謂之種子，種子生色心之法，謂之現行，所生之法亦謂之現行，故現行亦法之略義。隨眠意謂隨逐有情，眠伏藏識，依唯識之義，指諸惑的種子，隨逐於人，眠伏於阿賴耶識中。依有部之義，指貪、瞋等煩惱，隨逐有情而不離，但煩腦等狀體，幽微而難了知，猶如睡眠，故名「隨眠」。唯識論曰：「隨逐有情，眠伏藏識，或隨增過，故名隨眠。」

菩薩修唯識觀，成就無漏智相，不得現行，至此法執、分別意識，永得除滅。

三者，分別智相應染。依具戒地漸離，乃至無相方便地，究竟離故。

其三是「分別智相應染」。此即五意中的智識，六粗中的智相。因爲菩薩修行至初地歡喜地，已證正位，再繼續修行「戒、定、慧」三學，對於世、出世間以及染、淨等諸法，均善能了別分辨，故云「分別智」。

此際，菩薩修行即進入十地的第二地「離垢地」，本論中謂之「具戒地」。之所以謂之「具戒」，因三學中「戒」在最先，初地中雖然已證眞有戒，但未能無誤，必須繼續精進，破除清淨本然中的微垢，故須由離垢地向三地「發光地」、四地「燄慧地」、五地「難勝地」、六地「現前地」以迄於七地「遠行地」，復一分一分的斷除微細法執，使己心與佛心間的界限，完全泯除，唯剩一眞如本心，即一眞法界。菩薩住於此地，根身器界，一塵一毛，皆不動不搖，是已進入八地「不動地」。（本段文字，涵義甚深，簡要的可參考大佛頂首楞嚴經正語頁三九三至三九四，詳細的可參考華嚴經疏鈔會本十地品卷一百五十以下）。

由具戒地以迄於不定地的修行，微細法執漸漸遠離，也就是「染」漸離去，倘若還殘留有一分「染」，則不但不能證入七地，且離證八地還很遙遠。這是大乘菩薩的修行與二乘修行不同的地方。

依華嚴經，七地名方便，八地名無相；略以七地於無相觀，有「加行方便」，至八地則「眞無功用道」，純入無漏觀。故菩薩自具戒地精進修行，持戒波羅蜜，漸漸遠離一切犯戒垢，最後終必可證八地，故云「究竟離」。

四者，現色不相應染。依色自在地，能離故。

其四是「現色不相應染」。此即五意中的現識，三細中的境界相。依根本無明，動此淨心，能出現多種境界；但菩薩修行至此，已達第八地，淨心雖動，而因已得三種世間自在，色性隨心，無有隔礙，故云「色自在地，能離故。」這是因為色是自心所生，自心不生色，色即不存在；自心認色是無限大，就有無限大，是極為微細，就極為微細；也可以「一念超過囊衆行」，也可以「一念分身遍十方」（兩句均出自華嚴經十地品頌）；色與心互不相妨，自心與他心無有分隔。

所謂三種世間自在，是說菩薩住於八地，觀粗細之色，無不通達，悉能了別。三種世間，指五陰世間、衆生世間、國土世間；謂菩薩得色自在，現識不復存在，於此三世間，悉無妨礙。

五者，能見心不相應染。依心自在地，能離故。

其五是「能見心不相應染」。此即五意中的轉識，三細中的能見相。依根本無明，心動能見。菩薩修行至此，已達第九地。是即心雖動而確知此心之動，不外衆生的「十一種稠林」，故無所謂見與能見，使此心得以自在；就自心以言，得四十種「無礙智」，就他心以言，則善知衆生心態的差別。

稠林，依華嚴經疏鈔曰：「稠林者，多故名林，難知曰稠。」惟「稠」字依義釋是衆多、濃密之意。十一稠林，依華嚴經謂「衆生心稠林、煩惱稠林、業稠林、根稠林、解稠林、性稠林、樂欲稠林、隨眠稠林、受生稠林、習氣稠林、三聚差別稠林。」衆生心稠林是總名稱，以下各稠林是別稱，故亦曰「十稠林」。九地菩薩善知衆生往來所趣，及心所行的十種稠林，故云心自在。這是依他心得自在而說的。

四十無礙智，依華嚴經，指十種四無礙智。無礙又云無閡，如維摩經曰：「心常安住，無閡解脫」，意謂自在通達，即身成佛，義曰：「無礙者，涉入自在義」；又如往生要集曰：「我所有三道，與彌陀佛萬德，本來空寂，一體無礙」，意謂身在融通而為一體。無礙者，乃謂佛智之通達自在。四無礙智，依華嚴經十地品謂「法無礙智、義無礙智、辭無礙智、樂說無礙智。」十種或云十種相，依世親判十相，謂自相、同相、行相、說相、智相、無我相、業相、因相、果相、住持相。四無礙智俱各有此十相，故云四十無礙智。這是依自心得自在而說的。

礙，就是「障」，就是「染」；無礙，就是離開了障染。不離障染，不會產生智慧，亦即不自在，便永遠不能進入佛的境界。九地菩薩證得了這一點，故能離礙，得心自在地。

六者，根本業不相應染。依菩薩盡地，得入如來地，能離故。

其六是「根本業不相應染」。此即五意中的業識，三細中的業相。前文已述以無明力，不覺心動而起業，菩薩修行至此，已達第十地，楞嚴經曰：「是諸菩薩從此以往，修習畢功，功德圓滿，亦目此地名修習位。」如再順行而往，則入等覺、妙覺的無垢地，亦即如來地。

在十地修畢，心定如金剛之堅，是指微細習氣，心念都盡，故謂之金剛心菩薩，或無垢地菩薩，亦稱之謂等覺佛。

以上討論染心差別之相，綜言之，六種染心的前三種染即「執相應染、不斷相應染、分別智相應染」三者是與第六識（意）相應的染，故名爲「相應染」；後三種染即「現色不相應染、能見心不相應染、根本業不相應染」三者與第六識不相應，而爲與第八識（梨耶）相應的染，故名爲「不相應染」。其次第是從粗到細，好比洗滌衣物，顯而易見的污穢（粗），容易除去，可先除之；隱而不現的污穢（細）不容易除去，要慢慢的除，並且要用力的除；所以除「粗」容易而除「細」不易。

本論中，詳爲討論「三細、六粗、五意、六染」，已列表如表四，再補充說明三點：

其一，三細六粗九相是說明迷妄發生的順序，由細而粗，亦即心性起動的過程；五意及意識是說明迷妄中的因緣，亦即心性起動的因緣；六染則是說明把迷妄的染心按照順序一一除盡，由三賢二乘而達到金剛心菩薩的果地。

其二，三細六粗五意是由細到粗向下墮落，稱之爲「流轉門」；六染則是由粗到細的向上開悟，稱之爲「還滅門」。

其三，三細六粗九相中的業繫苦相，是苦報，其結果，依所作業而決定，故非可斷；六染則是招致苦報的原因，故非可與之配合。再者，起業相，也是招致苦報的原因，但不能列入六染。

(3)無明治斷次第

前文本論曰：「所謂心性，常無念故，名爲不變。以不達一法界故，心不相應，忽然念起，名爲無明。」茲續述治斷無明的次第，本論曰：

不了一法界義者。從信應地，觀察學斷，入淨心地，隨分得離，乃至如來地，能究竟離故。

由於不如實知眞如乃是「一法界大總相法門體」，心性不生不滅的道理，凡夫俗子，只好從十信開始修行；從「信相應地」觀察學習斷除無明，漸次而入淨心地；一分一分的滅除無明，可依照菩薩五十四位修行的次第，最後到達等覺位次；而至如來地，無明就完全斷盡，究竟離開了無明，六染盡去，恢復了自性清淨心。

(4)相應與不相應，本論曰：

言相應義者，謂心、念法異，依染淨差別，而知相、緣相同故。不相應義者，謂即心不覺，常無別異，不同知相緣相故。

相應，在六染中的前三染即執、不斷、分別智三者稱爲相應染，此三者均屬粗。相應的解釋有二種，其一從「王、數」釋，「王」即心王，「數」即心數亦即念法。心王與念法不同，謂之相應。「心王」與「心數」，前已略述，茲再作補充說明。心王，意即心的主作用，對於心數能發生助作用即爲能了別所對的境界，而起貪、瞋等情。所謂「心數」，新曰「心所」，是爲心能遍行於六位心所，而六識中，心的法數亦有多少之不同，故名心數，總名之曰念法。心王與心數（念法）不同，如心對境，兩者不同，因而起不同之念，是即心與境相應。其二從「染、淨差別境」釋，境界有染有淨，境染起染解，境淨起淨解，心所知相，與境無有差別；心所緣相，與境亦無差別；故云「知相、緣相同」，同就是相應。

「相應」，即契合之義，梵語有二，其一曰Yukta，如言事物之契合，謂心與心所相應；其二曰Yuga，謂契合於理，如瑜伽論瑜伽宗之名及三密相應，境智相應，境、行、果三種相應等。本論亦云：「以離念境界，唯證相應故」。

不相應，在六染中的後三染即現色、能見心、根本業三者稱爲不相應染，此三者均屬細。其解釋亦分二種，其一從「王、數」釋，謂三細是根本無明，本論前文有云「以不達一法界故，心不相應，忽然念起，名爲無明」，說明了無明動此靜心，乃成不覺，故無心王與心數之分，而云「即心不覺，常無別異」。質言之，心本是眞心，因無明動心成不覺，此不覺極爲微細，與覺無所異，且根本沒有所緣境界，從而無王數之分。本論上文亦云「依不覺故，生三種相，與彼不覺，相應不離」，說明三種細心，即是染心之不覺，無有王數之異；而所謂相應不離，乃指染心與不覺相應，不相捨離而言。其二從「心、境」釋，謂心與境兩者是一體的，染心就是無明，無明就是不覺，不覺是依覺而生的，覺就是本心，都沒有外境相應，故云「即心不覺」，言此「即心」，也就是本覺眞心。因爲三細心與外境不相應，所以此心無所謂「知相、緣相」，正如楞嚴經云「覺非所明，因明立所，所既妄立，生汝妄能，無同異中，熾然成異」是。

⑸智礙與煩惱礙

以上六染心以及無明，對於所障的境，歸納爲「二礙」，一切障染，均不外乎此。是即智礙與煩惱礙。本論曰：

又，染心義者，名爲煩惱礙，能障眞如根本智故。

又，染心，亦即上述的六染心的意義，今名之爲煩惱礙。爲什麼名爲煩惱礙？因煩惱能令心煩而惱身，生貪欲瞋恚愚癡等惑，障礙了湛然朗照、清淨寂靜的智慧。這智慧就是眞如根本智，亦即上文所說的「智淨相」。貪欲等惑擾亂了眞如根本智，眞心不得寂靜，即成爲根本智的障礙。

根本智，又作如理智、無分別智、正智、眞智、證體智、實智等。此智是產生一切法樂、出一切功德大悲的根本，故名。三藏法數曰：「根本智亦名無分別智，謂此智不依於心，不緣外境，了一切境，皆即眞如，境智無異。如人閉目，外無分別。由此無分別智，能生種種分別，是名根本智」。

依無明所發生的染心，障根本智，名煩惱礙；反之，發生染心的無明，則名爲智礙。本論曰：

無明義者，名爲智礙，能障世間自然業智故。

能發生染心的無明，是根本無明，因其昏迷不覺，障礙了世間的自然業智，故名之爲「智礙」。所謂自然業智，指自然發生業用的智慧，這是於證眞如之後，應世間事物的差別，而濟度衆生的智慧，故亦名「後得智」。無明障礙了此智，不使生起此智，故名「智礙」。

後得智是根本智的相對名稱，復名俗智、遍智、權智、如量智等。攝大乘論釋曰：「根本智不取境以境智無異故，後得智取境以境智有異故；根本智不緣境如閉目，後得智緣境如開目」。這是二智不同之處。

爲重新說明二智的意義，首釋煩惱礙，本論曰：

此義云何？以依染心，能見能現，妄取境界，違平等性故。

依上所說，染心能障根本智，無明能障業智；但心體之動或靜，起於無明；且染心是粗，何以障細（根本智爲細）？無明是細，何以障粗（業智爲粗）？兩者何以有此不同？

首先說明煩惱礙，乃是依六種染心而起的；後三種染心，即由無明起業相，而能見相，而境界相，都是不相應染，在此階段，對事物的認識，沒有主體、客體的分別，只是妄就所見，取其境界，以爲所見境界是眞實的，因此違背了眞如平等的原理，障礙了眞如根本智，隨而有各種煩惱的產生，故曰煩惱礙。

次說明智礙，本論曰：

以一切法常靜，無有起相。無明不覺，妄與法違故。不能得隨順世間一切境界種種知故。

六種染心的前三種染心，即分別智相應染、不斷智相應染和執相應染，對事物的認識，起了主體、客體的分別，顯然有違眞如本來湛然常靜的法性，無有生滅之理。這就是無明不覺所生的妄心，違背了眞如的法性之故。因爲妄心對事物的認識，是先有主觀的成見，繼對客體的認識，就不免發生種種的錯誤，而不能對世間一切境界，作正確的認知，因此障礙了原本具有智慧，故曰智礙。

第三、釋生滅相

在第三章立義分中曾說「是心生滅相」，有關生滅和生滅因緣，已如上述，現再釋生滅相的「相」。

相，梵語Jaksana，謂事物表現在外部之形象。大乘義章曰：「諸法體狀，謂之爲相」。故相乃是世間萬事萬物的一種狀態，亦可謂之相狀。

關於生滅的相，前已分爲三細六粗九相，也討論了染心的相應與不相應，本論再作補述。

㈠粗細二相，本論曰：

復次，分別生滅相，有二種。

其次，生滅之相，綜言之，可以分爲二種。

云何爲二？一者，粗，與心相應故。二者，細，與心不相應故。

生滅之相，分爲粗細二相。

粗相，六染中的前三染，俱與心相應，心王和心所相隨，心與境相對，其相狀明顯，凡夫皆能看到故曰粗。

細相，六染中的後三染，俱與心不相應，是阿梨耶識的流轉，屬於極爲微細的部分，非凡夫所能見，故曰細。

各種識（自第一識至第八識）的發生、成長、消滅即所謂「生、住、滅」三者，隨時都在發生。從粗細二相觀點來看，生住滅三者是能看得到的，故屬於粗的部分；但何以有「生」呢？生從何來？這就不是一般人所能得知，故屬於細的部分。衆生之「生」，應源於阿陀那識或阿梨耶識，是「種子」的流注，亦爲無明動心而起的業相。譬喻一粒稻的種子，抽芽、成長、結實是看得到的，這是粗而顯著的部分；但稻種如何吸取養分而成長而結實，則是看不到的，故屬於細而隱密的部分。分別事識的阿陀那識以及亦名「種子」的阿賴耶識，正如解深密經云：「阿陀那識甚微細，一切種子如瀑流」，相續不斷，流注不絕，不易了知其情形，是以屬於細的部分。

(二)廣釋粗細二相，本論曰：

又，粗中之粗，凡夫境界。粗中之細及細中之粗，菩薩境界。細中之細，是佛境界。

此當分三點說明。

1. 粗中之粗　前三染心，俱名爲粗，其中以「執相應染」爲最粗。不過能了知到執相應染，對貪、瞋、見、愛等有警惕心，發心精進修行，雖是凡夫境界，但已屬於三賢之位次，超過了「內凡」和「外凡」的境界。

2. 粗中之細及細中之粗　粗中之細是三粗染中的「不斷相應染」和「分別智相應染」，這是精進修行，已於粗中稍有細；細中之粗是三細中的「現色不相應染」和「能見心不相應染」，這是菩薩修行七、八、九地，而仍未捨棄根本業識，故云細中有粗。此二者均屬於菩薩境界。

3.細中之細　三細中的「根本業不相應染」。這對菩薩修行已至十地，方便滿足，果上能離，得見心性。此境界唯佛能知，故云佛境界。

爲便於記憶，將生滅相的關係，表列如次：

表六　生滅相關係表

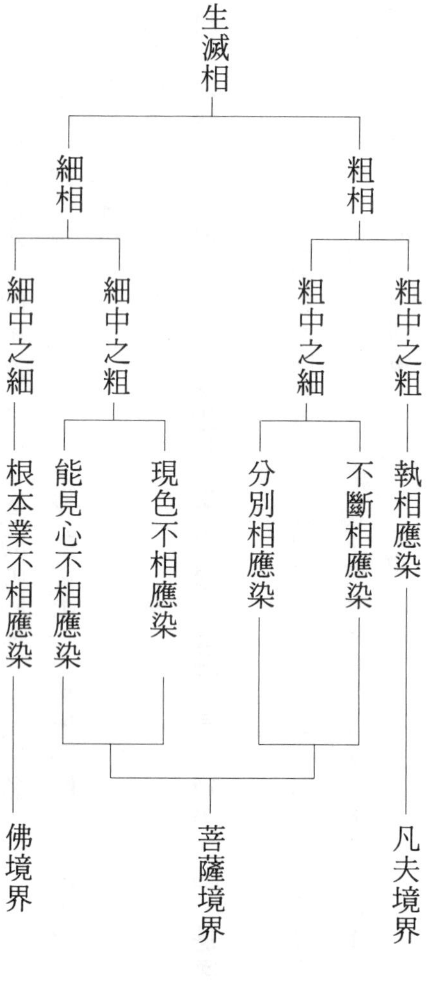

㈢粗細二相所依

前文是從凡夫、菩薩、佛的境界，說明粗細二相因修爲之不同，而有不同的境界；然則此粗細二相從何而有？其所依者何？分二點說明。

1.順論生緣　本論曰：

此二種生滅，依於無明熏習而有。

粗細二種生滅心，通而言之，其發生，皆從根本無明而有。因根本無明，熏習眞如，生三種細相，又以境界爲緣，復生六種粗相。這九種相的發生，雖然依照順序，由細而粗，由不相應而相應，但其根本原因，是無明動心所致。本論復曰：

所謂依因、依緣。依因者，不覺義故；依緣者，妄作境界義故。

二種生滅心的發生，分開來說，依無明因，生三細或曰不相應染；依境界緣，亦即由現識，生三粗，或曰相應染。具體言之，不相應染，依無明不覺爲因，梨耶和合爲緣；相應染，依業識因，境界爲緣。

討論這二種生滅心的發生，其原因似乎很單純。但如作進一步的探索，則須說明者甚多，茲綜合本書前文，再略爲敘述。

三細的發生，是始由無明業相（業識），能見相（轉識）、境界相（現識）的順序，依本論謂「一切法，皆從心起，妄念而生」，此妄念，深埋於內心，不爲人所知，極爲微細。迨至境界相（現識），則成智相（智識），相續相（相續識）、執取相及計名字相（意識），而稱爲六粗。由細的現識，何以轉爲粗的智識？其原因爲何？依楞伽經的說明謂「不思議熏及不思議變，是現識因」。不思議熏，謂無明熏眞如，乃自性清淨心，原不與妄染相應，而無明則本性虛妄；以虛妄而熏動性靜之心體，是不可熏處而熏，故名「不思議熏」。又虛妄雖熏眞如，但眞如不爲所動，故其熏實即不熏。不思議變，謂眞如受無明熏，乃原不可變異者而竟變異，故云。這二者就是由現識轉變爲智識的原因。心理狀態的熏變，是很微細的，在人的意念中，不欲將現識轉而爲智識，卻常常會無聲無息中不經意地受熏、受變異，這就是所謂「不熏之熏」和「不變之變」。要克服這一熏變，是菩薩修行的重點，也就是「六度修行」中的「精進波羅密」。六祖慧能比神秀對佛學的有更進一步認識，其差異也在此。要而言之，菩薩修行時，因無明心動而起業識、轉識、現識，到了現識，就必須猛然回頭，不使細心熏變爲粗心；故云「依因」，詳細點說，就是「依現識因」。

楞伽經曰：「諸識有三種相，謂轉相（轉識）、業相（業識）、眞相（正智）。」又曰：「略說有三種識，廣說有八相（即八識），何等爲三？謂眞識、現識及分別事識。」眞識即如來藏識；現識是對境界所顯現的色像，如楞伽經說「譬如明鏡，持諸色像，現識處現」；分別事識即意識，亦名分離識。眞識和現識是三細心中的三相（業相、能見相、境界相）；分別事識是分別一切事物的意識，所謂「心生則種種法生，心滅則種種法滅」；由現識而入分別意識，即是由細而入粗。此由細入粗的關鍵，即楞伽經所謂之「不思議熏」和「不思議變」。

對現識和分別事識兩者間的關係，楞伽經說：「此二壞不壞，相展轉因」。如果現識不受熏變，兩者就不相關聯，就是「壞」，三細即止於境界相；如現識受熏變，則兩者展轉相因，就是「不壞」，細的境界相轉而爲智相，成爲粗。

現識展轉而成爲分別事識，其發生的原因，楞伽經說是「取種種塵及無始妄想熏」。是說人的心理發展狀態，由內發展至外，亦即眼、耳、鼻、舌、身、意，對外界景像而有色、聲、香、味、觸、法的感受，再加上無始妄想的熏染，而成爲分別事識，這也是造成分別事識的原因，稱爲「分別事識因」。

所以生滅相的所依，依無明不覺，即現識因，而生三細不相應心；依境界緣，即分別爲識因，而生三粗相應心。故「三細不相應心」和「三粗相應心」兩者，各有「依生因」與「從住緣」二種因緣，然後生起識果；亦即現識與分別事識之生起識果各有二種緣因。「依生因」即「不思議熏」和「不思議變」；「從住緣」即「取種種塵及無始妄想熏」。

依因是現識，依緣是分別事識；其生滅之所依，長水大師說：「現識，若無根本不覺無明爲熏習因，終不自生；若無自心所變境界爲資助緣，終不自住；斯則三細隨妄因緣以生住也。又眞如不可熏，而忽受無明熏，故得生；眞如不變異，而隨緣變諸境，故得住；斯則三細依眞如心以生住也。事識，若無枝末無明爲熏習因，亦不自生；若無六塵外境爲資助緣，亦不自住；斯則三粗隨妄因緣以生住也。又心海中妄念習氣，熏習不斷，故得生；心海中所現種種塵境，令其攀緣，故得住；斯則三粗依本識心以生住也。其猶波浪，無水爲親因，總不自生；無風爲助緣，終不自住；是故識浪，依心水生，從境風住也。」對生滅二相之所依，現識與分別事識兩者的剖析，可謂透澈詳明。

2. 逆論滅義

以上是從依無明生三細不相應心，順而依境生三粗相應心。說明染心，乃依因緣而生；

惟欲斷除妄染，則須從粗至細；今仍從因緣次序，討論「滅」的意義，本論曰：

若因滅，則緣滅，因滅故，不相應心滅；緣滅故，相應心滅。

三細，依無明為因而生，如滅無明，三細相亦滅。三粗，依境界為緣而生，如境界滅，三粗亦滅。因既滅，緣亦滅。緣滅，相應心隨滅。這是從第六染，根本業不相應染開始，照逆順序說明的，就是滅了「細中細」的因，以後各染自然就不再「生」了。如果從第一染執相應染開始，則以下各染要逐一去「滅」，就事倍而功半。

問曰：若心滅者，云何相續？若相續者，云何說究竟滅？

或有疑問曰，倘若在現識階段（境界相），不使進入智識（智相），則此心體已滅，如何能夠相續？再則，如說心體不滅，由無明相續，亦即使此心體常保持在三細時，則如可以達到澈底滅三細的目的？

答曰：所言滅者，唯心相滅，非心體滅。

要回答以上問題，須先了解「心相」與「心體」不是同一類門。要滅的是心相，不是心體；以境界相滅，只滅了心的粗相，不是滅了心的自體；無明滅時，也只滅了心的細相，不是滅了心的自體。

前文曾引楞伽經有眞識、現識及分別事識。眞識就是如來藏識，眞識通常是被「種種不實虛妄」所熏染，欲恢復其本，則必須滅種種不實虛妄；故楞伽經續云：「若覆彼眞識，種種不實諸滅虛妄，則一切根識滅，是名相滅。」所以即使恢復了眞識，也只是相滅，一切根識滅，不是心體滅。又云：「非自眞相識滅，但業相滅；若自眞相識滅者，藏識則滅，大慧，藏識滅者，不異外道斷見論議。」具見眞識不滅，眞心無差，唯是一心體。

如風依水而有動相。若水滅者，則風相斷絕，無所依止；以水不滅，風相相續，唯風滅故，動相隨滅，非是水滅。

這是以風與水的動靜作比喻，說明心體與心相的不同。風，喻無明因。水，喻心體，眞識亦即如來藏識。

無明風，依水而有動相，風若離水，則水無波浪之相，說明無明是依心體而有生滅之相，故前文有云「心與無明，不相捨離」。心體是不滅的，但無明的粗細相有生有滅，可生可滅。微風徐吹，水波漣漪，如三細之相續；猛風忽起，浪濤洶湧，如三粗之逐現；若風止息，則粗細均滅，而水之溼性不壞。

本論謂「若水滅」，是指水的平靜狀態，非言心體滅，此不可不辨。乃比喻無明離心體，無所依止，沒有風，水都處於平靜狀態，亦無波浪。心體仍不滅，無明方有所依止，而有粗細染心之相，得以相續；無明滅，則粗細染心之相俱滅，而心體不滅；是風滅而水不滅。

無明亦爾，依心體而動。若心體滅者，則衆生斷絕，無所依止；以體不滅，心得相續。唯癡滅故，心相隨滅，非心智滅。

無明與心體的關聯性，正如風與水之相關聯。若心體滅，則無明因亦斷絕，而衆生不相應心細相，亦無所依止，衆生亦斷絕；故唯心體不滅，心方得相續，衆生亦有所依。

眾生是依心意、意識而轉，故有三細六粗九相。修行至境界相時，已是八地菩薩，滅境界相即入轉相、業相，如謂滅境界相，即為心體已滅，則八地菩薩，何得成佛？故境界相滅或云現識滅，此際，無明如微風，細心如波浪之輕微起伏，心體自非斷絕。

癡即無明，如風掠水動相；智即覺體，如水之溼性。癡滅，則心之相隨之而滅，因成覺體，即轉成始覺。前文曾討論究竟覺、智淨相、法出離鏡等，是說一心迷而成三細六粗九相；現則說明滅九相以歸於一心；均屬於「一法界大總相法門體」之範疇。故云：「生滅既滅，寂滅現前，始本不二，唯一心在。」

第四、染淨相資

淨法是心眞如門，染法是心生滅門。在淨法中以妄說明眞如或以眞說明離妄；在染法中則指出眞如、無明、梨耶三者的相互關聯性，說明大乘佛學的精義。由而知染淨二法互為依倚，染可補淨，淨可資染，生一切法。長水大師云：「如染助於淨，淨假於染，則淨法隨流，生諸染法；淨助於染，染假於淨，則染法反流，生諸淨法。」故淨與染雖互相對立，但亦可互為利益。其間的關鍵，是在一「熏」字。熏，是擊發義，兩物互擊能「生」出新事物，因亦為「生」義。染淨互熏，就是互相擊發，生出諸法，以為修行之證階。由染淨互熏，相生不斷，而知染法、淨法實屬相互資以為用。

㈠熏習的意義

前文已就「阿梨耶識，能攝一切法，生一切法」有關「攝」的部分予以說明，茲續就有關「生」的部分，加以闡釋。本論曰：

復次，有四種法，熏習義故，染法淨法，起不斷絕。

復次，熏習的意義，可分四點說明，由此遂使染法、淨法，互相資(支)助，在修行的過程中，不使斷絕。

*1.*熏習四法，本論曰：

云何爲四？一者淨法，名爲眞如；二者一切染因，名爲無明；三者妄心，名爲業識；四者妄境界，所謂六塵。

是那四法呢？

(1)淨法，亦名爲眞如。此係言生滅門中的眞如，含有三義，其一就其自體言，原即清淨，未曾有染；其二就其體相言，能內熏，令反染成始淨；始淨謂修行至地上位，能離障解脫，染均斷滅而成淨；此之體與相二者並列，以有相必有體，有體則未必有相；相淨體亦必淨，體淨則相未必淨。其三是可用熏習，由而得與衆生成淨緣。意謂由熏習而成淨，則得以報身或應身，與衆生之有緣者爲侶或度與有緣者。淨法的三種意義，依隨染本覺而言，其二是智淨相，其三是不思議業相；依性淨本覺而言，其一是如實空鏡和因熏習鏡，其二是法出離鏡，其三是緣熏習鏡；可互相參考。

(2)一切染因，名爲無明。前文有云：「當知無明，能生一切染法」，因一切染法，都是不覺相，即六染與三細六粗九相，此皆由無明所生。

(3)妄心，名爲業識。因根本無明之熏習而起轉識、現識、智識、相續識等；妄心之起，業識爲其本源，可由三細相發展成六粗相，故及於分別事識。

(4)妄境界，就是所謂六塵。六塵能熏動心海而起識浪，增長念取。因此而生無盡的過患，造業受報。

以上四義，淨法僅一，染法有三。何故？因淨法雖分「體」與「用」，但「用」不會離「體」，故其性質較爲單純。染法的性質比較複雜，差別甚多，如三細六粗、相應不相應等，都有特殊的涵義，惟其發生，不外依托「因緣」，即以無迷爲「因」，以妄境爲「緣」，而生妄心；其情不一，故列三種。再則淨法對染法，雖成熏義，然從「體、用」而言，並無不同，即同以內熏爲「體」，外熏爲「用」；如用與體合而爲一，則非藉外力之助，必自力之修證；所謂「衆生心內之如來，還化如來爲自心中之衆生」是。

2.熏習義，本論曰：

熏習義者。如世間衣、服，實無於香，於人以香而熏習故，則有香氣。

何謂熏習？譬如世間的衣服，實無有香氣；倘若人用香熏之，則衣服即沾染香氣，穿著適意。這是將衣比喻爲淨法，香比喻爲熏習，穿著比喻爲染法。香氣隨各人的愛好而異，有適己意的，也有不適己意的；適意的，服之舒暢，不適己意的，服之不快；香氣由自己的愛好而採用，熏習亦是，眞心原本清淨，因愛好而動無明，熏受妄染；比喻衣本淨，淨本無染，熏以香就有染。穿著不適己意香氣的衣，心中厭煩，則再可以適己意的香熏之或予除去，使已有染之衣，還其清淨。此喻衣有染，熏之則可還淨。

此亦如是。眞如淨法，實無於染；但以無明而熏習故，則有染相。無明染法，實無淨業，但以眞如而熏習故，則有淨用。

染淨熏習的涵義，正如上述之理。眞如淨法，原本清淨無相，隨熏而現相；相即三細六粗九相，但前文所說的九相，是不覺相，今謂眞如受熏而現九相，似屬眞如相；實際上，即使無明不覺，都可以說是眞如相，如前文曾云：「如是無漏、無明，種種業幻，皆同眞如性相」是。眞如相的發生，是由於無明的熏而染，這是「染熏淨」。

無明染法，原本染而無淨，但以眞如之力，內熏不覺，使之厭棄妄染，反流順眞；這是因爲「有如來藏故，能厭生死苦，樂求涅槃」的動力，熏習無明，使之還歸爲淨。此即「淨熏染」也。

以上熏習義，淨法和染法，互相熏習；淨法僅一而染法有三，其力較淨法爲強，故易致人於迷；惟如來藏能厭生死苦，故可啓人於悟；爲便記憶，列表如次。

表七　染淨熏習表

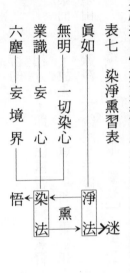

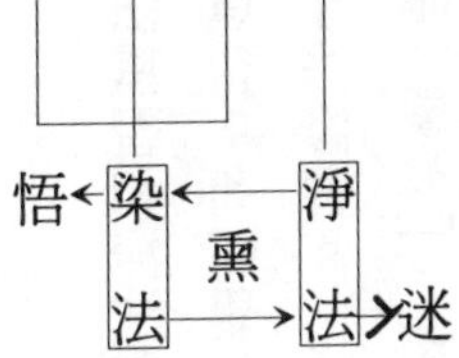

㈡熏習的相

熏習相分二，即染法熏習和淨法熏習。衆生在熙熙攘攘的人海中，爭權奪利，莫不因妄染而成迷，故先說染法熏習；苟能覺生死之苦，脫離輪迴苦海，趣向涅槃甚或修證佛果，則須由染而還淨，故後說淨法修習。

關於熏之義，前述謂「擊發」；至「習」義，則係「習成慣常」，數數習之，便成習慣。所以熏習，就是習慣成自然，如入芝蘭之室，久而不聞其香，在明師指導下，常與善男子爲侶，則潛移默化，自能由迷而悟，反染歸眞。

1. 染法熏習　本論曰：

云何熏習，起染法不斷？

爲什麼熏習使染法相續不絕？

不論染法或淨法，都有二種熏習。一種是「習熏」，係從內心發生的，後來產生的念頭，接續前念，熏其心體；所謂心體，指眞心，如果是染念接續熏眞心就是染熏；如果眞心熏染，或云淨熏無明，就是淨熏；由內所發生的熏，即謂之習熏。另一種是「資熏」，係從外反擊現行心境，使各種迷惑互相資（支）應，互相支持，也就是由前念引起後念。這二種「熏」，舉例言之，無明熏眞如，是習熏；妄心熏無明，使眞如心體益增其迷妄，因而生起轉識、現識等，即是資熏。兩種熏合稱爲「熏習」。

本論對習熏與資熏兩者的解答曰：

所謂以依眞如法故，有於無明。

心眞如之法，本來是「常恆不變」的，而且「從本已來一切染心不相應」的；但因受無明的熏習，而起妄心，遂使淨心變爲染心。此際無明爲主體，眞如爲客體，是謂無明是「能熏」，眞如是「所熏」。無明本來沒有自體，唯眞如有，故欲舉無明，必先舉眞如，眞如是無明發生的源泉，好像說波浪，必須要先說有水是。不過眞如是不變的，雖爲無明所熏，而常恆如故。

以有無明染法因故，即熏習眞如，以熏習故，則有妄心。

眞如是無明所依的法體，無明在眞如心體上，熏習眞如，就成爲染法的因，也因爲有無明的熏習，就產生了妄心。無明熏習眞如的無明，是根本無明，非枝末無明。根本無明熏眞如，則生業識。

以有妄心，即熏習無明，不了眞如法故，不覺念起，現妄境界。

妄心接續熏習，遂成「不覺」，於是由業識而轉後而現識，由眞如之無相而現不覺的境界相。這是妄心資熏無明，增長對眞如法的不了解；好像眼受煙的熏染，失去視力，所見不實是。

以有妄境界染法緣故，即熏習妄心，令其念著，造種種業，受於一切身心等苦。

因爲有妄境界染法爲緣之故，亦即外境反擊現在心境，前念引起後念，熏動心海，引起識浪，即生分別事識，由三細相而進入六粗相。六粗中的前二，即智相和相續相，此時，尙在「念」中，稱之為「念」；中二即執取相和計名字相，使「念」由抽象而使之具體，漸致顯著，稱之為「著」。比喻盜賊與惡人為伍，盜心轉熾，於是引朋呼類，相與為惡，遂成盜事。後二即起業相和業繫苦相，即是依妄心而起惑，依惑而造業，依業而受苦。比喻盜賊，既成盜事，東窗事發，被捕入獄，受鎯鐺入獄之苦。

以上綜言之，無明熏眞如，起妄心；妄心熏無明，現妄境界；妄境界熏妄心，起念著而受業報；受身心一切苦。習熏與資熏相互為用，三細六粗九相，由無明業相而迄業繫苦相，其始也，皆由無明熏眞如所致，此之為染心熏習。茲將其關係，表解如次：

表八　染心熏習表

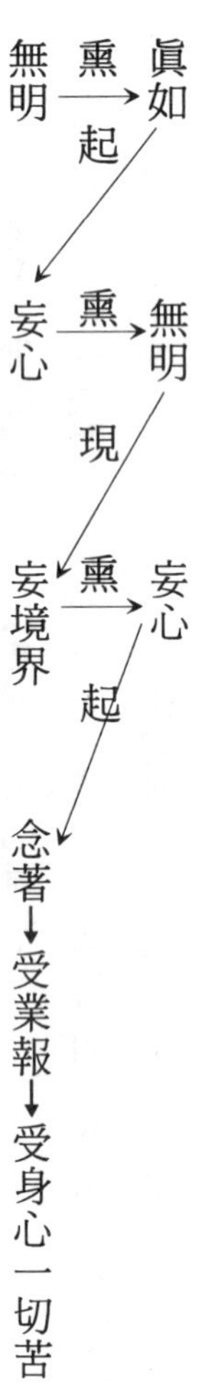

以上是順勢而說的，再從相反的順序分三點說明。

(1)境界熏妄心　本論曰：

此妄境界熏習義，則有二種，云何為二？一者，增長念熏習；二者增長取熏習。

在妄境界熏習中，另有二種情形，即增長念與增長取。前文說妄境界熏妄心，起「念」和「著」二者而受業報、受身心一切苦。增長念的「念」，謂由境界相的境界力，增長了事識中的智相、相續相而使對法執的分別念，不斷增長。也就是境界資熏妄心，使心海起粗相的波浪。增長取的「取」，謂由境界力，取法執的分別念，繼續增長而生執取相和計名字相，因而生出人、我、見、愛、煩惱等種種事識。

智相和相續相兩者，分別染淨，念念不斷，所以是分別心的念，不是惑。若以惑論二相，則智相是法執俱生惑，相續相是法執分別惑；執取相及人、我、見、愛、煩惱等是俱生我執惑；計名字相是分別我執惑。表解如次。

表九之一　境界熏妄心表

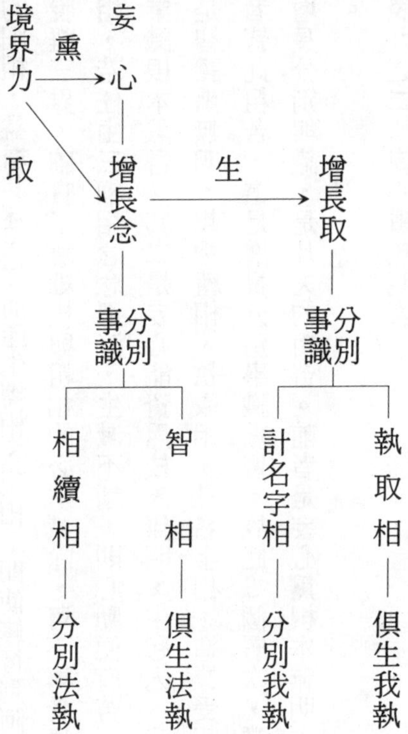

(2)妄心熏無明　本論曰：

妄心熏習義，有二種，云何為二？一者，業識根本熏習，能受阿羅漢、辟支佛、一切菩薩生

滅苦故。二者，增長分別事識熏習，能受凡夫業繫苦故。

妄心熏無明，可分二個層次說明。其一是妄心能資熏根本無明，使原已闇昧處於「迷」狀態的細相，益增其迷，從而產生轉相、現相；即使修行到阿羅漢、辟支佛甚至是一切菩薩，已經脫離三界，確實了解細相與粗相的必須滅除，可不再受生老病死等苦的三乘聖者，雖已除粗相，若任由三細相念念遷流，生滅不斷，則心動便有苦，仍不免要受梨耶變易的細苦，這是業識根本熏習。其二是妄心能資熏枝末無明，生起人、我、見、愛、煩惱等粗相的惑，也就是智識熏無明，起相續相、執取相、計名字相，造業受報而受身心一切苦；六道眾生，所受者皆此粗苦，這是增長分別事識熏習。故此二個層次，業識根本熏習，是三乘聖者的細苦，增長分別與識，是凡夫的粗苦。前者是妄心熏根本無明，後者是妄心熏枝末無明，表解如次。

表九之二　妄心熏無明表

妄心（境界力 → 熏）	根本無明	（生）	細相	業識根本熏習（三乘聖者細苦）
	枝末無明	（生）	粗相	增長分別事識熏習（凡夫粗苦）

關於阿羅漢Arhan，智度論曰：「阿羅名賊，漢名破，一切煩惱破，是名阿羅漢。復次，阿羅漢一切漏盡，故應得一切世間諸天人供養。復次，阿名不，羅漢名生，不復於世中更生，是名阿羅漢。」

關於辟支佛，全名爲辟支迦佛陀Pratyekabudha，智度論曰：「辟支佛有二種，一名獨覺；二名因緣覺。」又曰：「辟支佛地者，先世種辟支佛道因緣，今世得少因緣出衆，亦觀深因緣法出道，名辟支佛。辟支迦秦言因緣。」

關於菩薩，全名爲菩提薩埵Bodhisattva，法華玄贊曰：「菩提覺義，是所求果；薩埵有情義，是自身也。求菩提之有情者，故名菩薩。」佛地論曰：「緣菩提薩埵爲境，故名菩薩。具足自利利他之大願，求大菩提利有情故。」又曰：「薩埵是勇猛義，精進勇猛求大菩提，故名菩薩。」淨名疏曰：「菩提爲無上道，薩埵名大心，謂無上道大心，此人發大心爲衆生求無上道，故名菩薩。」菩薩之譯名有開士、始士、高士、大士、道衆生、覺有情、摩訶菩提質多薩埵等，總名爲求佛果之大乘衆。再者菩薩修行，依其進程有初地至十地之分，故本論云「一切菩薩」。

(3)無明熏眞如　本論曰：

無明熏習義，有二種，云何爲二？一者，根本熏習，以能成就業識義故；二者，所起見愛熏習，以能成就分別事識義故。

無明熏眞如，亦分二個層次說明。其一是根本熏習即所謂根本不覺，熏動眞如，成業識、轉識、現識等三種細相。惟無明熏眞如，心體初動，即成業識，這是最根本的，須此業識再熏無明，方有轉識、現識，故列舉業識，即足以顯示根本熏習的意義。其二是所起見愛熏習，即枝末不覺熏習心體，由於境界在心體中不滅失，如對某一事物留有印象，因而起智相、相續相、執取相而成分別事識；這是枝末無明，念念熏習眞如之故。分別事識之形成，上文曾云，係依見、愛、煩惱增長，故謂之所起見愛熏習。

以上討論染心熏習，從順勢的相反順序加以說明。茲將其關係，表解如次：

表九之三　無明熏眞如表

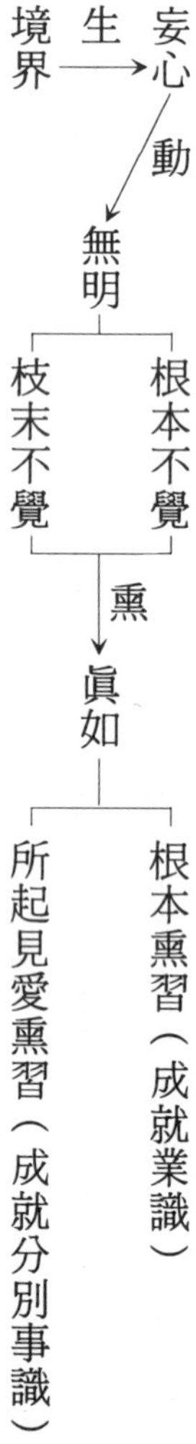

2. 淨法熏習　本論曰：

云何熏習，起淨法不斷？

爲什麼熏習，使淨法相續不絕？本論曰：

所謂以有眞如法故，能熏習無明，以熏習因緣力故，則令妄心厭生死苦，樂求涅槃。以此妄心，有厭求因緣故，即熏習眞如。

染法熏習是妄心熏眞如，是資熏；淨法熏習則是眞如熏無明，是習熏；兩者的主客關係，眞如是主體，無明是客體，故眞如是能熏，無明是所熏。淨法之所以相續不絕，因爲有眞如法；眞如法的構成分二，其一是眞如以自體爲因；其二是眞如以其自體所傳教法爲緣；以此因緣力的熏習無明，使妄心息，便能反順眞如。例如了知從前所愛的，結果都是苦，因而厭棄，這就是所謂「覺悟」。燈紅酒綠，聲色犬馬，到了曲終人散，只留下無邊的寂寞，有何樂趣之可言？反之獨處斗室，冥求佛理，心光朗照，漫無邊際，則欣樂即在其中。厭棄妄心所生的苦果，欣然追求生命的永恆；使妄心厭生死苦，樂求涅槃，便是眞如法以熏習因緣力所造成的「淨業」。但眞如本就不動，其熏習的發動，乃是從內心自然而發的，故除稱爲習熏外，亦稱之爲「本熏」。以此本熏，繼續增長其力量，反熏眞如；此際，妄心是能熏，眞如是所熏；亦即以外力反擊內心，資助眞如，更增其力，例如惡人一旦改過遷善，即是深知處妄境之非，妄心反而成爲眞如的助力；故妄心有了厭苦求樂的因和緣，就名之爲熏習眞如。而此熏習，即爲資熏，又因此熏係以妄心爲因緣，是新生的熏故亦名「新熏」。

(1) 熏力功能

由眞如熏無明，妄心熏眞如，內外熏力的激盪，而可達成「信、解、行、證」以至修成佛果的功能。分爲因與果兩部分說明，先述因，本論曰：

自信己性，知心妄動，無前境界，修遠離法。以如實知無前境界故，種種方便，起隨順行，不取不念，乃至久遠熏習力故。

妄心有了厭苦求樂的因和緣，即前述的熏習眞如，深知自己的眞心爲無明所動而起業、轉、現三細相，因對大乘發起正信，信有眞如自性，發心修菩薩行。及至如楞嚴經所說的「是善男子欲愛乾枯，根境不偶，現前殘質，不復續生」時，即進入「十信」之位；這是入道的初心，最爲重要。「信」是基礎，信不堅則基礎不固，道心薄弱。

知自心的妄動，起三細相，續起境界相；復受眞如的熏習，了知此一切都是虛妄的，沒有自體，全是「空」的，乃能在「十信」修持中護守戒心，並以此方便，「圓成一心，名發心住」，而進入「十住」(即十解)之位；住是對大乘佛學修菩薩行的信心，堅定不移，永不退轉的意思，也是由「十信」而後，繼續修行，「住」於佛位之意。進於「十住」，能了解業識、轉識乃心之妄動，能了解現識「無前境界」，亦不外心之妄動。不過，雖然了解此一道理，但還不能完全斷除諸惑，故必須澈底信己眞如，寂然不動，無有一相，方及於十住之位，精進修持。

十住修持圓滿，即如孩子之長大成人，已堪行佛事，乃可以智水灌頂，即由善男子成爲佛子。此際，已「具足無量如來妙德」，續依法修行，而進入「十行」之位。依楞嚴經，十行之始是「十方隨順」，行財施、法施、無畏施，歡喜奉行；依瑜珈師地論則爲修持「有尋有伺地」；依華嚴經則有更爲詳盡的說明和方便(法)。綜言之，此一階段之修行，甚爲重要，是最須用功的階段；但在本論中，僅云「修遠離法」，所謂「遠離」，是指遠離一切心境，專事修行；所謂「法」，即是指修行的方法，如六波羅蜜多，尋伺（深入研討）、唯識等法；故其涵義更爲豐富。在「十行」修行中，也包括「十迴向」位，這二十位修行完畢，當可切實了解眞如是「實」的道理，無有前境界可得。也就是所謂「有」(存在)的事物，只是假名，其「實」是無(不存在)，一切是「空」。

切實了解了眞如是「實相」理，可說已經見道，進入十地修行的「初地」，離去「不斷相應染」，超越三賢二乘之位而進入聖位而成爲初地菩薩。此因已證得了一分眞如，故亦名居於聖位。由初地進入二地，依澄觀大師華嚴經疏鈔中說：「如欲入二地，起於十心，是住初地後得智中進修此十，所謂正直、柔軟、堪能、調伏、寂靜、純善、不雜、無顧慮、廣心、方心，此十若滿，即入二地，二地入三地等皆准此知。」以此種種方便，隨力隨分修行，稱順本性，則眞如體就能漸次顯現。在修行中，本論特別指出要做到「不取、不念」。所謂「不取」，從客觀方面說是要做到「無相」，是爲「所取無相」；所謂「不念」，從主觀方面說是要做到一念不生，是爲「能念不生」。這樣的修行，必須要堅持下去，要「久遠」的堅持下去，以眞如力熏習無明，斷除一切障染。

由菩薩修行到成佛果，要多少年？本論云須「久遠熏習」。其久遠年時的計算單位，謂之阿僧祇 Asamkhyeya，意爲無數、無量，是不能用地球繞日一週的曆法來計算的。欲成佛果，必須每一階段都得到確「證」，這一時間，謂須經「三大阿僧祇劫」Asamkhyeyakalpa。依長水大師云：「三祇者，通前三賢爲論，若但取二地已去，則唯有二，謂二地至八地，爲一僧祇，八地至佛果，爲一僧祇。詳言之，菩薩修行，可區分爲三個階段，第一個階段(阿僧祇)修完十信、十住、十行、十迴向等四十位次及十地中的初地；第二個階段(阿僧祇)修行十地，自二地至七地；第三個階段(阿僧祇)修行十地中的第八地至第十地。

綜上，熏力的功能，其因起是妄心厭苦求樂，而發心修菩薩行。修行中，以淨法熏習，堅定進行，眞正完成三大阿僧祇劫，方告圓滿。

次述果，本論曰：

無明則滅，以無明滅故，心無有起；以無起故，境界隨滅；以因緣俱滅故，心相皆盡，名得涅槃，成自然業。

因眞如力熏習無明，妄心有了厭苦求樂的自覺，無明即滅；無明既滅，業識、轉識隨滅，妄心亦盡；妄心不起，現識不生，即無妄境界之相發生，妄境界亦滅。以是因與緣俱滅，心相皆盡。此之所謂「因」，乃指無明；此之所謂「緣」，乃指妄境界；此之所謂「心相」，此指六染心。因、緣、心相三者，俱滅皆盡，即前文云「因滅故，不相應心滅；緣滅故，相應心滅」；心源復本，心體空寂，三細六粗九相既滅，生死之道亦盡，名得涅槃。涅槃，是修行所得的「果」；依涅槃空寂的心體，隨機顯現，無往而不利，自然而然地發揮其功能，亦即「自然業用」。此自然業用，即是得佛果後所起的不思議業用，能以報身、化身顯現，攝化衆生。

熏力的功能，係以「因」與「緣」兩者爲主軸，以「心相」爲助力，發動眞如內熏無明，心相之力愈強，眞如熏力亦愈有力；因此凡夫可以從「信」開始，經由「解、行」的順序修行，就可得「證」佛果；也就是說，凡夫可以經三賢二賢而入聖位，而入果位；只要信心堅強，佛果之位並不遙遠。茲將本段說明，表解如次，以備記憶。

表十　眞如熏習表

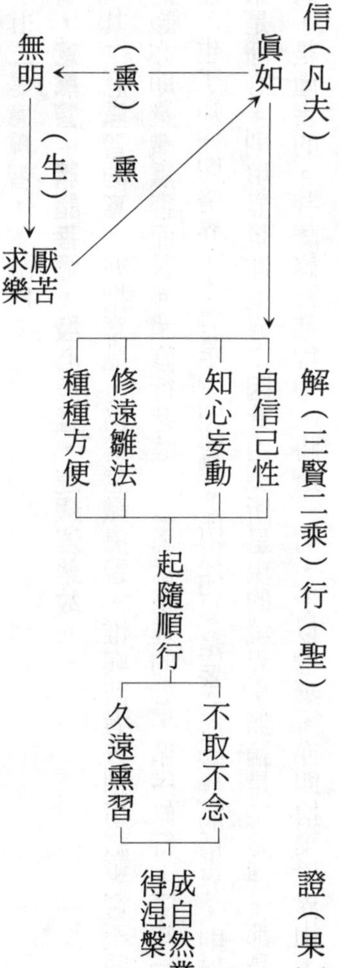

⑵ 妄心熏習　本論曰：

妄心熏習義，有二種，云何爲二？一者，分別事識熏習，依諸凡夫、二乘人等，厭生死苦，隨力所能，以漸趣向，無上道故。

妄心熏習，分爲二種。

其一是分別事識熏習，也就是意識熏習。凡夫及二乘等，發心修行，不知色、聲、香、味、觸、法六塵，皆是意識所起，以爲心外的境界，都實際上存在，而執取其名字，經營追求，終於產生種種苦果。爲欲脫離苦海，乃生厭苦求樂的念頭，起「信」修行，求無上道，以求解脫。這是妄心資熏眞如，思求解脫的念頭愈強，眞如便愈有力，修行也更能精進；菩薩，在修行六波羅蜜中，精進波羅蜜是極爲重要的。所要注意的，雖然發心趨向解脫，但不可再有生死可厭、涅槃可欣的想法，就是要捨棄「相」，即是在本論中指出的六粗相。漸次修行，隨己力之所能，精進心不斷增長，正確了解諸識唯心所作的道理，則久後必能證得菩提。

不過，妄心熏習眞如，何以不成染法，而成淨行？是則須予究明。緣眞如熏無明，使妄心厭生死苦，樂求涅槃，這是妄心已受眞如內熏之力所熏，稱之爲「本熏」；另一方面，妄心厭求「因」與「緣」，再熏眞如，此妄心是已受眞如熏習的妄心，不同以前的妄心，稱之爲「新熏」；本熏與新熏，都在六粗相的範疇，不達三細相的梨耶本識，距離得大菩提的道路，還很遙遠，故須「漸」次修行，以受眞如熏的意識，努力精進，方能有成，這是「漸」和「頓」分岐的地方。

其二是意熏習，本論曰：

二者，意熏習，謂諸菩薩，發心勇猛，速趣涅槃故。

其二意熏習的意，亦指意識，仍爲意識熏習，惟與前者分別事識熏習不同；這是從最根本的識亦即業識熏習而言。諸修行菩薩，以勇猛精進的心，循序修行，了知「萬法唯心」的道理，也了知一切境界，不過是心的認識。所以如果是妄心所認識的境界，則境界是染境界；如果是淨心，則境界是淨境界；因此由識所呈現的境界；無論是染是淨，都是不定的，是不實的，是虛妄的。菩薩修行進程中，將這一切，予以捨棄，亦即捨棄境界相，能見相，就到達了三細相的源頭——無明業相，十地修行將圓滿完成。在此階段，菩薩已充分了知，由意識所顯現的相，智相、境界相、能見相等皆唯此一心所作，沒有自性，是空的，實質上不存在的，只有眞如才是唯一的實相。由是「不取不念」，繼續精進，當能很快的達到涅槃的境界。

凡夫以及二乘的修行，是依賴分別事識的資持力，以熏習眞如，但距眞如還很遙遠；如進入意熏習，則了知梨耶本識，即可賴此資持力，速向大菩薩提趨進。故意熏習爲十地菩薩之修行。此所說的「資持力」，謂依意識、分別心，見有生死、涅槃，爲厭生死苦，求涅槃樂，從此發心，資熏眞如，而由眞如支持其發心的一種力量。

(3)眞如熏習　本論曰：

眞如熏習義，有二種。云何爲二？一者，自體相熏習；二者，用熏習。

眞如熏習，就是眞如熏無明，分爲二種。其一爲自體相熏習，「自」是本覺；「體」是說眾生本來就具有的無漏法身；體與相兩者，都屬於眞如，是眾生由內發動熏習無明的主力，前賢謂之「因」。其二爲用熏習，「用」是法身的業用，可以顯現報、化二身，是眾生借外力以熏無明，這是次要力量，前賢稱之爲「緣」。

自體相熏習，將體與相兩者合論，因兩者原不能離，譬如珠之與光；「用」別論之，譬如珠之現影，影是從珠的體而來。綜言之，眞如熏習，其內因爲體相，其外緣爲用。

先說明其一「自體相熏習」，本論曰：

自體相熏習者。從無始世來，具無漏法，備有不思議業，作境界之性。依此二義，恆常熏習，以有力故，能令眾生，厭生死苦，樂求涅槃，自信己身，有眞如法，發心修行。

所謂自體相熏習，乃是說此自體，亦即「不空本覺」，從無始世以來，就具有無漏法，此法暗熏衆生的本覺，但衆生並不知道；這就是不空本覺(亦名不空如來藏)具有的恆河沙性德所發生的作用，由無漏法的暗中熏習，產生此不思議的「業」；好像衣中藏珠，珠光在暗中潛照而不自知。無漏法之無漏，梵名 Anasrava，漏是煩惱的異名，意爲漏泄，貪、瞋等煩惱，日夜從眼等六根流注不止之謂。煩惱能令人漏而落於三惡趣，故有煩惱的一切法，名有漏法；離煩惱垢染之法即名爲無漏法。三乘聖人修戒、定、慧三無漏學，進於涅槃，是即謂修無漏法，亦即清淨法。這是自體相熏習的第一義。第二義是本論所說的「作境界之性」。所謂「作境界性」，意爲「不空本覺」熏習，不是直接的熏妄心，而是先使妄心主動的產生厭生死求涅槃的認識(智慧)，由而產生對生死、涅槃的客觀境界，然後厭棄生死之苦，樂求涅槃之樂。前賢稱前者爲「能觀智」，後者爲「所觀境界」。長水大師云：「前則本覺，熏令起智，智即始覺也。此乃對智，成所觀境，境亦本覺也。是則本覺相，爲能熏之心，體作所觀之境，一體之上，義分二別，如前說法有對智顯義等」。按本書前文已說本覺有、對二智以及四鏡等說。

無漏法和作境界性兩者的修習，能有何種功能?前文本論有云：「所言法者，謂衆生心」，此之法，即無漏法，故無漏法亦即是衆生心。境界，乃是從心中所發出來的境，故心與境實同爲一體，而體則即是本覺。所以依此二義，恆常熏習，使本覺的熏力不斷增強，則無明的妄心當日漸趨弱而衰退，衆生厭生死苦、樂求涅槃的意志，堅定強固，更確切自信，己身中有眞如，與佛無異，只是眞如被無明妄心包圍掩蔽，不能顯現而已。

　爲更進一步說明此義，本論以問答方式敘述。本論曰：

問曰：若如是義者，一切眾生，悉有眞如，等皆熏習。云何有信、無信？無量前後差別？皆應一時自知有眞如法，勤修方便，等入涅槃。

　問曰：如果依照上述眞如體相熏習的意義，能使眾生確信己身中有眞如，與佛無異，只要發心修行，則一切眾生，都具有平等的眞如，同等的熏習，應可獲得同等的功效；但何以對「有信、不信」等信心會有不同程度的差別？譬如說現在是有信，而將來則未必信；或前不信後又信；又或現今信的人多而未來信的人少，或現今信的人少而未來信的人多等情形；又或信及不信的程度，亦有深淺的不同。何以會有此無可衡量的差別呢？既然眾生同仗眞如體相熏習，同時自知己身有眞如，依法勤修，自應同等的入於涅槃，而實際上則非如此，何故？

　本題分二段答，先就無明厚薄答，本論曰：

答曰：眞如本一，而有無量、無邊無明；從本已來，自性差別，厚薄不同故。過恆河沙等上煩惱，依無明起差別；我見愛染煩惱，依無明起差別；如是一切煩惱，依於無明所起前後無量差別，唯如來能知故。

　答曰：首先就無明的厚薄來回答上述問題。眞如本來就是平等的，眾生也都具有此同一性質的眞如；其之所以有無量無邊的差別，乃是根本無明，內熏眞如之有差別，非是眞如之有差別。就衆生自性以言，本來也沒有差別，但因根本無明內熏有差別之故，遂有厚薄之不同；所謂「厚」，是根本無明勢強，因而不易生起信心；所謂「薄」，即是根本無明勢弱，因而易起信心。根本無明是生滅妄法，既不平等，衆生於此，自各不同。再則，還有枝末無明的內熏，更造成超過恆河沙以上無數的煩惱，造成無量無邊的差別。由根本無明所造成的煩惱，屬三細相，迷於「理」；由枝末無明所造成的煩惱，屬六粗相，迷於「事」。衆生既迷於「理、事」，則對見(見惑)、愛染(修惑)、煩惱(四住煩惱)的衆多，自然就有無數根機不等的衆生，而衆生修習佛法不能以同一的眞如，獲得同一的信、解、修、證，皆爲無明之過咎，而其情形之複雜，除如來以外，無人能知。

關於「四住煩惱」，即「四住地」，略名「四住」，如加入「無明住地」，則稱爲五住地。之所以稱爲「住地」，謂此五者乃生一切煩惱的依處。前文已述，不贅。

次就因緣是否具足答，本論曰：

又諸佛法，有因，有緣，因緣具足，乃得成辦。

又佛法，都具有三種因：其一是本具之眞如，稱爲「正因佛性」；其二是經、教、善知識能助發正因，是緣，稱爲「緣因佛性」；其三是須因緣具足，方得開悟，成辦道果，稱爲「了因佛性」。故欲開悟，成就道果，必須因於緣具足，僅有「因」，即本具之眞如，而無經、教、善知識之助發，不能成辦。並以喻說明曰：

如木中火性，是火正因。若無人知，不假方便。能自燒木，無有是處。

譬如木中含有火性，木就是火的「正因」，倘若沒有人知道木中含有火，亦不知取火方便（法），則木不會自行釋出火性。此喻，有四要素：木、火性、正因、方便。木喻衆生，火喻本覺，正因喻眞如無漏法種，方便喻引發火性之方法，亦即緣。佛菩薩善知識以悲願為衆生說法，即在引發衆生本具之眞如無漏法種。

對此，本論復作說明曰：

衆生亦爾，雖有正因熏習之力。若不遇諸佛、菩薩、善知識等，以之爲緣。能自斷煩惱，入涅槃者，無有是處。

所以衆生自性雖然原即具有眞如，有正因佛性，能內熏；惟若不遇佛、菩薩、善知識以及藉經、教之力爲助發之緣，而謂可以自斷煩惱，證入涅槃，這是不可能的。下復就因緣兩者，詳爲說明。先說明缺「因」不能成就道果，本論曰：

若雖有外緣之力，而內淨法，未有熏習力者。亦不能究竟厭生死苦，樂求涅槃。

倘若學佛的環境很好，有經、教的助力，善知識開導等外緣之力，很可激發自性眞如的正因佛性；但若根本無明生起的煩惱、見惑、修惑，即所謂「所知障」和「煩惱障」太厚太重，則本覺內熏的力量薄弱，終究不能成就道業。好比濕木，欲引燃之，必費甚久時間。又如人之愚癡，多方開導，亦不悟解，縱或一時信受，亦屬暫時發心，也很難有結果。佛教遍及全球，廟宇宏偉，佛像莊嚴，膜拜求庇者，聞法及求法者，爲數衆多；但能有幾人，不退信解修行？這是眞如淨法，內熏力弱，不敵障力的厚重。所以衆生有信與不信和前信後不信等的差別。終之，無明厚重者，雖有好的學佛境遇，但眞如的正因佛性缺乏內熏的力量，亦不能達到厭生死苦、樂求涅槃的目標。

次就因緣具足，乃能進趣涅槃道作說明，本論曰：

若因緣具足者。所謂自有熏習之力，又爲諸佛菩薩等，慈悲願護故。能起厭苦之心，信有涅槃，修習善根。以修善根成熟故，則値諸佛菩薩，示教利喜，乃能進趣向涅槃道。

如若因與緣兩者俱備，亦即內有自性眞如的熏習，外又有諸佛菩薩善知識慈悲護持等外緣的助力，就能發起厭生死苦之心，而堅信必可達成涅槃的目標。從十信開始修行，善根成熟，由三賢位，在諸佛菩薩的教導下，依教行道，終於獲得利益，成就法喜，乃能趣向涅槃的道路。

次說明其二「用熏習」，本論曰：

用熏習者。即是衆生外緣之力。如是外緣，有無量義；略說二種，云何爲二？一者、差別緣；二者、平等緣。

所謂「用」熏習，就是衆生藉外界之力，如諸佛菩薩善知識的教導等，啓發其內在的眞如正因，以熏習無明。由於諸佛菩薩，已證法身，可起大悲慈願，能爲衆生隨機示現，是以自己的體相，用作外緣，以助凡小菩薩，這種功能，也就是前文所說的「不思議業用」及「緣熏習習鏡」。法身菩薩可爲凡小菩薩作種種外緣，因此外緣無量，能感化衆生之機亦無量，而衆生受感化之機亦無量也。惟略言之，可分爲二種，一是差別緣，一是平等緣。

差別緣，乃言對凡小菩薩，從事識發心，現不同之形，隨機變化，沒有一定的標準，以助其熏。因爲「事識」，是從心的境界發生的，心的變化無量無窮，境界亦無量無窮，故須分別情形，隨類化身，令由不同之所見而說的，獲爲啓發加功修習，以收教化之效。這種示現的差別情形，主動在佛，是對已達三賢位的修行者。

平等緣，乃言佛惟現佛身，對初地以上修行者而說。因爲初地以上修行者，已了解萬法唯心的道理，境界唯心所造，與佛有同體的智力，故可現平等佛身，作爲外緣，助其精進。

佛在何等情形用差別緣？本論曰：

差別緣者。此人依於諸佛菩薩等，從初發意，始求道時，乃至得佛，於中若見若念；或爲眷屬、父、母諸親，或爲給使，或爲知友，或爲寃家，或爲四攝，乃至一切所作，無量行緣，以起大悲熏習之力。

所謂差別緣，乃是樂欲修行之人，也就是求三乘之人，依於諸佛菩薩等的外緣感應，從開始厭生死苦，樂求涅槃時，修習善根，乃至於成就佛果，其間若見佛之身形，若念佛之功德，未有間斷。這是諸佛菩薩對此修行人所作差別外緣，此外緣大別之可分五類：

首爲「慈愛以攝之」者，或爲眷屬父母；如釋迦之度羅喉及度其母與弟姪等，均包涵於慈愛理念之內。

次爲「居卑以利物」者，或爲給使；如爲豪門，充作僕役；淨名經云：「見須供侍者，現爲作僮僕，既悅可其意，乃發其道心。」

再次爲「同類以勸發」者，或爲知友；即對修道有同類理念者，勸發其心，共成道業。

復次爲「怖之以入道」者，或爲冤家；如阿闍世王Ajatasatru，與父母爲冤家，而害之遍體生瘡，至佛所懺悔，始得平癒，事見涅槃經。

最後爲「以四攝法攝之」者，或起四攝；四攝者，長水大師記云：「一、布施，令他附己；二、愛語，爲他說法，熏成淨極；三、利行，隨彼所行，方便利之，令善根成熟；四、同事，遇惡同惡而斷彼惡遇，善同善而進彼善，以此四事，隨機曲誘，攝令入道。」

以上，佛所作的種種行緣，可說無量無盡，難以一一列舉，綜之，隨時方便，隨機示現，以大悲心，助修行者堅固信心，以發動眞如熏習無明的力量，而達成以下利益，本論曰：

能令眾生，增長善根，若見若聞，得利益故。

眾生獲得的利益，可分三種；首先是增長善根，所謂善根，就是信心，由信心而生「解、行、證」等結果，如種子之由發芽生長結實。其次的利益，是能見到諸佛菩薩的形像、神態，甚至於神變的種種，使見者心生歡喜，起善念，戒絕邪行。其三的利益，是得以聽聞「四悉檀」的道理；悉檀Siddhanta，悉是普遍之意，檀是布施之意，合言之謂普施眾生，佛以四法普施眾生，以成佛道，故云「四悉檀」。至於四法，依智度論曰：「一者，世界悉檀(佛先順凡情，用人、我等假名，隨順眾生所樂而說世界之法，令聞者歡喜快樂)；二者，各各爲人悉檀(佛說法是隨眾生機宜大小，宿種之淺深，說各人所應之法，令彼發起正信，增長善根)；三者，對治悉檀(佛對貪欲多者，教以慈心；愚癡多者，教以因緣觀；施種種法藥，以除眾生惡病)；四者，第一義悉檀(佛見衆生之機緣已熟，乃說諸法實相，令彼入於眞證)。」另，法華玄義有更詳盡的解釋，可參考。惟今世去佛已遠，不能親聞佛之教誨，苟能讀誦經文及先賢著述，尋文生解，亦可成就聞慧，獲得利益。

差別緣復分爲二，本論曰：

此緣有二種。云何爲二？一者，近緣，速得度故；二者，遠緣，久遠得度故。

差別緣有二，其一是近緣，謂根機成熟，障惱較少，內熏有力，而迅速獲得化度者；其二是遠緣，謂根機尚未成熟，塵事衆多，雖有助緣，但善根增長不易，益以內熏無力，而須費更多時間方能獲得化度者。前者稱爲利根，後者謂之鈍根。

近緣與遠緣又各可分爲二種，本論曰：

是近遠二緣，分別復有二種。云何爲二？一者，增長行緣；二者，受道緣。

近遠二種緣，各有增長行緣與受道緣。所謂增長行緣，是說有諸佛爲緣，爲令三乘修行者，助其增長自己的修行，使能儘快得到「正觀」的方法，而進入正觀。正觀是「邪觀」的對待名詞，在觀無量壽經中，有十五種正觀，大意是謂「離痴見法」，凡「作是觀者，名爲正觀；若他觀者，名爲邪觀。」要之，佛經中正觀的方法很多，依經作觀，都是「入理」(即四攝與四悉檀)的方法。

受道緣是說三乘修行者，已入「見道位」，將親證眞如，而由諸佛爲助緣，助其速能證入之意。至於「見道」，謂修習大乘的菩薩，修畢四善根加行，斷煩惱所智二障。大乘義章曰：「入聖之初，於四眞諦推求明白，名爲見道。」唯識論曰：「加行無間，此智生時，體會眞如，各通達位，初見理故，亦名見道。」再者，凡夫不信因果、三寶、眞如，名未受道；佛菩薩助其信受，而成爲道器，即名爲受道緣。凡夫修習十信，也是依賴佛菩薩的助緣，使修行的毅力增長，即名爲增長行緣。但修行十信而未入十住、十行、十迴向、十地，仍名爲未受道；得佛的助緣，入證得涅槃等，則俱名得道。若修十地，至八地時，可證入涅槃而不進入九地；此際，佛亦會現身，助其迅速進入九地、十地，完成正覺的修行，這也是增長行緣。由是可知聲聞、緣覺二乘，是從八地進入涅槃，得辟支、阿羅漢之位，而十地菩薩則須賴佛緣的幫助才能成就正覺的修行。

佛在何等情形用平等緣？本論曰：

平等緣者。一切諸佛菩薩，皆願度脫一切眾生，自然熏習，常恆不捨。以同體智力故，隨應見聞而現作業。

平等緣是說諸佛菩薩皆願以平等心化度一切衆生。衆生當指「十法界」，依法華經謂「地獄、餓鬼、畜生、阿修羅、人、天」之六凡，以及「聲聞、緣覺、菩薩、佛」之四聖。佛對其他九類衆生，本於悲願，不加選擇，自然而然地、不知不覺地常熏其眞如本覺，未嘗有一刻離開。佛恆常在衆生心中，只是衆生不念佛。佛以「同體智力」，即與眞如同一體的智，常熏凡聖，無斷無盡，普度衆生；使衆生在修行過程中，隨修行之位階層次，能見聞到所應見聞的佛身。佛隨機宜示現大小化身說法，皆是起緣熏之業用，此即所謂「現作業」。

平等緣含括佛的四心：即「皆願度脫」，使衆生得滅度解脫，是「第一心」；「一切衆生」，包涵六凡三聖九類，率皆平等行緣，是「廣大心」；「常恆不捨」，須臾不離衆生，是「常心」；「同體智」，隨時提醒衆生，勿忘眞如，無有人我，是「不顚倒心」。

佛隨機宜平等示現，衆生如何得能見聞佛呢？本論復曰：

所謂衆生，依於三昧，乃得平等見諸佛故。

衆生修行至「十住」完畢後，其心已可「定」於一處而不動，智度論曰：「善心一處住不動，是名三昧」，依此三昧之力，乃得平等見佛，見佛色身，也就是見佛的法身。佛色身的示現，是助修行者精進修習。

關於熏習的相，分爲染法熏習和淨法熏習兩者，淨法熏習較爲複雜，茲列表如次，以便記憶。

表十一　淨法熏習表

- 淨法熏習
  - 妄心熏習
    - 分別事識熏習
    - 意熏習
  - 眞如熏習
    - 自體相熏習
      - 具無漏法
      - 作境界性
    - 用熏習
      - 差別緣
        - 近緣（增長行緣、受道緣）
        - 遠緣（增長行緣、受道緣）
          - 增長行緣、受道緣：凡夫、二乘、十信
      - 平等緣——三賢以上初地至九地，佛身示現。

其三，眞如熏習的未相應與相應，本論曰：

此體用熏習，分別復有二種。云何爲二？一者，未相應，謂凡夫、二乘、初發意菩薩等，以意、意識熏習，依信力故，而能修行；未得無分別心，與體相應故；未得自在業修行，與用相應故。

自體相熏習和用熏習，還有二個問題，須予闡明，一為「未相應」，一為「已相應」。先說明「未相應」。

凡夫、二乘和初發意菩薩等，是用「意、意識」熏習，此皆妄心，以「能、所」作分別，其修行但依信力，隨順而修未能契合眞如，方法拙劣，故未能與法身體相應。這是因為意、意識都是妄心，沒有「正體智」，就不能證「後得智」。所謂「正體智」，就是「無分別心，正能會理之智」。體，是「會合」之意，正體亦即眞如，要與眞如會合，須無分別心，才能會理。所謂「法身體」，亦為眞如之另一名詞，對修行人而言，有法身化身；就修行方法而言，則謂之眞如的體用。這是未相應的第一種意義。其次是「未得自在業修行」，所謂未得自在業，是說修行者欲證得眞如之後，其修行必須契合眞如之理，才能發揮眞如之業用；今未能此，則不能與眞如之業用相應，故云未相應，此為未相應的第二種意識。兩種意義，均說熏習須契合眞如之理；惟前者是從眞如的體說，後者是從眞如的用說。

次說相應，本論曰：

二者，已相應。謂法身菩薩，得無分別心，與諸佛智用相應。唯依法力，自然修行，熏習眞如，滅無明故。

已相應是未相應的相對名詞，不過兩者並非對立，而是為修行者依修行程序漸次證得位次以後的不同情形。未相應是凡夫，二乘和初發意菩薩，因其但依信力隨順修行之故。已相應則為修完十信、十住、十迴向初地的修行者；而進入初地的修行者，因已經得證「無分別心」，已與諸佛具有「同體」的智力，同一的悲願，得平等智，證眞如理，以眞如法爲身，故均可名爲法身菩薩。初地菩薩，以法爲身，人與法合而爲一，又依眞如法起行，遍修一切自利利他，合佛智用，以是眞如法的自體相熏習與用熏習兩者合一，故名曰已相應。與諸佛智用相應的修行，叫做依「法力」的自然修行，所謂「法力」，是說依所證的眞如理爲修行爲軌則，其所發生的力量；亦即唯有依眞如理，循序修行，才是「眞修」(依眞如理修)。十信中的修行，但有「信力」，即只憑信仰佛菩薩的力量，故不是「眞修」，只能說是「緣眞如理」修行，名爲「緣修」。由是可知已相應是眞修，未相應是緣修，惟兩者並不對立，是修行層次的不同。

在十地修行中，自初發心以迄於初地，不是在短短的一生中可以完成，可能須歷無數劫；但修行既至地上，則以後與佛智用相應，就可依法力自然修行，依眞起行，遠熏眞如，無明自可滅盡。

㈢染淨的盡與不盡

染法熏習與淨法熏習各有其功能，互相熏習，能成就世間法、出世間法；但兩者以何者爲勝，何者爲劣，何法有盡，何法不盡；如果都不盡，則徒爲修行，空費精力；如果都能盡，則成斷滅；如果其中之一可盡，則當盡於何者。故特爲闡明，以結束熏習之義。

1. 染法熏習違眞，無始有終，本論曰：

復次，染法，從無始已來，熏習不斷。乃至得佛，後則有斷。

衆生在學佛以前，對於善、不善、無記等業，可說經常處於相互交戰的狀態。這種爲不善或爲善的行爲，就是衆生眞如與無明的相互熏習，三細六粗九相，六種染心，相續不絕，而致惑業不斷，造成無窮無盡的劫波。學佛以後，了解眞如之理，益以內外熏力的熏習，乃對生死的了斷，生惑造業等起厭求心；苟於進入十信位，停止造業，漸次斷除惑染，從凡夫、三賢而直至佛地，則染心漸斷漸盡，最後終於完全斷除，滅妄成佛。所以染法是從無始以來，就與生命連接，沒有人可以脫離其影響；唯有學佛，方能斷盡，雖屬不易，然終有法可循，爲衆生開啓了一條通往極樂世界的道路；因染法是違反眞如之理，使衆生走進了一個苦惱的世間，而且苦惱是與生俱來，故云染法違眞，無始有終。

2. 淨法熏習順理，有始無終，本論曰：

淨法熏習，則無有斷，盡於未來。此義云何？以眞如法，常熏習故，妄心則滅，法身顯現，起用熏習，故無有斷。

淨法熏習，契合眞如之理，如果以眞如之理，經常熏習無明，則妄心必滅，無明可斷。這一意義，說明眞如法經常熏習，是成佛的唯一法門；眞如熏無明，妄心斷盡，即成淳淨圓智，法身顯現。所謂法身顯現，即本書前述隨染本覺與性淨本覺中的智淨相、法出離鏡等。法身既然顯現，即能「起自然業用」，應化衆生，也就是「用熏習」，成差別緣、平等緣，亦即隨染本覺中的「不思議業相」，性淨本覺中的「緣熏習鏡」。淨法熏習，能起「用熏習」，故云「有始」，不同於染法熏習的「無始」；起用熏習後，成自然業用，法流源源不絕，故云「無有斷」，無有終，而不同於染法熏習之「有終」。

第五、體相用三大與眞如生滅兩門

本論前文一再述及，全書的要旨是「一心、二門、三大」，一心即是心，心可分眞如、生滅兩門解析，解析的方法是三大，即「體、相、用」三者。但是在析述眞如門時，沒有用到三大；在析述生滅門時，則三大紛披，錯綜複雜，目不暇接，何故？緣眞如門是顯示大乘佛法的「體」，能所不分，詮旨無別，其義單純，無須另辨；但生滅門中，則有染有淨，其義不一，欲具說之，頗爲不易，故以此三者作爲深入澈底解說的方法；此爲三大要在「心生滅門」中說明而不在「心眞如門」中說明的理由。

另外，本書第三章立義分中說：「摩訶衍者，總說有二種。云何爲二？一者法，二者義」。法和義是分開說的，如此，則以前的說明，相當於「法」，本段有關於體相用三大的說明，則相當於「義」。

㈠體相兩大的意義　本論曰：

復次，眞如自體相者。

眞如本身的體和相，依立義分說：「是心眞如相，即示摩訶衍體。」故心的眞如，就是大乘的本體。

㈡體大　本論曰：

一切凡夫、聲聞、緣覺、菩薩、諸佛，無有增減，非前際生，非後際滅，畢竟常恆。

眞如相就是大乘的本體，簡稱爲「眞體」。何以眞體是「大」呢？因爲眞體在「一切」衆生中，包括六凡三聖都存在的，而且是同一的；並不因爲成了佛，眞體就增加了許多，一切衆生，就減少了許多；更不是成佛以前的凡夫沒有眞體，成佛以後就有眞體；眞體的存在，不因凡夫與佛而有差別，是普遍常恆永久存在的。無論是有情世間、器世間，只有這一個眞體。好像空氣，迷漫於空間，雖其品質，因環境之污染程度而有異，但其爲空氣則一。心經有云：「是諸法空相，不生不滅，不垢不淨，不增不減」，就是眞體本質的說明。由於眞體之無所不在，故謂之曰大。

㈢相大　本論曰：

從本已來，自性滿足一切功德。

眞體本身的性能，從無始以來，就能自己滿足一切的功能德業(功德)。一切的功能德業，都在眞體之內，非來自外部，故云「自性」。(按坊間本「自性滿足」多爲「性自滿足」，惟疏記合閱本作「自性」解，較能與下文相銜接，故從疏記合閱本。)

所謂自體，有大智慧光明義故，遍照法界義故，眞實識知義故，自性清淨心義故，常樂我淨義故，清涼不變自在義故。

眞如的自體相，其功德，有六大義相：

1. 本覺智明義，即「大智慧光明」。一般解釋，謂智就是慧，光就是明，智慧就是光明。深入一點說，有智就有慧，有光就有明，所以智和光是眞如的自性體相，而慧和明則是由自

體所生的相。這一智慧光明，不論凡聖，無不具有，故曰大。

2.本覺遍照義，即「遍照法界」。長水大師曰：「遍照等者，即始覺也。法界有二，謂理及事；始覺照理，即如理智；始覺照事，即如量智；理事齊鑒，故云遍也。」始覺即是本覺，前文已言之；稱本覺，是就眞如自體性而言；本覺遍照法界，以非自體相之發動，乃修行之結果，故名爲始覺。

3.遍照時不致迷惑義，即「眞實識知」。眞體遍照理事法界，切實了解並識知三細六粗染淨等境界，不受迷於妄惑，亦不受迷於生死無常、無樂、無我、無淨的妄見，故曰眞實識知。

4.性離惑染義，即「自性清淨心」。自性就是眞如自體，非假他緣，即纖塵不染，離一切障垢，清淨本然，故曰此心是「清淨心」。

5.性德圓備義，即「常樂我淨」。眞如自性的功德，是無所不備的，綜言之，可用常、樂、我、淨四字涵括。

(1)常，是指眞如在自體中不會改變，過去如此，現在如此，將來也如此，即歷無窮世，亦如此。

(2)樂，是指擾擾攘攘的人間世，衆生所領受者，莫非是妄染惑業等纏縛煩惱所帶來的苦，但此苦與眞如自體無干。苦的另一面是樂，眞如本性是極樂的。

(3)我，是指衆生的個體，受業的報應，雖在天、人、餓鬼、地獄、畜生、阿修羅六道輪迴中，但眞如自性不會改變，眞如永遠是眞如。

(4)淨，是指眞如自性不論處於任何染污的環境中，即使經歷三細六粗九相的熏染，亦不受染，眞如是清淨無疵的。

6.性德無遷義，即「清涼、不變、自在」。眞如自性的本質，永遠不會變遷，所謂清涼，就是沒有妄惑的煩惱，衆生一旦有煩惱，身體往往會發熱，焦燥不安；無煩惱，身體就清涼，火氣全無，這也是證得「般若」的特徵。所謂不變，是指修行到八地以後，眞如本性彰顯，再不會受輪迴報應，亦無生滅，也就是已得法身。所謂自在，是說已經沒有業的繫縛，完全自由自在，也就是得到解脫。

眞如自體相的本質，本論作結語並定其名曰如來藏，本論曰：

具足如是過於恆沙，不離、不斷、不異、不思議佛法，乃至滿足無有所少義故，名爲如來藏，亦名如來法身。

眞如自體相的功德，其數量之多，超過恆河沙之沙。但功德雖多，不會與眞如自體相分離；且恆常相續，無始無終，不會斷絕；再則，眞如就是功德，功德也就是眞如，兩者形影不離，一如手之與腕，器之盛水，實無所異。此一不異的功德，有恆沙之多，而涵藏於眞如自體相中，殊非凡夫三賢所能思議想像；惟於成佛之後，深知眞如自體相的所有功德，都是本覺之法，也就是佛法。佛法，是佛的法，亦即眞如法，是本性空寂，心行處滅，言語路斷的。佛既了知眞如自體相具有超過恆沙的功德，無所短少，悉能滿足，故名之爲「如來藏」，亦名之為「如來法身」。

稱之為如來藏者，乃是從「因地」說的，謂真如自體相所具備的恆沙功德，平時隱藏不現，但隨時可以發動其含攝的力量，熏習無明。稱之為如來法身者，乃是從「果地」說的，謂法身是真如自體相所具有恆沙功德的聚集體，恆沙功德，依止於此。這是兩名稱的不同之處。

㈣重辨前義　本論以問答方式重將上述義旨，加以申述，曰：

問曰：上說真如，其體平等，離一切相。云何復說體有如是種種功德？

問曰：在真如門中曾說：「一切法，從本已來，離言說相，離名字相，離心緣相，畢竟平等，無有變異，不可破壞，唯是一心，故明真如。」是說真如體是平等離一切相的，今何以說真如自體相有恆沙功德，豈不前後矛盾？

本論從二方面說明真如的相並未與體相違。

*1.*雖有差別而不二　本論曰：

答曰：雖實有此諸功德義，而無差別之相，等同一味，唯一真如，此義云何？以無分別，離分別相，是故無二。

答曰，是真如自體相雖然有恆沙功德，但是真如的體和相是一致的，體即是相，相即是體，前已言之，故實質上，恆沙功德即源自唯一的真如，也就是說不把真如作主客體的分別，只認定唯一真如，因所有相，都是從真如而來，等同一味，而分別心是妄心，故離分別相，就沒有差別之相。譬如以金屬製作器物，可製成各色各樣的器物，器物固各有其相，各有其用，但其本質爲金屬則一。所以眞如的相雖有差別，但其體則一，故云雖差別而不二。

2.雖不二而有差別　本論曰：

復以何義得說差別？以依業識，生滅相示。

其次，雖然眞如自體相爲一，但何以會有差別？這是因爲在心生滅門中的心，「依如來藏故有生滅心」，又「是心生滅因緣相，能示摩訶衍自體相用故」，因心之動而起業識，乃顯示出生滅之相。此係以不覺爲因所生起的恆河沙法，故眞如自體相雖不二而有差別。

此云何示？以一切法，本來唯心，實無於念。

以上謂由業識而生起生滅之相，其意爲何？本來眞如自體相的一切法，雖差別而不二，唯是一心眞如之理，沒有虛妄的念頭。但何以致此，本論以對比的方法，分八點說明。

⑴無明與智慧　本論曰：

而有妄心，不覺起念，見諸境界，故說無明；心性不起，即是大智慧光明義故。

心眞如本來無念，但衆生對此「不如實知」，竟生起念頭，乃成不覺；復由不覺心動而成業相、能見相、境界相，此三細相亦即無明阿梨耶識，再演變爲智相、相續相、執取相、計名字相等四粗相。究起念之源頭，乃是無明；如心不起念，就是大智慧光明。故有念即是不覺，即是無明；無念即是覺，即是明，即是大智慧光明。這是對眞如自體相「雖不二而有差別」的第一點說明。

(2)局見與普照　本論曰：

若心起見，則有不見之相；心性離見，即是遍照法界義故。

倘若此心起見，則其見，必不普遍，而僅局限於極小之範圍，見不到的境況，一定比見到的要多。如見到了東方，見不到南西北方，楞嚴經說：「如眼觀見，後暗前明，前方全明，後方全暗，左右旁觀三分之二，統論所作，功德不全。」故衆生所見，不過方寸。但心性離見，心不存主觀的偏見，則對於所見到的各種境況，就能從全方位的角度，作客觀而遍及的普照，這便是賢首大師疏記中所說的「眞照圓明」。而所謂「圓明」，意爲「無見」，即是「無所不見」。肇論云：「般若無知，而無所不知；初地得名眞見道者，以不存能所見故。」這是對眞如自體相「雖不二而有差別」的第二點說明。

(3)妄識與眞知　本論曰：

若心有動，非眞識知。

心有動，即成業相，這是妄心，是不如實知；眞如其實不動，故妄心之識知，非眞如之識知。妄心所識知者，有千萬種，或云恆沙數種，但眞如自體相則無二，這是第三點說明。

(4)無性與有體　本論曰：

無有自性。

由無明之動而所生的生滅之相，沒有自性，更無自體；但眞如自體相，是實際存在，是有體的，也就是自性清淨心。這是第四點的說明。

(5)顚倒與眞正　本論曰：**非常非樂，非我非淨**。

眞如自性的功德，是常、樂、我、淨；反之即稱之爲四顚倒，此皆起於有漏色心，凡夫之色心認非常爲常，非樂爲樂，非我爲我，非淨爲淨。故眞正的眞如自性，是四德，而凡夫色心所起妄染，違此四德，是謂顚倒；顚倒者，是迷眞逐妄之意。這是第五點的說明。

(6)熱惱與清涼　本論曰：**熱惱**。

熱惱，前已言衆生有煩惱，身即生熱。煩惱之生，是由於心動而現諸惑，諸惑之起，則爲貪、瞋、癡，以是心如火燒而成熱惱。眞如心是不動的，不動即無惑，自無熱惱，故曰清涼。這是第六點說明。

(7)變易與不動　本論曰：**衰變**。

心動而有妄染，妄染即有變易，如業相變爲見相、境界相等三細六粗九相。九相中又有生住異滅以及生老病死等變易而成衰變。眞如心凝然不動，故無衰變。這是第七點說明。

(8)繫縛與自在　本論曰：**則不自在**。

因心動而起業相，終受因果報應，墮入人、餓鬼、畜生、地獄、阿修羅等五趣，名爲繫縛。受繫縛，即非自在。而眞如之所以自在者，乃心不動故，心不動，即無有業之繫縛。這是第八點說明。

(9) 綜明

以上八點說明，綜言之，心眞如門中，眞如自體相無二；心生滅門中，眞如變易爲阿梨耶識，乃有差別。眞如之體相不易說明，藉心生滅門之理論以明之。對此，本論再作反覆的說明曰：

乃至具有過恆沙等妄染之義，對此義故，心性無動，則有過恆沙等，諸淨功德相義示現。

心動，生妄染之多超過恆河沙數，不能盡舉。對此，反過來說，心性不動，眞如淨功德之多，也超過恆河沙數。淨功德是對治妄染的，前文所說明的八點即是。例如說心動即是繫縛，不動即是自在，或云心動即繫縛，心性無動，則名解脫等。故妄染有多少，淨功德亦有多少，兩者相等。

若心有起，更見前法可念者，則有所少；如是淨法無量功德，即是一心，更無所念，是故滿足，名爲法身，如來之藏。

倘若心性有動，不知一切法，唯心所造，而以爲上述之法，尙有所缺，心外應尙有法，即屬起業，乃無明染法未盡，淨法未圓，故於心外追求法，即是妄心。須切實了知此眞如心，已將淨法的無量功德，包羅無遺，心外亦已無有法可得，不必再念其他；因此，自心已具有無量之功德，不假外求，性自滿足，即可名爲法身，或云如來之藏。所以稱爲法身或如來之藏，係依業識的生滅相，謂有恆沙染法，依眞如法身，亦有恆沙淨德，兩者均遍一切處，兩者體相，亦不相違。

(五)用大

*1.*意義　本論曰：

復次，眞如用者。所謂諸佛如來，本在因地，發大慈悲，修諸波羅蜜，攝化眾生。

再則，眞如之用爲何，須予說明。前文已說：「三者用大，能生一切世間、出世間善因果故。」故「用大」，乃言眞如之體，能生一切諸法善、惡、因、果的大作用。諸佛如來，在未得佛果時，本來就在「因地」修行，亦即尚在菩薩階段時，所作的各種行爲，悉本於大慈悲的理念，以利他爲首要，依六波羅蜜，攝令眾生，去惡從善。所謂「因地」，係對「果地」而言，成佛之位稱爲果地或果上；菩薩依十地修行，爲成佛之因，稱爲地上，楞嚴經曰：「我本因地，以念佛心入無生忍」；圓覺經曰：「說於如來，本起清淨因地法行。」波羅蜜Paramita，譯爲度，或究竟、到彼岸等。六波羅蜜即六度，指布施、持戒、忍辱、精進、禪定、智慧六者；維摩詰經云：「資財無量，攝諸平民；奉戒清淨，攝諸毀禁；以忍調行，攝諸恚怒；以大精進，攝諸懈怠；一心禪定，攝諸亂意；以決定慧，攝諸無智。」是最爲簡要的說明。

(1)立大誓願

用大的含義，分二點，爲立大誓願與舉大方便，先說其一，本論曰：

立大誓願，盡欲度脫，等眾生界，亦不限劫數，盡於未來。

菩薩在因地修行之初，爲充分發揮眞如之用，先須立「大誓願」。大是指廣大心；誓願，梵名僧那僧涅 Samnaha-samnaddha，一切菩薩，初發心時，必發誓願，因願心的範圍甚廣，綜合之爲「四弘誓願」，誓是須自制其心，願是要志求滿足。之所以要發四弘誓願，係爲修持四眞諦，四弘誓願，依止觀大意云：「一、眾生無邊誓願度，是緣苦諦而度無邊眾生之願；二、煩惱無數誓願斷，是緣集諦而斷無盡煩惱之願；三、法門無盡誓願學，是緣道諦而學無盡法門之願；四、佛道無上誓願成，是緣滅諦而成無盡佛道之願。」依此誓願，普度「等眾生界」；所謂「等眾生界」，等平等，眾生即金剛經大乘正宗分中所云「一切眾生之類，若卵生、若胎生、若濕生、若化生若有色、若無色、若有想、若無想、若非有想、非無想」是。至於「界」，則是十法界中除佛以外的九界。由於「等眾生界」之無窮無盡，故菩薩之行願亦無窮盡，以是菩薩之修行，須極長之時間而曰「不限劫數」，是爲「長時心」。劫者，梵語劫波 Kolpa，爲非依年月日時計算之長程時間，或云完成一「成住壞空」之循環爲一劫。

⑵舉大方便

其二爲舉大方便　本論曰：

以取一切眾生，如己身故，而亦不取眾生相。此以何義？謂如實知一切眾生，及與己身，眞如平等，無別異故。

大方便是佛菩薩以廣大心、長時心對「等衆生界」施善巧的教化，不僅乎此，且懷「悲、智」二種深心。所謂悲的深心，即視一切衆生如同己身；他人的父母，即我之父母，他人之兄弟姊妹，即我之兄弟姊妹；所謂智的深心，即從另一方面視一切衆生相，不與己同；良以衆生不能認識自己，原應眞實了知「無念」之理，而竟迷失自性，故其智淺；但修菩薩乘者，則如實了知「萬法唯心」其智較衆生爲深；因此「亦不取衆生相」，這是以「智」觀察的結果，而了知自己與衆生，同具有平等的眞如，故不取著於我相、人相、衆生相、壽者相；衆生與我，都是假名，無非幻相，一切皆空，沒有別的不同。

(3)綜合說明　本論曰：

以有如是大方便智。除滅無明，見本法身。自然而有不思議業，種種之用。即與眞如等，遍一切處。又亦無有用相可得。

菩薩立大誓願，舉大方便，廣修六波羅蜜，不限劫數，普拯衆生；即是菩薩的願與行，也就是眞如的「用」。此之「大方便智」，依長水大師疏記云：「方便即智；復有二義，一者，謂隨順出離之智；二者，此智是大悲之方便。」這是通說，亦有別解，謂「證眞名智，涉俗爲方便，即根後之異名也。謂斷根本無明，見法身，是智之功，起不思議業，化利衆生，是方便力也。」故大方便智，乃菩薩修行過程中的方便，不唯地前，即十位後亦是。其「用」，在「除滅無明，見本法身」。既云除滅無明，即是「反染還淨」，由始覺而歸本覺，始本合一，而見本法身，這是「自利果」，與前文所述的「智淨相」相同。

見本法身，乃眞如「用」的發揮，由對治「我、法」兩種邪執開始而迄於金剛心的修持，所獲的結果；至此，就自然而然地對「不思議業」，顯現出眞如「用」的功德，故「不思議業種種之用」包涵三點意義：

其一謂「不思議業」，對微妙難解的各種業相，是不用去思惟、討論，也不必刻意去謀慮，就會很自然的獲得化解。這就是所謂「自然業」，如攝論偈云：

如摩尼天鼓，無思成自事；

如此不分別，種種佛事成。

摩尼 Mani 又作末尼，譯爲珠、寶、離垢、如意等。慧苑音義曰：「摩尼，正云末尼。末云垢也，尼謂離也。謂此寶光淨，不爲垢穢所染也。」又云：「末尼此云增長，謂有此寶處，必增其威德。」這首偈的意思是說，成佛果後，是不用思惟，不必討論而可自然成事。如摩尼，依涅槃經云：「摩尼珠，投之濁水水即爲清。」如天鼓，能自然出聲，不用思惟，賊來鼓音中即言賊來，賊去鼓音中即言賊去。(見嘉祥法華義疏)。摩尼與天鼓兩物，比喩佛的身、意二業，鼓音比喩佛的口業；三業皆「自然而有不思議」，能成其「用」。

其二謂彰顯「用」的廣大，仍以摩尼與天鼓兩物爲喩，兩者(亦即體)之「用」，遍任何處所；摩尼珠投於任何濁水，水即爲清；天鼓自然發音，體用亦遍；兩者俱與眞如相等。

其三謂其「用」雖廣大，但常寂然，且無相可得。眞如是寂然不動，是不變的，似乎是沒有什麼用，但一旦用起來，則其用又十分廣大，故可謂之「無用之用，用即無用」。所以佛於「除滅無明，現本法身」後，固亦可現化身應身之相，但不會變、動、眞實的法身。故云「亦無有用相可得。」

爲進一步說明上述「用」之理，本論曰：

何以故？謂諸佛如來，唯是法身智相之身，第一義諦，無有世諦境界，離於施作，但隨衆生見聞得益，故說爲用。

爲什麼呢？因爲諸佛如來，雖有三身，但化應二身是應衆生的機感而顯現的，實質上是只有法身(理)或智淨相身，亦即理、智不二的眞如法身。眞如法身的第一義，歸結到最後的要義是「空」，沒有第二義的世諦所謂有差別的境界，無用而無所不用，完全脫離刻意的施作。衆生得遇機緣，見佛相好，聞佛說法而獲法益，這是有感斯應；如果如修聲聞緣覺二乘之不發大悲，如凡夫之無智，則佛亦不會以化報身顯現。因此，眞如法身，猶如明鏡，隨物現影，寂然常照，故說爲「用」。

2.用的相——應身與報身

(1)顯示用相　本論曰：

此用有二種。云何爲二？

用可分爲二種，那二種呢？先說其一，本論曰：

一者，依分別事識。凡夫二乘心所見者，名爲應身。

第一種用的相，是依分別事識而言的。凡夫即指十信以還的一切凡夫；二乘即指聲聞緣覺；此二者只知從六識即眼、耳、鼻、舌、身、意去分別境界，所知者亦唯色、聲、香、味、觸、法六塵，而不知除六識外尚有七八即末那、賴耶二識；因此以事識為其所依，以事識為其所覺，故其心之所見者，僅可名之為佛之應身。

應身Nimauakaya，即是佛應凡夫之機緣而化現之身，也是與眞如相應的佛身。凡夫二乘所見如來三十二相八十種隨形好所見的佛身，即此應身。金剛經云：「不應以三十二相見如來」，即是要衆生離分別事識。應身亦名化身，這是依金光明經所說：「如來相應如如，如如智願力故；所現相好，頂背圓光，為地前三乘及十地菩薩，所現之身，名為應身。為化三乘，所現佛身，及化十地他受用身，並名應身，應他機宜，現佛身故。」又說：「隨衆生類，現五趣身，是名化身，不現佛形，而顯化故。」但本論則強調應身，不云化身。故續釋曰：

以不知轉識現故，見從外來。取色分齊，不能盡知故。

應身是凡夫、二乘依分別事識所見的佛身，是六粗相中的智識、相續識和意識，而不知三細相中的現識、轉識和業識。由轉識而入現識，是在心外取境，所見俱為外來之物，外來物本無其體，因而不了解此所取之境，乃自心所生。自心對於一切境，是不會加以分別綜合的，凡六識所及則一律接受；此理是屬於六粗相的範疇，凡夫二乘不能盡知其理。

何以衆生「不知轉識現」？賢首大師疏云：「衆生眞心，與諸佛體，平等無二；但衆生迷自眞理，起於妄念，是時眞如，但現染相，不顯其用；以其本覺內熏妄心，故厭求(厭妄求眞)，有厭求故，其用即現；厭求劣故，用相即粗；厭求漸增，用亦漸細；如是漸漸，乃至心源；無明既盡，厭求都息；始覺同本（始覺同於本覺），用還歸體；平等平等，無二無別。未至心源已還，用於識中，隨根顯現，故云識中現也。」說明極爲透澈精闢。

次說用的第二種相，本論曰：

二者，依於業識。謂諸菩薩，從初發意，乃至菩薩究竟地，心所見者。名爲報身。

第二種用的相，是依業識而言的。菩薩修畢十住，充份了解萬法唯識之理，自心無有外境六塵，以是順次修行，藉修淨行以及資熏之力，從初發意，由十信、十住歷十行、十迴向、四加行、十地而到達第十究竟地。在此修行過程中，三昧(定)心所見到的佛身，名爲報身。業識，即根本業識，是細相。報身，但唯心現，不從外來，因爲眞心是沒有外界妄境的。

在三昧心中所見的報相是什麼樣的情形呢？本論曰：

身有無量色，色有無量相，相有無量好。所住依果，亦有無量種種莊嚴。隨所示現，即無有邊，不可窮盡，離分齊相。隨其所應，常能住持，不毀不失。

應身對外界境物會作分齊(分別綜合)，報身則無分齊；報身中所見，是自、他圓融爲一體，無障無礙，隨所示現，遍周法界，無邊無盡的。佛的報身，有無量之色(泛指一切外部)；無量色，有無量相；無量相，有無量好；這是佛以三昧心觀察萬事萬物，都是以全心來作整體觀察的，故所見報相，身毛塵剎，悉皆無遺。這是從「正報」而言，據長水大師所記，則謂「依色有相者，色即是身；依彼色身，有大相也。依相有好者，即依大相，流出小相，斯則身有異相，相皆妙好也。」賢首大師疏謂「相以表德，令人敬德以念佛；好爲嚴身，令人愛樂欲親近也。」

至「所住依果」下，是就「依報」以言，能依之果，「亦有無量種種莊嚴」，且廣大無邊；以無邊功德之身住無量莊嚴之土，自能隨所示現，塵塵周遍而無有涯際；由此，菩薩不再對事物作分別綜合，即已離分齊相，因一一色相，皆遍法界也。色相既遍法界，則能隨衆生業行的感應，常住不失，也不會受到水、火、風三大災害的毀損。

關於「正報」與「依報」，前文已略及謂正報是由過去之業，而現在爲我之心身所受；依報是心身所依止的一切事物。三藏法數曰：「依謂依報，即世間國土也，爲身所依，故名依報。正謂正報，即五陰身也，正由業力，感報此身，故名正報。既有能依之身，即有所依之土，故國土亦名報也。」

由以上的討論，得到報身的意義，本論曰：

如是功德，皆因諸波羅蜜等無漏行熏，及不思議熏之所成就。具足無量樂相，故說爲報。

依正兩報所成就的功德，肇因於修持六波羅蜜或十波羅蜜，及深行熏習，和本覺的不思議熏。依正兩報，互不相妨，互現無盡，所謂「依中現依，依中現正；正中現正，正中現依；依中現依正，正中現依正」是。而所謂「因」，則有三，修諸波羅蜜，是緣因和了因，總名資熏；不思議熏是正因，是習熏。資熏與習熏相互爲用，所得成就，「具足無量樂相」是辛苦修行的酬報，故名爲「報」。

六波羅蜜 Paramitha 或云六度，即施、戒、忍、精進、定、慧；十波羅蜜則加上方便、願、力、智四者。

⑵兩相別解

至報身與應身之差別。先說應身的含義，本論曰：

又爲凡夫所見者，是其粗色，隨於六道，各見不同，種種異類，非受樂相，故說爲應。

應身是凡夫之類所見的佛相，在修持十信以前固難見佛相，即在修持六粗相的階段內，包括二乘修行人在內，其所見者，亦各不同；六道衆生，更無論矣。世間的修行，未能受樂，身心均在苦惱中，佛只能隨各修行者的機緣，應其所宜而顯現，故說爲應。觀佛三昧海經云：「觀佛相好者，如人執鏡，照自面像。若生垢惡不善心者，見佛純黑，猶如炭人。釋子衆中有五百人，見佛色身，猶如灰人。比丘衆中有一千人，見佛色身，如赤土人。優婆塞衆中有十六人，見佛色身，如黑象腳。優婆夷衆中有二十四人，見佛色身，猶如聚墨。」又云：「又有一千比丘，於燃燈佛末法之中，出家學道，於和尚所，生不淨心；其師已是阿羅漢果，後諸弟子，隨壽修短，將命終時，無所依怙，師令一心稱燃燈佛，乘茲善力，得生天上；天上壽盡，以前有虛貪信施之業，墮餓鬼中；八萬四千歲，復墮畜生；畜生罪畢，爲貧賤人。復因前世出家稱南無佛，以稱佛故，八千世中，常值佛世，而眼不見。乃至今日，遇佛釋迦，見如赤土，正長五尺。是時世尊，即現胸上德字，令比丘讀，讀已懺悔，見佛金色，即爲授記，次第作佛。」

至於二乘等修行者，謂聲聞見佛，是老比丘相，緣覺見佛，是辟支相，俱非出世樂相。

故阿羅漢等，雖已是聖人之身，佛仍應其機緣，但只示現老比丘、辟支之相，一方面佛已認二乘人爲出世聖人，他方面則認彼等已非世俗凡夫苦報相，但還不能受樂。因此示現的是隨類不同的種種應身。

次說報身，本論曰：

復次，初發意菩薩等所見者，以深信眞如法故，少分而見，知彼色相莊嚴等事，無來無去，離於分齊。唯依心現，不離眞如。然此菩薩，猶自分別，以未入法身位故。

再則，初發意菩薩，已經修畢十信，不同於凡小，因爲深信眞如法，知悉色相莊嚴等道理，眞如是一法界大總相法門體，無有來，亦無有去，完全無須加以分別整合，因此可少分得見佛的報身。

所謂「少分見」，可分四點說明。

其一是初發意菩薩，修畢十信，以深信力，信眞如乃法界一相，而於定波羅蜜中，觀見眞如之理。眞如是無有去來渾然一體的，心影中所現的，不離眞如，知悉佛的色相莊嚴；這就是佛的報身，但若隱若現，僅少分見。

其二說少分見，以初發意菩薩，還有一點分別心，比喻說佛是在王宮出生的，在菩提樹下成道的，既有來，亦有去，有來去相；因此見不到眞如的整體性，而僅能見少分。

其三說少分見，是初發意菩薩只在定波羅蜜中不離眞如之理，唯依心現，了解境界的展現，完全依於心識，而不作分別，故所見報身，亦僅少分。

其四說少分見，是初發意菩薩，雖已了解「唯依心現」，但究竟還不能斷絕分別事識的境界。事識仍在，則有分別心，未達無分別心，故云所見爲少分。

三賢二乘作入聖的修行，是要斷除無明；但在定波羅蜜中作「觀」時，依六識分別方法，見眞如理，這是「相似覺」，故云少分見。此之謂「見」，就是見眞如理，亦即見佛的報身。既已見眞如理，即不同於凡小之只能見應身，又由於還是有分別心，故不能進入初地，不得無分別之智，則不能證入法身之位。

以上說明見是報身的第一階段，本論續曰：

若得淨心，所見微妙，其用轉勝，乃至於菩薩地盡，見之究竟。若離業識，則無見相。以諸佛法身，無有彼此色相，迭相見故。

淨心，是衆生自性本具的清淨心，但要得到淨心，卻是極不容易，須完全去除煩惱纏、縛等粗相，即使進入三細相的修行階段，所見到的雖只有非常細微的塵垢，亦須予以去除。這時，方完全脫離了分別事識，由歡喜地進入了二地(離垢地)，自心本覺與佛心妙覺，圓融一體，眞如之「用」漸轉漸勝，所見愈細愈微，乃至到達十地，金剛後心，是謂之「究竟地」。在「究竟地」，已無「業相」，故亦無能見之相，更無轉相與現相，因之眞如之「用」還歸眞如，融而爲一，亦即始覺歸於本覺，報身歸於法身。所以說佛的法身，沒有彼此的色相，彼此既無色相，則餘唯一眞如，不會再有以應報身，更迭相見的情形。

關於「化身」、「應身」和「報身」，前已述之，惟經論有不同的解釋。例如同性經說：

「穢土成佛，名爲化身，淨土成佛，名爲報身。」金鼓經說：「三十二相，八十種好等相，名爲應身，隨六道(即天、人、地獄、餓鬼、畜生、阿修羅)所現之身，名爲化身。」攝論說：「地前所見，名變化身，地上所見，名受用身。」依本論所說，則謂六道所見差別之相，名爲應身，十解(住)以上菩薩所見，離分齊相，名爲報身。所論雖有種種不同，且各有理據，但就原理而言，彼此並無不同。

*3.*釋疑

應身與報身尚有相，法身則爲無相，既無相，又何以能現？再則，本章詳細討論眞如門與生滅門，兩者關係爲何？不能無疑。本論曰：

問曰：若諸佛法身，離於色相者，云何能現色相？

問曰：報身與應身，均屬於色，而法身則已離色，爲什麼還能現報身、應身之色？對此一問題，作二點解答。

(1)法身能現　本論曰：

答曰：即此法身，是色體故，能現於色。所謂從本已來，色心不二。以色性即智故，色體無形，說名智身。以智性即色故，說名法身遍一切處。

爲何法身能現色相？答曰，因爲法身本來就屬色體。雖然法身不是色，但由應報兩身而來，仍能以應報身而現色相。應報兩身所現之色，不會與法身眞心有異；比喻水與波浪，水有波浪，波浪即是水，波浪與水同爲一物。法身已歸屬於「心」的本源，而「心」乃是一法界大總相法門體，故法身亦爲「心」的異稱，因曰「即此法身，是色體故，能現於色」。這是與以上所說「諸佛法身，無有彼此色相」不同的地方。

法身是色體，能現於色；法身是「心」，故「心」即是「色」，色亦即是心，以是云色與心是同一的，是不二的。何以說「色心不二」？因爲色是從心而起，其所以現色，乃是法身之「智」所起；又因爲色體即心，而心是無形的，故將之加以區別，說名爲「智身」。由是可知「智」亦即是「色」，名稱不同而已。

法身可由應、報身以現色身，故應、報身示現處即有法身。華嚴經有偈云：

法性遍在一切處，一切衆生及國土；

三世悉在無有餘，亦無形相而可得。

說明了法身的周延性，普遍性。至法身遍一切處，其示現之色爲何？本論曰：

所現之色，無有分齊，隨心能示十方世界、無量菩薩、無量報身、無量莊嚴、各各差別，皆無分齊而不相妨。此非心識分別能知，以眞如自在用義故。

法身遍一切處，法身無形，說明眞心無礙，充塞於宇宙之間，周遍流轉，所現之色，無有分齊，隨各差別心，示現無量差別依正；諸示現之色，以眞如心性無有分齊，故依正亦無分齊。這也就是首楞嚴經所說「性色眞空，性空眞色，清淨本然，周遍法界」（大佛頂首楞嚴經正語頁一四一參照）之義。

性色眞空，是說「妙有非有」，由「事」攬而「理」成，全事即理。性空眞色，是說眞空不空」，由眞心無礙，故得空色無礙，自他身土圓融，而不相妨。如華嚴經所說的「如帝珠網，重重即入，互遍互含」，也就是理不礙事，事不礙理，而事事皆成理。這是眞如大自在的「用」，依心識或分別事識是絕對不能領會的。

(2)從生滅門入眞如門

其次要釋明的，本章詳細討論眞如門與生滅門，生滅門的份量，顯然要比眞如門多。先討論眞如門，因眞如是最基本的概念，由最基本的概念進而討論生滅的概念，此爲理論開展的必然性。現在反過來，以最爲精簡的文字，釋明把生滅門契入於眞如門的理由。眞如是靜態的，生滅是動態的，也說明了動和靜兩者不異的理由。本論曰：

復次，顯示從生滅門，即入眞如門。所謂推求五陰，色之與心。

其次是說明要從生滅門著手修行，漸次契入於眞如門。也就是從一介凡夫，經由菩薩五十五位次的修行，而到達究竟地，金剛心，始覺歸於本覺。覺的意義是「明」，這是在眞如門討論的；不覺的意義是「無明」，這是在生滅門討論的；凡夫無明，故先須澈底了解生滅，方能漸次破除無明的六粗三細煩惱染污纏縛；而破除之道，先須從推求五陰開始。五陰即色、受、想、行、識。陰是蔭、覆，意謂能把眞如之理隱藏起來，使不顯現。五陰以色爲首，謂之色陰，其餘四者，則統名之曰「心」，亦名四陰，爲諸心心所。色陰通於六根六塵，四陰則通王數，皆爲所須觀察的境界，而觀察的主體，乃是心。所以修行之道，第一步功夫是要推求（觀察）五陰，從先認識色與心的基本理念入手，不必另作他求。

首先觀察「色」？本論曰：

六塵境界，畢竟無念，以心無形相，十方求之，終不可得。

觀察色，先從外部的六塵，即眼耳鼻舌身意，逐一觀察色聲香味觸法等境界，當可發現此等境界，都是從心念發生的。心不念塵，就沒有境，也沒有所謂「念」。本論前文曾有「一切諸法，唯依妄念而有差別」以及「以依能見故，境界妄現，離見，則無境界」等，均在說明境從心起，離見無念，故心之外實無六塵境界。且心無有形相，心外既無六塵境界，心內自更無有；心既已無形相，則即使求之于十方塵相中，亦終不可得。

其次觀察「心」，本論曰：

如人迷故，爲東謂西，方實不轉；衆生亦爾，無明迷故，謂心謂念，心實不動；若能觀察，知心無念，即得隨順，入眞如門故。

因爲「心無形相」，所以到處求「心」，而實不知「心」在何處；一如首楞嚴經中所述的「七處徵心」，此心終難覓得。而人之覓心，猶如迷人之迷東爲西，迷西爲東，其實東西方位並未變動。人的眞心和四陰（受、想、行、識），各在其位，因心念之動而成迷謂在東或謂在西，實際上則未嘗有變動。衆生也是一樣，眞心受無明之迷，迷眞爲妄，或執妄爲眞；色心受無明之迷而起「念」，乃有迷東爲西或迷西爲東等情形，並將起念的色心認爲是眞心，其實眞心未嘗有動。因此，倘若能觀察推求知悉眞心無念，眞如心本不生滅，無所謂受、想、行、識，因頓悟眞如一心之妙用，即可隨順而入眞如門。

三、贅語

最後，關於「從生滅門即入眞如門」一語中「即入」的涵義，也略加說明。「即」字有二種涵義，其一是「是」，其二是「就」，此處應作「就」解。淺言之，全句的意義是從生滅門「就入」眞如門，但此「就」字，作進一步的分析，依據方東美先生引用懷德海（White-head）的哲學說，是「契入關係」(relation of ingress)，是代表「關係的結合」，是「透入組織」(to enter into the constitutions)。(見華嚴宗哲學下册四〇六、四〇七頁)。因此可以解釋這句話整體的涵義是：凡夫起信修習佛法，是從生滅門開始，經由五十五位次修行，達到金剛心，乃是由生滅門契入眞如門，也就是在生滅門中修習獲證的果，全部歸入眞如一心。

第三節　對治邪執

對治邪執，「對」是針對；「治」是修正或改正；「邪」是不正確、不合乎眞理，特別是指與眞如之理相悖的見解；「執」是固執不移。整句話的意思是針對牢牢地執著不正確、不合乎眞理的見解，要予以改正。

對治，是「斷煩惱」，可分四種，即所須「厭患對治」、「斷對治」、「持對治」及「遠分對治」；惟本論特別指出的「對治邪執」，所述範圍較狹，其重點在一個「離」字。而分爲「對治離」和「究竟離」兩部分。

本節分爲兩目，其一「對治離」又分爲「人我見」和「法我見」兩段，另一目「究竟離」

則討論澈底改正脫離妄執。本論首先指出邪執的發生，源於有所謂「我見」，本論曰：

對治邪執者，一切邪執，皆依我見，若離於我，則無邪執。是我見有二種，云何爲二？一者，人我見；二者，法我見。

一切邪執的產生，只因爲心中有一個「我」，故欲對治邪執，須先剷除這個「我」。一般而言，「我」就是自己身體的主宰，但佛教則以爲身體是由五蘊和合而成，這個「我」是不存在的，因此這是「假我」；智度論曰：「佛弟子輩等，雖知無我，隨俗法說我，非實我也。」

「見」Darsana，謂思慮、推求、審詳而決擇事理，故「見」是經過思慮、推求、審詳以後對事理的決定。

「我見」二字，綜合起來說，就是這個五蘊和合而成的身體，對事理的思慮、推求與審詳而所作的決定。因爲五蘊和合而成的身體，名之爲「我」，故所謂「我見」，亦名之爲「身見」。大成義章曰：「言身見者，亦名我見；五陰名身，身中見我，取執分別，從其所迷故，名身見。以見我故，從其所立，亦名我見」。

五蘊身中以「我」爲主宰，實是妄執。有「我」則必有「人」(他人)，人我對待，謂之「人我見」；從「我」去思慮、推求、審詳一切法，認各有其體性，謂之「法我見」。此二者均須予以消除，方能離妄而去邪執。

第一目　對治離

一、人我見

㈠意義

所謂「人我見」，是說人身常固執有一主宰，即以「我」為實體，此實體即「我」之相。眾生皆以「我」為主宰，於是有「人、我」之見，而生種種過失。凡夫，不了解此，有人我之見，常常隨言執義，或者存我、覺我，以我為總相主宰，因而生起妄執。

執我為總相主宰，是不了解這個「我」是由五蘊和合而成，把「我相」妄執為一總相，此是初學大乘佛法者最不易明瞭的地方。我相之易認為是總相，因我相尚包括下列三種相。

其一是眾生相，謂是「過去」眾緣和合所生者；

其二是壽者相，謂是「現在」一期住壽不斷緣者；

其三是人相，謂是「未來」數於餘趣而受生者；

而「我相」則謂是此過去、現在、未來三世的總主宰，這是妄執人、我見的起源，故亦名「人我執」。

㈡人我執五種妄執　本論曰：

人我見者，依諸凡夫，說有五種，云何為五？

說人我見，是對凡夫而說的，有五種妄執，茲依照「執緣、執相、對治」的順序，加以闡述。

1.妄執頑空爲法身

(1)執緣　本論曰：

一者，聞修多羅說，如來法身，畢竟寂寞，猶如虛空。

一是依經說，世間所認知的浩渺虛無的空間，誤以爲與如來法身相等；例如金鼓經云：「佛眞法身，猶如虛空」。以爲法身無相就是與虛空相同。或者以三十二相觀如來，妄執佛實有色相可見，虛空，只是如來法身的體性，因云畢竟寂寞。實質上虛空，不是實體，只是對有形的色法，給此一個假定的名稱而已。

(2)執相　本論曰：

以不知爲破著故，即謂虛空，是如來性。

衆生之所以認虛空爲如來法身，而執佛有三十二相等色，實不了知法身如虛空乃是比喻，其眞正的涵義乃是要破除執著於「見有去來、取色分齊質礙」等相。佛的意思是因爲虛空沒有相，也沒有質礙，故喻爲法身，不是說法身就是虛空，更不是說虛空就是如來性。

(3)對治　本論曰：

云何對治？明虛空相，是其妄法，體無不實。

要如何對治呢？須明瞭虛空的相是以虛無開豁、沒有障礙、物質可以往來自如作爲特徵。虛空是無形狀的，一般的物質則有形狀，以無形與有形假定的名詞，認如來法性等同虛空，這是妄認爲空，是錯誤的認知；因虛空無體，乃遍計所執而生，非屬眞實故。但如來法性的體是眞實的，在眞體中，沒有不實有的妄空。

本論續對此釋曰：

以對色故有，是可見相，令心生滅。以一切色法，本來是心，實無外色；若無色者，則無虛空之相。

何以說虛空非如來法身？因虛空乃是「色」的相對名詞，色有「質礙」之義，物質在虛空能彰顯其存在，物質離開虛空則彰顯虛空的存在；首楞嚴經云：「空性無形，因色顯發」，正是此意。因此，色在虛空能顯其相，無色則只見虛空，故此實不關如來法身。

在虛空見物是質的存在，或不存在，乃是吾人之「心」。見到物質是此「心」生「物」(亦即色)，不見物(色)則此「心」滅「物」；所以一切色法的產生，不過是心的生滅，心以外，沒有色法，也沒有虛空。但如來法身則非是，是不會令心生滅的；法身是任何處所都存在的，任何時間都可顯現的，而且無相可得。由是可知色法與虛空是此心生滅的妄相，祛除此妄執，當能明了法身的正確涵義，不致迷誤。

本論續曰：

所謂一切境界唯心，妄起故有，若心離於妄動，則一切境界滅，唯一眞心，無所不遍。此爲如來廣大性智，究竟之義，非如虛空相故。

綜前所述，可知一切境界的顯現，無非色(物質)與虛空的形象，在「心」中的生滅；此心妄生形象則有，不生則無。因此，心不妄動，一切境界均不存在；而只有「唯一眞心」，充塞乎蒼冥，無所不遍。

眞心即是如來清淨法身，廣大圓滿；是本覺性智，絕不同於虛空的妄相；是「究竟之義」，超越虛空而存在。故首楞嚴經有云：「一人發眞歸元，十方虛空，悉皆消殞。」

2.妄執法體唯是空

(1)執緣　本論曰：

二者，聞修多羅說，世間諸法，畢竟體空，乃至涅槃眞如之法，亦畢竟空，本來是空，離一切相。

前段已將色與空的關係，作了深入的剖析，說明虛空不同於法身。這一段要更進一步，剖析「空」的正確理念。

所以生起此妄執的緣因，以聞經有云，如大品般若經言：「乃至涅槃如幻如夢，若有法勝涅槃者，我說亦復如幻如夢也。」如圓覺經言：「生死涅槃，猶如昨夢。」如首楞嚴經言：「眞性有為空，緣生故如幻；無為無起滅，不實如空華。言妄顯諸眞，妄眞同二妄。」此等義理，說明諸法體空，即涅槃、眞如之法，「亦畢竟空」，而且「本來自空，離一切相」。

(2)執相　本論曰：

以不知為破著故，即謂眞如涅槃之性，唯是眞空。

因為不知各經中佛所說的眞正涵意，也不了解世、出世法，對「空」的解釋，誤以為只要破除「有取之心」，一切歸於空，就是眞如涅槃。

(3)對治　本論曰：

云何對治？明眞如法身，自體不空，具足無量性功德故。

對治此一邪執，須了解眞如法身，有「如實空」和「如實不空」兩義；如實空是遠離一切心境界相；如實不空是眞如常恆不變，自體具足恆沙性功德相；前文均已詳爲闡述。

3. 妄執性德同色心

(1)執緣　本論曰：

三者，聞修多羅説，如來之藏，無有增減，體備一切功德之法。

三是常以爲很多經中所說的「如來之藏」，「體備一切功德之法」。如圓覺經云：「善男子，無上法王，有大陀羅尼門，名爲圓覺，流出一切清淨眞如，菩提涅槃，及波羅蜜，教授菩薩。」大陀羅尼門，就是「大總持門」，能總持一切法，爲十法界所依正，並皆依以爲體。由於此體與清淨眞如等，故「圓覺」亦即有如來藏之義。若由此產生妄見，以爲如來藏性，平等一味，法法皆眞，法法皆如，具足無量功德，便成妄執的緣因。

(2)執相　本論曰：

以不解故，即謂如來之藏，有色心法，自相差別。

這是因爲不了解眞如有不變、隨緣兩義，便謂如來之藏，有色法，有心法；色以「質礙」爲自相，心以「了知」爲自相，藏心有此差別，乃迷「理」爲「事」，誤以「性」認作是

「相」之故。

(3)對治　本論曰：

云何對治？以唯依眞如義說故，因生滅染義，示現說差別故。

要如何對治？只要依眞如的義說，就是眞如心是「一法界大總相法門體」，眞如的自體相，無有增減，性自滿足，有大智慧光明義，遍照法界義(均見前述)，則知人我見的發生，乃是如來藏心對於「色心」兩者以生滅染義，示現其差別。

4.妄執法性本有染

(1)執緣　本論曰：

四者，聞修多羅說，一切世間生死染法，皆依如來藏而有；一切諸法，不離眞如。

四是妄執法性有染，聞經中所述，以爲生死皆依如來藏性的隨緣而有。例如楞伽經說：「如來藏，是善不善因，能遍興造一切趣生。」圓覺經說：「一切衆生，種種幻化，皆生如來圓覺妙心」等。實則，如來藏性之「所依」，爲眞如體，而其「能依」自不能離於「所依」，所謂「三界所有，唯是一心」，故云「一切諸法，不離眞如。」

(2)執相　本論曰：

以不解故，謂如來藏，自體具有一切世間生死等法。

這是因爲不了解眞如有隨緣之義，眞如隨無明緣，成世間法，妄以爲眞如體中有此生死染法，如來藏自性，亦有此生死染法。

(3)對治　本論曰：

云何對治？以如來藏從本已來，唯有過恆沙等諸淨功德，不離、不斷、不異眞如義故。

要如何對治？首先要了解，如來藏性自體清淨，從本已來，只具有無量無數與恆河沙數相等的淨功德，是即所謂「不空如來藏」。淨功德，即如來藏自體之相，此自體，恆常與淨功德偕在，不離、不斷、不異，其義與眞如同。

爲明此理，本論復曰：

以過恆河沙等煩惱染法，唯是妄有，性自本無。

因爲淨功德的數量雖然很多，與恆沙數等，但煩惱的種類數量，亦與恆沙數等；不過煩惱的產生是此心妄以爲有，乃無明所引起，如來藏性只有淨功德，也就是說眞體中沒有妄染，故亦稱之爲「空如來藏」。本論前云：「以一切法，皆從心起妄念而生」，又云「一切法，如鏡中像，無體可得」等，均在闡明此意。

本論續爲說明曰：

從無始世來，未曾與如來藏相應故。若如來藏體有妄法，而使證會永息妄者，則無是處故。

明瞭了「不空如來藏」和「空如來藏」的差別，就知道「空如來藏」不可能與「不空如來藏」混合在一起。淨功德中從無始世來，不會有妄染，這是與如來藏不相應的，也就是說妄染不會入眞體，因爲妄染本「空」故。倘若誤認如來藏體有妄染(法)，而於證眞時，可會妄歸眞，永息妄相，則是大錯，無有是處。

5. 妄執染淨有始終

(1)執緣　本論曰：

五者，聞修多羅說，依如來藏，故有生死；依如來藏，故得涅槃。

五是聞經有說，妄執如來藏性有染淨兩法，生死與涅槃，皆不離如來藏。生死是染法，涅槃是淨法，兩者均依止於如來藏。勝鬘經中有頌云：

無始時來性，爲諸法依止；
由此有諸趣，及證涅槃果。

寶性論解釋此頌云：

「無始時者，如經(勝鬘)說言，諸佛依如來藏，說諸衆生無始本際，不可得知。性者，勝鬘經言，如來藏者，是法界藏，自性清淨法身藏。爲諸法依止者，勝鬘經言，如來藏，是依，是持，是依止，是建立。有諸趣者，勝鬘經言，生死者，依如來藏；有如來藏，故說生死。涅槃果者，勝鬘經言，依如來藏，故證涅槃。若無如來藏者，不得厭苦果，願欲求涅槃。」極易誤解妄執如來藏是染淨法之始，而以涅槃爲終。

此外，在楞伽經中，亦有「如來藏者，生死流轉，及是涅槃苦樂之因」的說法，亦易使行者對如來藏是始起染淨，而終於證得涅槃的妄執誤解。

(2)執相　本論曰：

以不解故，謂衆生有始；以見始故，復謂如來所得涅槃，有其終盡，還作衆生。

這是由於一般行者對於生死染淨與如來藏的眞正涵義，並不了解。佛說如來藏，是說「迷」與「悟」兩者所依止的根本。在迷時有生死流轉，在悟時則涅槃。但是生死流轉，無有開始，而衆生則誤以爲係依如來藏而有始；涅槃乃解脫煩惱束縛，回復自性清淨，而衆生則誤以爲依如來藏而有終盡；因此構成了「有始必有終」的誤解。行者基於此種見解，進而謂先依如來藏眞心，然後有生死流轉的妄法，故云衆生對妄法之所見，是有「始」的，是謂「依眞有妄」。既然衆生始依於眞而後有妄，則妄後還歸於眞，證得涅槃，乃是由染返淨，故云涅槃亦有「終」也。從這一「人我見」，「始依眞」而後有妄，「終」則還妄歸眞，就無異於外道所說的「立衆生終盡，還歸於冥，名爲涅槃，從冥起覺，更作衆生」(賢首大師疏)。佛意謂妄法之所生，乃如來藏清淨本性，爲客塵所染而致不淨，其實，眞性本然，妄體空無，實無「終、始」可言。首楞嚴經云：「迷妄有虛空」，「空生大覺中」，即謂妄法無自性，有如虛空，而虛空在大覺中，只是「如海一漚發」，最後「漚沒空本無」；而修行的方便，是「歸元性無二」(詳大佛頂首楞嚴經正語)。

(3)對治　本論曰：

云何對治？以如來藏，無前際故；無明之相，亦無有始。若說三界外，更有衆生始起者，即是外道經說。

要如何對治？須了解如來藏無前際，本論前云「眞如自體相者，一切凡夫、聲聞、緣覺、菩薩、諸佛，無有增減；非前際生，非後際滅，畢竟常恆。」故如來藏，即是一心，是諸法的本源，無有前際，亦無後際，常恆存在。至「無明之相，亦無有始」，依長水大師所記，則謂有四種意義。

首爲依眞名無始，如本論前文云「依如來藏，有生滅心」是。

次爲無有染法，始於無明。如瓔珞本業經云「四住地前使，無法起故，名無始無明住地。」即在說明無明前，更無染法爲此始本，故云無始。

再次爲衆生從本未曾悟，故說無始。如本論前文云「未曾離念」，故說無始無明。

最後的無體故無始，如首楞嚴經云「迷本無根，性畢竟空」是。此稍有疑，前云「空生大覺中」，是爲迷依眞起，何得謂爲「無根」而云「無體」？妄托眞起，是說妄的發生，是依眞體爲其本源，比喻月亮只有一個，但因眼病而見有第二個月影，第二月是影，本不存在，惟如無月亮本體，則第二月的月影自亦無也。楞伽經說得明白，偈言曰：

垢現於淨中，非淨現於垢；如雲翳虛空，心不現亦爾；

意等我煩惱，染污於淨心；猶如彼淨衣，而有諸垢染；

如衣得離垢，亦如金出礦；衣金俱不壞，心離過亦然。

妄念的產生和停止，以及染法無始有終的說法，長水大師記有復禮大師與清涼國師的偈言問答，極爲淺顯易解。復禮大師問曰：

眞法性本淨，妄念何由起？從眞有妄生，此妄安可止？

無初即無末，有終應有始，無始而有終，長懷懵茲理。

願爲開秘密，祈之出生死。

清涼國師答曰：

迷眞妄念生，悟眞妄即止。能迷非所迷，安得全相似。

由來未曾悟，故說妄無始；知妄本自眞，方是恆常理。

分別心未忘，何由出生死。

但外道亦有謂「三界外」別有一衆生界者，這是仁王經中所說：「善男子，一切衆生煩惱，不出三界，諸佛應化法身，亦不出三界。三界無衆生，佛何以化？是故我言三界外，別有一衆生界者，是外道大有經中說，非七佛之所說也。」按七佛，依長阿含大本經曰：「過去乃十一劫，時世有佛名毘婆尸如來(Vipasyin)；復次，過去三十劫，有佛名尸棄如來(Sikhin)；復次，即彼三十一劫中有佛名毘舍婆如來(Vrsvabhu)；復次，五賢劫中有佛名拘樓孫(Krakucehoanda)；又名拘那含(Kanskamuni)；又名迦葉(Kasypa)；我亦今於賢劫中成最正覺。」最後一句的「我」，即釋迦牟尼如來。

如來藏，過去無始，未來無終，本論曰：

又如來藏，無有後際。諸佛所得涅槃，與之相應，則無後際故。

如來藏，無有後際，即本論前文所云「所謂心性不生不滅」。諸佛所得涅槃，與之相應，即本論前文所云「以眞如法常熏習故，妄心則滅，法身顯現；起用熏習，則有斷。」可知如來藏，無始無終；生死依之，無始有終；涅槃依之，有始無終。諸佛所得涅槃，與如來藏相應，恆常不變；比喻金出於礦，既已冶鍊成金，就不再是礦。

6.結語

以上人我見的五種妄執，是凡夫以六識分別心而謬爲執著，未能透澈理解眞如「離言說相、離名字相、離心緣相」的涵義，墮於「有」見，是須特加注意。

二、法我見

㈠意義

初學大乘者所起的妄執，除人我見外，還執著於「有爲法」。大智度論曰：「有爲法名因緣和合生，所謂五衆(蘊)、十二入、十八界。」又曰：「諸賢聖人不緣有爲法而得道衆，以觀有爲法空故，於有爲法，心不繫著故。」說明初學大乘者，不可執著於「有爲法」，欲進入賢聖之位，應觀「有爲法空」，以破除法我之見。

法我見，較人我見單純，僅對二乘鈍根而說，抑亦爲學大乘者須予注意之事項耳。

㈡法我見的妄執

1.執緣　本論曰：

法我見者。依二乘鈍根故，如來但爲說人無我。

法我見發生的緣因，是如來對於二乘人，以其根器較爲愚鈍，不與之說諸法緣起的道理，只是說人並沒有「我」。所謂「我」，不過是四大(地、水、火、風)的因緣和合，有五蘊的積聚，分別有十二入、十八界的功能而姑稱之爲「我」，這個「我」是假名，是空的。亦即如來只說了「人空」。

*2.*執相　本論曰：

以說不究竟，見有五陰生滅之法，怖畏生死，妄取涅槃。

因爲如來只說了「人空」，未說諸法眞常的道理，也沒有對諸法作透澈的說明，所以二乘鈍根不深入了解萬法唯心，生死即是涅槃。只見五陰生滅，悟見「人空」而不見「法空」，於是，於行，但作自利而不作利他；於智，但得生空智而不得法空智；於斷，但斷煩惱而不斷所知；於證，但證人空理而不證法空理；於得，但得有餘涅槃而不得無餘涅槃。以是，二乘鈍根妄見心外，有五陰的生滅，因此怖畏生死，但求超脫三界，希望儘速脫離，到寂滅安樂之處。

*3.*對治　本論曰：

云何對治？以五陰法，自性不生，則無有滅，本來涅槃故。

要如何對治？因爲五陰諸法，均無自性，全部皆空。大智度論云：「諸法自性空」；又云：「諸賢聖人不緣有爲法而得道衆(蘊)，以觀有爲法空故；於有爲法，心不繫著故。」自性既空，則無有生，亦無有滅；是故衆生「本來常住，入於涅槃」(本論前文)。知此義，則法我之見可以破除。

第二目　究竟離

對治離是依據行者在修習大乘佛法的過程中，所易發生的缺失，提出救治的方法，譬如對有病的人對症下藥，予以治療。因此對「空」說「有」，對「有」說「空」，但都不能達到澈底排除邪執的目的。

究竟離則直言眞如的道理，既不論病，亦不論藥，而言一切妄執皆須予以排除，以達成「言語路斷，心行處滅，平等一味」之旨，方可謂之「究竟」。以是「對治離」乃是依言眞如，「究竟離」乃是離言眞如也，分二部分說明。

一、約法明治　本論曰：

復次，究竟離妄執者。當知染法、淨法皆悉相待，無有自相可說。

其次，說明澈底排除妄執。要澈底排除妄執，必須記住「諸法自性空」此一要言。不論染法、淨法，或本、末，或有法、空法，或衆生、佛，乃至世、出世間等，只不過是爲了便於說明的相對詞，凡有爲法，都沒有自性、自相。因此須要亡言絕思，妙契眞如，方能得「究竟離」。中論有偈曰：

若法因待成，是法還成待；

今即無因待，亦無所成法。

說明相對詞只是互相對待，染法和淨法之成就，各有其因，是各自獨立的，不是染法由淨法而成，或淨法由染法而成。由於諸法之成就，各有獨立的因緣，故無因緣，就不能成就法，而此諸法，自性皆空；即使此法有「相」或有對待的法，亦皆不存在，都是「空」，也沒有自相可說。

二、舉廣類求　本論曰：

是故一切法，從本已來，非色非心；非智非識，非有非無，畢竟不可說相。

一切法，總言之，不外色法與心法兩者。色是指物質之無感覺者，心是指有感覺者。別言之，對於「無可分別」者則謂之「智」，「可分別者」則謂之爲「識」；有形狀的稱之謂「有」，無形相的稱之謂「無」。智、識、有、無四者涵蓋世、出世間的一切法，但若究一切法的本源，則惟一眞法界，離一切法差別之相，皆爲無。無六塵境界，故曰非色；無虛妄心念，故曰非心。離聖見，故曰非智；離凡情，故曰非識；此二者仍屬於非心。不著相，故曰非有；不滯空，故曰非無；此二者則屬於非色。以是舉凡能治、所治以及空、有之法，悉皆泯亡。這便是「究竟離」的要義。

最後，恐有人聞說「非」，便認爲一切法皆「無」，這就墮於斷見；又或認爲一切法既非「無」，便認爲是「有」，則又墮於常見；所以本論說「畢竟不可說相」。

所謂「畢竟不可說相」，可從兩方面說。一從「一切法」以言，法不是法體，不可作色、心等相說，其他如斷常，一異、凡聖、因果、生死涅槃一切相亦同。二從「時」以言，謂色、心等相，不但現時不可說，即過去、未來亦不可說。本論眞如門曾云：「一切法，從本已來，離言說相，離名字相」，即是相盡歸如，合於本體，入於眞如。

但無有言說，何以說明眞理，故本論續曰：

而有言說者。當知如來善巧方便，假以言說，引導眾生。

其之所以有言說，乃如來爲隨機破執，假言說爲津梁，引導衆生，是如來的善巧方便。比喻假筏渡河，意不在筏，渡河已達彼岸，筏即捨棄；宏揚佛法須以音聲傳播，衆生方能聞知意在引導衆生，趣向菩提，而不在音聲也。

本論續曰：

其旨趣者，皆爲離念，歸於眞如。

本論旨趣，在闡述眞如，以言說顯無言說之理，皆爲令衆生永離諸念，歸於眞如。智論偈云：

念想觀已除，言語法皆滅；
如是尊妙人，則能見般若。

本論續曰：

以念一切法，令心生滅，不入實智故。

因爲「念一切法」，不知「諸法自性空」，而致此心起分別，生滅相續，這是不能入眞如寂滅實智的。實智即本覺，能入即始覺；菩薩由初地修至十地已還，其所以「不能入」，乃因有「念」之故。本論前文有云：「一切衆生，不名爲覺，以從本已來，念念生滅，未曾離念故。」因爲有「念」，就忘失了此心之如如不動，故續云：「若能觀心無念，即得入眞如門。」又云：「遠離微細念故，得見心性，心即常住，名究竟覺。」成佛之道，端在離念。

第四節　分別發趣道向

第一目　發心的意義

在本章解釋分，已詳細說明了有關大乘佛學的涵義；第二節的「顯示正義」和第三節的「對治邪執」，相當於大乘的「大」之一字，就大乘理論作分別析述；本節所述者，乃有關大乘的「乘」之一字。緣吾人今雖已熟知大乘佛學的理論，但如不發心趣求，身體力行，則知又何用？故必須了解修證的次第，努力修習，漸次踐行，方能期於有成。

分別發趣道向，意謂發心趣向佛道，本論曰：

分別發趣道向者。謂一切諸佛所證之道，一切菩薩發心修行趣向義故。

分別發趣道向，是說諸佛所證的道，乃諸菩薩資以為因而能趣的行。所謂「道」，即「覺道」，亦即所證的菩提果，佛果圓通，故云。所謂「發」，即「發心」，發三種心，信成就發心、解行發心、證發心。菩薩發心趣向佛所證道，也就是修行，亦即依修行的五十五位次，從乾慧地始發信心以迄於金剛心而達正等覺；其間，菩薩所行，則為自利、利他和六波羅密，都可以使每一階段的功德，不斷地向上位次增進。為了要明了菩薩所修行的是佛已證的道，兩者之間的不同，即發心和修行兩者之間，各有其相；例如發心從縱的方面說有淺有深，「信成就發心」，是淺的部分，「解行發心」和「證發心」是深的部分；從橫的方面說有眞有假，依「信成就發心」等三者是眞發心，學他人發心則是假發心；由於「相」之各有不同，故云「分別」。

第二目　發心的種類

發心有淺有深，種類不同，本論曰：

略說發心有三種。云何爲三？一者，信成就發心；二者，解行發心；三者，證發心。

三種發心，或云發心的三種相，總言之，可名之爲「發趣」，意爲發心修行趣向；分別言之，則前二者是「發起」，後一是「開發」。

信成就發心的「信」，是說修「十信」行滿，修習「十住」位的初住即「發心住」，仍須發勇猛精進心之謂。

解行發心的「解」，是說修「十住」、「十行」行滿，入「十迴向」位之謂。

證發心，是說修「十地」行，自初地以迄十地，證眞如理，發自在用之謂。

一、信成就發心　本論曰：

信成就發心者。依何等人，修何等行，得信成就，堪能發心。

信成就發心，即修十信行滿，發心修十住。也就是說，十信修行完滿之人，始能修行十住，故云「堪發」。

十信，是繼「乾慧地」之後，爲使「此心與如來法流水接」，須從信心住開始，依念心住、精進心、慧心住、定心住、不退心、護法心、迴向心、戒心住，以迄於願心住之順序修行。爲便記憶，可簡縮爲「信進念定慧，施戒護捨願」。修十信之人，本論曰：

所謂依不定聚眾生。

未入十信修行，是世間的凡夫，雖已一心向佛，但是「外凡」，屬「三聚中」的「邪定聚」；十信修行人，已入佛門，是佛門內的凡夫，仍是「外凡」；因有「業繫苦相、起業相」，此即屬於「不定聚」範疇；因十信位人，欲求佛果，而心未決，故云。

㈠信成就之行

至十信爲人，應修何等之行，本論曰：

有熏習善根力故。信業果報，能起十善，厭生死苦，欲求無上菩提。得值諸佛，親承供養，修行信心。

凡夫能發心修行，主要有二種力量推動。一種是熏習力，即本論所說的資熏和內熏；一種是善根力，這是過去世所修的善根，深信因果，有業定招果報，故能捨惡而爲善事。所爲「善」，主要是指十善。又所謂善惡，瓔珞經謂「順理爲善，違理爲惡」；唯識論則更進一步以「順益此世他世之有漏、無漏行法爲善，施此世他世違損之有漏行法爲惡」。能分辨善惡，修十善業，即所謂修福德分也。此世修十善行，可成世間有漏福，由此福，更可進而成出世間之無漏福，亦即福德分的一分。

對信修行的程度日漸加深，則知悉三界實是極不安定，生生死死，流轉不已，猶如火宅，所以厭之；因知菩提佛果，是極清涼，故求之，是即所謂修菩提分也。

修行十信際，得值諸佛，此所值之佛，乃佛之應身，是佛的隨機現化，不定於任一種類，例如示現爲父母眷屬師友等，可親近承事供養，而聞法生解，增進修行的信心。

修福德分、菩提分，漸入漸深，以至成熟，乃可入於十住的初住。本論續曰：

經一萬劫，信成就故。諸佛菩薩，教令發心，或以大悲故，能自發心；或因正法欲滅，以護法因緣故，能自發心。

修習十信位，欲有成就，當視修行人根的利鈍。根的利鈍，大致有四種情形：其一是利根不精進，其二是利根精進，其三是鈍根精進，其四鈍根不精進。前二者利根的精進或不精進，究需多少劫實不可定；後二者鈍根精進，極遲爲一萬劫，本論即取此數，至鈍根不精進，這是困而不學，也就勿必論其劫數了。本業經云：「是信相菩薩，十千劫行十戒法，當出十信心，入初住位。」又云：「若一劫、二劫、三劫修十善法，亦退亦出；若值善友能信佛法，若一劫、二劫，方入住位。」故此之所謂信心成就，是指一萬劫，時既滿，行亦可成。

信心之所以得有成就，有三種情形。一爲「諸佛菩薩，教令發心。」佛菩薩對於稍有智慧者或稍有福德者，加以教誨勗勉，則能自發心修行。二爲佛菩薩觀一切衆生，與己無異，不過因爲迷眞執妄而受生死輪迴之苦，遂發大悲心，欲予濟度。十地經云：「見諸衆生，孤獨無侶，生哀愍心。」修行人藉佛菩薩神力之助，不惴自力微薄，姑且發心，以求入證佛果。三爲「或因正法欲滅，以護法因緣故」。修行人見佛法將滅，衆生無依，但苦於自力微薄，有所未逮，因而發心修行，冀能獲證入道，盡力弘揚佛法。

上述三種發心，第一種菩薩教令發心，正念眞如，拋捨一切邪曲，這是「直心」，是仗他力而發心。第二種是大悲內熏，憐念衆生沈淪之苦，發心濟度，這是「大悲心」，是依自力而發心。第三種是鑒於佛法不彰，爲獲法故，乃廣修萬行，以振興佛法，這是「深心」，也是仗自力而發心。

信心成就，將得何種利益，本論曰：

如是信心成就，得發心者。入正定聚，畢竟不退。名住如來種中，正因相應。

由發心而修行，亦即十信修畢，是謂有「成就」。在十信以前的修行，是凡夫，屬邪定聚；既修行已有成就，則在此階段之修行，屬「不定聚」，殆進入修習「十住」的初位，即「發心住」。住者，謂修習佛法的心志堅定，篤信不移，永不退轉，是即脫離凡夫之位，入「正定聚」，爲三賢二乘人，不再是凡小，而爲佛子，與如來氣分相接，因名爲「住如來種中。」關於種性或曰習種性，在本業經中，將之綜合爲六類，謂「十住習種性」、「十行性種性」、「十向道種性」、「十地聖種性」、「等覺性」及「妙覺性」。現修習十住，即爲第一類的「十住習種性。」

既住如來種中，則必與佛性的「正因」相應。佛性，依涅槃經所說，有「三因」。其一爲「正因佛性」，可以成就法身之果。其二爲「了因佛性」，可成就般若之果。其三爲「緣因佛性，可成就解脫之果。修行大乘佛法，以成就法身爲鵠的，故云「正因相應」。

在十信位中的修行，並非是一帆風順的，常常因二種緣因而退縮不前，一是內因，二是外緣。關於內因，本論曰：

若有眾生，善根微少。久遠已來，煩惱深厚。雖值於佛，亦得供養。然起人天種子，或起二乘種子，設有求大乘者，根則不定，若進若退。

在十信位中修行，信心不堅定者，就是善根微少，亦即所謂根劣。根劣者，雖常受善事熏習，但有二種原因，使其不能進步。一是煩惱深厚，貪、瞋之心太盛；二是雖值佛而爲供養，但附有條件，希望獲得再世爲人或上生天道的果報；人天俱有生死，此非修習佛法的鵠的。另外或者對於大乘佛法的修習，猶豫不定，只求爲二乘人；似此進退不定，皆因眞如內熏力弱之故。

關於外緣，本論曰：

或有供養諸佛，未經一萬劫。於中遇緣，亦有發心。所謂見佛色相而發其心，或因供養眾僧而發其心，或因二乘之人教令發心，或學他發心。

所謂外緣，就是外部的條件。外部的條件劣，使修習大乘者，猶豫不定。分析之，大概可分二大類，其一是認修行的時間太長，鈍根須經萬劫，並且還須不斷精進方可，因而生畏縮之心。其二是遇緣雖亦發心精進，但俱不得其法，此有四種情形，一是「見佛色相而發其心」，如見佛像的莊嚴巍峨等，而發其心者。二是「或因供養眾僧而發其心」，供養眾僧，不明了「三輪體空」之義，仍囿於人天有漏果報而發其心者。三是「或因二乘之人教令發心」，這是隨劣之教令發心，所遇之緣爲劣之故。四是「或學他發心」，只是隨他人學，見人修行，亦一步一趨，而不自照心而發心者。此四種發心，都不是菩薩的悲智之心。

吾人學佛，當習大乘，最初發菩提心，要先有「智」，了解眞性本有，無明本空之理。其次要有「悲」，要濟度衆生；其三則以此悲心，誓「願」必須切實完成，一刻也不捨離此願心。具此三者，方可云修習十信位。

如無此三心，則必退失，本論曰：

如此等發心，悉皆不定，遇惡因緣，或便退失，墮二乘地。

綜上內因、外緣之劣而發心者，共有七點，一是位次劣，僅在十信初心修行；二是內熏劣，眞如熏習無力；三是善根劣，善根微少；四是時限劣，未經萬劫；五是外緣劣，僅見佛之色相；六是起行劣，囿於修行人天二乘；七是究竟劣，遇惡緣退爲凡小。所以這七種發心修行，基本上都在不定的狀態，尤其遇到惡因緣，即行退失，不入信位。

㈡信成就發心之相　本論曰：

復次，信成就發心者，發何等心？略說有三種。云何爲三？一者直心，正念眞如法故。二者深心，樂集一切諸善行故。三者大悲心，欲拔一切衆生苦故。

信成就發心，要發何等心？略說有三種：

一是直心，所謂直心，謂心如絃之直，無所偏倚，亦即一心依眞如妙理而行，遠離有、無、一、異，凡、聖、染、淨等一切邊邪之相。於此欲有所成就，必須修習「正念」，這是自利、利他、智行和悲行的根本。修習正念，當如占察經言：「眞如能成行人質直心故，如蛇行性曲，入筒則直；三昧調心，亦復如是。」

二是深心，謂廣修六度萬行，反對妄染，破除妄染，一一歸向眞如，這是自利，期能反、破無明，成就大智慧光明。故此修行，乃爲眞如性德，以樂修衆善，稱性無著的方式，加以發揚；故深心，不唯是深，抑亦有廣大之義。以是菩薩自利之行，若不了徹眞如之妙理，則爲深而不廣；若多行世俗之善，則爲廣而不深；兩者均非大乘之行。

三是悲心，謂欲廣拔衆生之苦，令得菩提，這是利他。有悲憐之心，才有拔苦之行，這是大慈；欲令衆生均能得菩提樂果，使可超出人、天、二乘，這是大悲。

以上三者，涵義極廣，包涵理與事、自利與利他，也就是大乘三聚淨戒。因直心正念眞如，則須遵守律儀，俾得免於過失，是包含於律儀戒中；深心樂集善行，則衆善奉行，是包含於善法戒中；悲心欲拔衆生苦，普濟衆生，是包含於攝衆生戒中。

又修此三者，亦即修佛性的三因，亦可漸次熏習而成。所謂「三因佛性」，即「正因」、「了因」、「緣因」三者。直心從正因由理發心，成「中道第一義空」即法身；深心從了因由慧發心，成「智德」即般若；悲心從緣因由善心發心，成「斷」即解脫。再則，正念眞如，入自性清淨心，成法身；樂集善行，莊嚴萬德，成報身；廣拔衆生苦，示現淨緣，成應身。故三心之修行，實爲大乘中道之妙行，諸行雖多，概可由此涵括淨盡。淨土經有云：

直心是菩薩淨土，菩薩成佛時，不諂衆生來生其國。

深心是菩薩淨土，菩薩成佛時，具足功德，衆生來生其國。

悲心（四無量心）是菩薩淨土，菩薩成佛時，成就慈悲喜捨，衆生來生其國。

爲更進一步說明上述各點，本論以問答方式說明曰：

問曰：上說法界一相，佛體無二；何故不唯念眞如，復假求學諸善之行？

問曰：本論前文，一再解說「覺義」，如「心體離念，離念相者，等虛空界，無所不遍」，法界唯一相，佛體無二等，因此只要依眞如理修行，就能成佛，何須更修諸多善行呢？也就是只要修直心就夠，何必另修深心、悲心等善行。

答曰：譬如大摩尼寶，體性明淨，而有礦穢之垢；若人雖念寶性，不以方便，種種磨治，終無得淨。

答曰：如摩尼寶，寶性雖淨，但長久埋藏於污泥之中，不免有礦穢之垢；故如只念寶性本淨，處染不染，惟若不假磨治，終不得淨。這是喻性淨而相不淨。

如是衆生眞如之法，體性空淨，而有無量煩惱垢染，若人雖念眞如，不以方便，種種熏修，亦無得淨。

這是用前述的比喻，來解釋修行的必要性。即喻大摩尼寶眞如之法，眞如本性明淨，但爲無明覆蓋，成爲如來之藏，是曰在纏染穢眞如。無量煩惱垢染，即喻礦穢。若人發信成就發心，內起厭求熏習因力，一方面以自力對治，一方面則借師友外緣之力，教聞修行。以種種修行的方便，去除無明覆蓋，此心方能得淨。本論前文曾云眞如有不變與隨緣兩義，眞如就是生滅門中的本覺，因在纏而有垢染，若人雖念眞如，但不假善行，熏治煩惱，則本覺無由出纏。前文又云，佛與衆生同；惟其之所以不同者，乃是相不同，眞如的體性是相同的，但佛與衆生之相不同，就是佛已盡去垢染，而衆生則否。

以垢無量，遍一切法故，修一切善行，以爲對治。

這是說明爲什麼要修習善行，緣衆生從無始來，背覺合塵，於色、聲、香、味、觸等一切法上起貪、瞋、癡等無量煩惱垢染；今知其非，則當修種種善行，以爲對治。

若人修行一切善法，自然歸順眞如法故。

修善行是內順眞如，外抗妄染。例如行布施，外則不慳貪，內則無慳，順眞如理也。

㈢信成就四種方便

前文所述，只云修何等行及爲何發心，未言其應如何修行，此則舉四種方便，釋明修行方便，或可云前述乃發心之相，而此則爲修行之相。本論曰：

略說方便有四種，云何爲四？

前述修善行，自然歸順眞如；修善行是依三心，即直心、深心、悲心。依直心修觀照方便，不住道；依深心修止作方便，自利行；依悲心修大願方便，利他行。惟修行方便雖多，但綜言之亦不外下列四種。

其一曰根本方便，本論曰：

一者，行根本方便。觀一切法，自性無生，離於妄見，不住生死；觀一切法，因緣和合，業

果不失，起於大悲，修諸福德，攝化眾生，不住涅槃。以隨順法性無住故。

根本方便是以自利行和利他行兩者作基礎，無此根本方便的修行，則其他便談不上了。行根本方便，亦即依眞如理，作爲入道的法門。眞如有不變、隨緣兩義；依不變義，觀一切法，自性無生，不執實有，以大智斷惑，離諸妄見，如此則惑斷而業空，因亡而果無，故云不住生死。又所謂「不住」，「不」是無的意思，是「因」，不住就是無住的因行；不住生死，乃謂脫離生死輪迴；不住生死，也是「智」，見諸法從本已來，常自寂滅，若見諸法有生滅，即成凡夫，即非智者。依隨緣義，觀一切法，因緣和合；謂若染與因緣和合，即由惡業而將招致苦果；若與淨因緣和合，即以善因而獲樂果；故染惡因緣將墮於地獄、餓鬼、畜生等三途，而淨善因緣則通於人、天、二乘及佛道。既見善惡因緣的和合，其結果如此的懸殊，於是起大悲心，濟度衆生，以期衆生能由迷而悟，轉凡成聖。修善行方法，即修持所謂施、戒、忍、精進、禪定六度是，均屬修行福德，既利他亦自利。菩薩作利他自利之行，發大悲心，念衆生迷眞逐妄，枉受輪迴，若有一衆生未悟，終不入涅槃，故云不住涅槃。不住亦即眞如隨緣義。由眞如不變與隨緣兩義修行，是以直心正念眞如，不著空、有二邊，且利他、自利兩利交互興作，皆爲隨順眞如法性的無住；這是最爲基本的，故曰「行根本方便。」

長水大師對根本方便的二種觀行，有云：

「又此一文，初名自性無生止(按即眞如不變義)，次名因緣不失止(按即隨緣義)，後名法性無住止；亦可初名不住生死觀，次名不住涅槃觀，後名隨順法性觀。若總之，初可名離於妄見大智止觀，或名眞如止觀，次可名攝化衆生大悲止觀，或名生滅止觀，後可名隨順無住平等止觀。若與楞嚴(經)會之，初即空如來藏心止觀，次即不空如來藏心止觀，後即空不空如來藏心止觀。又與圓覺(經)會之，初即奢摩，次即三摩，後即禪那。又與(天)台宗一心三觀義同，謂觀法無生，即空觀，觀俗諦也；觀因緣和合，即假觀，觀俗諦也；隨順法性，即中觀，觀第一義諦。即三而一，即一而三，不縱橫並列，諦觀皆然，故此名爲行根本也。」可供參考。

其二曰能止方便，本論曰：

二者，能止方便。謂慚愧悔過，能止一切惡法，不令增長。以隨順法性離諸過故。

能止方便，是消極的自利，要勤斷二惡。二惡謂見思煩惱與無明煩惱，或云已生之惡，未生之惡。對於已生之惡，要慚愧悔過，斷令不再繼續；對於未生之惡，要斷令不起。其要訣在「慚愧悔過」四字，慚是慚自己，須隨時自責，我乃賢善之修行者，豈可爲此惡行；愧者，愧對他人，須隨時自省，修行者不可被他人討厭，應力行善事，對惡行有羞恥心，更不可親近惡人；悔過，梵語曰懺摩 Ksamaya，今譯請求恕宥或忍。對已生之惡，痛切悔過，則未生之惡，不再增長，咎既往之不諫，知來者之可追，當不致重蹈前愆，是爲改往修來也。由慚愧悔過，必「能止一切惡法」，此爲「隨順法性，離諸過」的唯一方便。止惡，亦謂之「止持門」，止持是妥爲把持，不令生惡之意。

其三曰發起善根增長方便，本論曰：

三者，發起善根增長方便。謂勤供養禮拜三寶，讚嘆隨喜，勸請諸佛。以愛敬三寶，淳厚心故，信得增長，乃能志求無上之道。又因佛法僧力所護故，能消業障，善根不退，以隨順法性離癡障故。

發起善根增長方便，是積極的自利，要勤修二善。二善，謂「定善」與「散善」。定善是定心所修的善業，從身、口、意去惡修善。對已起之善，要努力堅持，令其增長，對未起之善，要奮勉惕勵，令其生起。供養有三種，以財供養、以法供養，觀行供養。禮拜有七種，我慢禮、唱和禮、恭敬禮、輪著禮、無相禮、起用禮、內觀禮、實相禮。三寶謂佛、法、僧。禮佛共有八種，供養、讚嘆、禮佛、懺悔、勸請、隨喜、迴向、發願；這八種都是正意禮佛，各能除障；供養可除慳貪障，讚嘆可除惡口，禮佛可除我慢，懺悔可除業報障，勸請可除謗法，隨喜可除嫉妒，迴向可除狹劣，發願可總持諸行。

敬愛三寶，敬與愛兩者，有四種不同的情形。一爲愛而非敬，如母之於子；二爲敬而非愛，如部曲之於長官；三爲亦敬亦愛，如修行者之於三寶；四爲非敬非愛，如仇敵之相恃。對三寶的敬愛，乃基於一種「淳、厚」的心態；所謂淳厚，是此心毫不滲有雜念，亦可分爲四種情形；一爲淳而不厚，謂虔誠的心只是暫時，不會維持得很久；二爲厚而不淳，謂雖有虔誠的心，但此心經常在雜亂的狀態，無法專一；三爲亦厚亦淳，謂虔誠的心，終始如一；四爲不淳不厚，謂終始無虔誠的想法。以「亦淳亦厚」的心愛敬三寶，則「信得增長」，從十信位開始修行，可證得無上菩提，入正定聚。再加上佛、法、僧三者力量的護持，善根成熟，隨順法性離癡障。

其四曰大願平等方便，本論曰：

四者，大願平等方便。所謂發願，盡於未來，化度一切眾生，使無有餘，皆令究竟無餘涅槃。以隨順法性無斷絕故，法性廣大，遍一切眾生，平等無二，不念彼此，究竟寂滅故。

大願平等方便的「所謂發願」，「發」是策勵修行者要依照修行的程序，奮勉向前，不可中止；「願」是希望求得樂欲，永離苦海。從時間上說，發願是要「盡於未來」，即長時心；從空間上說，是要「化度一切衆生」，不加選擇，無論四生(胎、卵、濕、化)九類(菩薩、二乘、天、人、畜生、餓鬼、地獄、阿修羅)等，悉皆平等，使之悟入究竟涅槃。

所謂「長時心」，意謂法性常住，無始無終，既誓願濟度衆生，則應隨順法性常住的特質，堅持不懈，而盡於未來。

所謂「廣大心」，意謂法性廣大周遍，無所不在，且衆生皆具，無二無別，平等一致。故於化度之時，亦無須加以選擇，應隨順法性，一體加以濟拔。金剛經云：「所有一切衆生之類……我皆令入無餘涅槃而滅度之」，即是此意。

上述四種方便，綜合言之，根本方便是要不住生死，眞如性本無住，故修此者，謂之「不住行」；能止方便要勤斷二惡，消障離礙，故修此者，須立「無邊煩惱誓願斷」之宏願；發起善根增長方便，要勤修二善，增長善根，斷除惡根，故修此者，須立「無量法門誓願學」之宏願；大願平等方便，要策勉精進，必底於成，故修此者，須立「佛道無上誓願成」之宏願。

㈣信成就發心利益

既發心修行，依四種方便，三種心，得見法身，則其利益爲何？簡言之有四，曰：顯勝德、明微過、通權教、歎實行。

1. 顯勝德，本論曰：

菩薩發是心故，則得少分見於法身。以見法身故，隨其願力，能現八種，利益眾生，所謂從兜率天退、入胎、住胎、出胎、出家、成道、轉法輪、入於涅槃。

菩薩發直心、深心、大悲心，就此作觀，即得見少分法身，所謂少分，是因此觀，僅能見人空的道理，而未見法空也。

因見法身，則可隨願力能現八種相狀，而利益眾生，佛陀的八種相狀，即所謂「八相成道」。一是從兜率天退，佛陀先降於兜率天，住四千歲，見時機成熟，遂乘白象下降之相。二是入胎，乘白象由摩耶夫人左脅入胎之相。三是住胎，在母胎行、住、坐、臥，一日六時，爲諸天說法之相。四是出胎，四月初八於藍毘尼園從摩耶夫人右脅出生之相。五是出家，十九歲（或云二十五歲）觀世無常，出王宮入山學道之相。六是成道，經六年苦行，在菩提樹下成佛得道之相。七是轉法輪，成道以後，五十年間說法普度人、天之相。八是入滅，八十歲在娑羅雙樹下入於涅槃之相。

兜率 Tusita，譯名喜足或知足。法華經曰：「若有人受持讀誦，解其義趣，是人命終……

即往兜率天上，彌勒菩薩所」。此天依空而居，人間的百年，此天一晝夜，人間要十四萬四千年，方為此天一年。菩薩發深心以護法，發大悲心以化度衆生，發直心行佛菩薩教作無住行；依此觀門，方少分見法身理，這是自利；由此自利，就可隨自己的願力，運智運悲，示現八相，利益衆生，這是利他。

2.明微過，本論曰：

然是菩薩，未名法身。以其過去無量世來，有漏之業，未能決斷，隨其所生，與微苦相應，亦非業繫。以有大願自在力故。

但此際修行的菩薩，還未證眞，只是依十信的信力，見於少分，尚不能名曰法身。因為過去無量世以來，雖然也修行入於初住，但其先世所造的業種，未能決斷，故有變易生死或在留惑潤生的情形下而有分段生死，惟此苦已與凡夫之苦有別，甚苦甚微，因稱之謂「微苦」。

菩薩在此住位的修行，其之所以與微苦相應，乃是以變易之身，為願智所資，並不訂有一定的期限，故非為業所繫；而能依自己自在的願力，變粗身為細質，易短命的長壽。由於有願力，故菩薩的煩惱不斷，此之謂「留惑」；由於有智力，故菩薩不斷作利他行，此之謂「潤生」；願智兩者的交互應用，菩薩深知此微過，是修道進業的階梯，異於凡夫，非業繫受身。

3.通權教，本論曰：

如修多羅中，或說有退墮惡趣者。非其實退，但爲初學菩薩，未入正位而懈怠者恐怖，令其勇猛故。

菩薩既離業繫，願力自在；但契經有云，住位的菩薩有退墮到惡趣的，如瓔珞本業經中言：「七住以前，名爲退分，若不值善知識者，若一劫乃至十劫，退菩提心；如淨目天子、法才王子、舍利佛等，各入第六住，其間值惡知識因緣故，退入凡夫不善趣中，乃至廣說。」在七住位前，均謂之未入正位；須至第七住之「不退住」，方入正因不退之位。但此爲權教，只是對修行中菩薩，提出警語，切不可懈怠，以增進其惕勵奮發之心，不是眞會倒退。

4.歎實行，本論曰：

又，是菩薩，一發心後，遠離怯弱，畢竟不畏，墮二乘地。若聞無量無邊阿僧祇劫，勤苦難行，乃得涅槃，亦不怯弱，以信知一切法，從本已來，自涅槃故。

又，發心修行的菩薩，一經發心，就信知一切法，本來涅槃之理；絕不會因聽說佛道久遠，須久經時劫而心生怯弱，畏難懈怠。既勇猛精進向上修行，則墮於凡夫二乘等果報，以信心具足，更不生起。並深自信知，欲求成佛，須靠自力，不假外求。

二、解行發心　本論曰：

解行發心者，當知轉勝。

「解行發心」是於「信成就發心」後的進一步發心。亦即修「十住、十行」行滿，入「十迴向」位的修行，名解行發心，故此發心，已不同於前之發心。而「解、行」二字，即指「十住、十行」，十行菩薩，了知「法空」之理，行滿發迴向心，較之於前信滿入住，更進一層，故云「轉勝」。

但何以較前更勝？本論曰：

以是菩薩，從初正信已來，於第一阿僧祇劫，將欲滿故。

修行的菩薩，從最初正信發心，到第十迴向位，稱之謂滿第一阿僧祇劫。從第十迴向位趨向十地的初地，已非遙遠，故云「將欲滿」。這是從修行的時間方面說的，若從修持「十住、十行」(即解、行)方面說，則其所修者爲離相之行。本論續曰：

於眞如法中，深解現行，所修離相。

對於眞如法中修行的道理，透澈明了，故在十住、十行、十迴向各修持階段的現行，俱合乎「眞如無相」的原則，是所修者，皆離相之行。何故？本論曰：

以知法性體無慳貪故，隨順修行檀波羅蜜。

因爲知悉法性的本質無有慳貪，即不吝惜己物，不希求他人財物，而行「檀波羅蜜」Danaparamita。檀即檀那，意爲布施、財施、無畏施、法施，簡稱爲「檀」；波羅蜜 Paramita，意爲到彼岸，彼岸即涅槃，涅槃即眞如之理。

以知法性無染，離五欲過故，隨順修行尸波羅蜜。

因爲知悉法性清淨，而離色、聲、香、味、觸等五欲，不再於此五境生起欲望而有過失，是爲修行尸波羅蜜 Silaparamita。尸即尸羅，意爲戒，在家、出家、小乘、大乘等修行人的一切戒行。

以知法性無苦，離瞋惱故，隨順修行羼提波羅蜜。

因爲知悉法性無苦，而離瞋、惱。瞋即瞋恚，俗爲生氣，情緒憤激；惱即煩惱，凡煩惱，心即不安，身體發熱，面紅心跳，故惱亦曰熱惱。離此瞋惱，是謂修持羼提波羅蜜 Ksantip-aramita。羼提，意爲忍辱，忍受一切污辱無理的打擊。以及寒熱饑渴等痛苦。

以知法性無身心相，離懈怠故，隨順修行毘梨耶波羅蜜。

因爲知悉法性無有身心，以法性清淨，不見身心，而無身心勞瘁之心理負擔，故不生懈怠之念，得以隨順精進修行。毘梨耶波羅蜜 Viryaparamita，毘梨耶意爲精進；精是精純，心不旁騖，不雜他念；進是進取，勇猛不退。

以知法性常定，體無亂故，隨順修行禪波羅蜜。

因爲知悉法性的本質是「常」是「定」，常定就是不亂，因得隨順修行禪波羅蜜。禪波羅蜜 Dhyanaparamita，禪，意爲靜慮，又名三昧，或曰定，是思惟眞理以抑止心的散亂的重要方法。

以知法性體明，離無明故，隨順修行般若波羅蜜。

因爲知悉法性本體是「明」，亦即前文所述的本覺，本覺中無有不覺，爲離無明故，即隨順修行般若波羅蜜。般若波羅蜜 Prajnaparamita，般若意爲智慧，智是通達諸法，慧是斷惑證理。智即是明，明即是離無明，也就是因定成慧。

以上六波羅蜜，是菩薩隨順修行，是漸修，是究竟自利利他的大行。隨順法性而修，修即無修，非著事相之染修，所修離相，則一一皆到彼岸，故謂之波羅蜜，乃解行發心之所依。至華嚴經所云「十地菩薩，如次行十波羅蜜行」者，即於六波羅蜜後，再加方便善巧波羅蜜Upayapararnita，願波羅蜜Pranidanaparamita，力波羅蜜Balaparamita，智波羅蜜Juanaparamita四者，惟十度修行乃十地菩薩證眞以後之「如實修行」，非本論所謂之「隨順法性修行，深淺有異，宜辨之。

三、證發心　本論曰：

證發心者，從淨心地，乃至菩薩究竟地，證何境界？所謂眞如。

所謂證發心，乃是解行發心後更進一步的修行。在修畢乾慧、十信、十住、十行、十迴向等，進入十地的初地，此心已是淨心，即將修到菩薩究竟地，即金剛心、究竟覺。其後所證的境界，就是眞如。故開發一心，親證眞如，先隨順法性漸修，迨人、法兩空既去，無明細惑破除，即獲正證；由三賢而入聖位。本論續曰：

以依轉識，說為境界。而此證者，無有境界，唯眞如智，名為法身。

但是眞如是無相的，如何能正證眞如？由於十地菩薩，業識未盡，且可依轉識而有現識，故說有境界之相。惟此境界，本論前文曾云「境界相，以依能見故，境界妄現，離見則無境界。」以是正證眞如，無有境界，唯有用「根本智」去照見眞如之智，這個「智」便名為法身。

以根本智照見眞如，則勝用不盡，本論續曰：

是菩薩於一念頃，能至十方，無餘世界，供養諸佛，請轉法輪。唯爲開導，利益衆生，不依文字。

菩薩於一念之頃，可至十方，這是因爲已正證眞如，故其勝用無窮；以根本智照見十方刹土的差別界，則所照見的一切，謂之「後得智」。由後得智洞悉衆生的苦惱，菩薩遂益堅其救苦救難的大悲心，拔濟衆生。後得智亦洞悉「無餘世界」衆生的苦惱；無餘世界，依華嚴經說，初地菩薩，能至百佛世界，二地菩薩可至千佛世界，及至十地，則可至不可說不可說阿僧祇世界。菩薩依其修行分位的不同，可至不可說不可說(按此意爲無窮盡)阿僧祇世界，是曰無餘世界。

菩薩至十方刹土、無餘世界，有二個目的，其一是供養諸佛，請其說法；其二是指出請佛說法，乃是爲開導長時期修行的衆生，堅固意志，勇猛精進，務必成就正覺；得到佛的策勵，自求精進，亦作爲修行中衆生的典範，而不必依文字敘說，衆生在菩薩示範下，潛移默化，獲得修行精進的利益。

爲說明此意，本論續曰：

或示超地，速成正覺，以爲怯弱衆生故。或說我於無量阿僧祇劫，當成佛道，以爲懈怠衆生故。能示如是無數方便，不可思議。

菩薩不依文字，示範衆生，有多種方便，但在此僅列舉二種。一爲「或示超地」，謂有一類衆生，根性怯弱，聞說佛道的修持，須經三大阿僧祇劫，且極爲勤苦，因此心生畏懼而退屈不前；菩薩爲此一類衆生，示現佛道的修成，可以超越地位，不經劫數，證成佛果，以使彼等能見賢思齊，發勇猛心，努力進取；例如釋迦牟尼，只修行六年，即在菩提樹下，證成正覺；又如華嚴經中的善財童子，一生即修成；法華經中的龍女，八歲成佛；俱是顯例。這是要督促對佛道修持久遠者，以激發其修行的信心。

另一爲「或說我於無量阿僧祇劫，當成佛道」。這一類衆生，對於修持佛道，太有信心，以爲依法修行，必可得成，因此不十分積極，且時有懈怠，苟且因循；故佛對此一類衆生的警策，謂我經無量劫的修行，方成佛道，於求菩薩道時，亦從不止息，是宜勇猛精進，不可拖延。

對第一類的修行者，因其心懷畏怯，故用督促的方法，勉能自此生中得成佛道。對第二類的修行者，因其心生懈怠，故警以不可拖延。此二種方便，可延伸爲無數種，故曰不可思議。

能否成就佛道，本論是積極的予以肯定的，因續曰：

而實菩薩，種性根等，發心則等，所證亦等，無有超過之法，以一切菩薩，皆經三阿僧祇劫故。

爲何說菩薩定能成就佛道？因爲菩薩在實行修持方面，有四種完全一致等同的情形。

其一爲種性根完全等同，同是一乘種性，同是上乘根器。

其二爲發心行完全等同，同在自利、利他的大原則下，發菩提心，行六波羅蜜。

其三所證之證完全等同，均爲證二空(我空、法空)之理，及至地上乃至十地，均爲證眞如之理，並依眞如而行修持。除此之外。並無其他捷徑，可超過此法而得成就佛道。

其四在修行的時間方面，同須經三阿僧祇劫。

故成就佛道，有此四種完全一致等同的情形，而其因行果證，亦無不等同。

關於阿僧祇 Asamkhya，意謂無數，是數之極者。或有謂一阿僧祇是「一千萬萬萬萬萬萬萬兆」，若以此計，則三阿僧祇成就佛道，其時間之久遠，實難想像而生退屈之心矣。長水大師對此持不同說法，有云：「阿僧祇，此云無數；無數之言，亦不定久近；如人經年不相見，便云無數時，竟日不見，亦云無數時。修行時分，意亦同此。」故三阿僧祇即是說三無數時；無數時意指時分長短是不一定的，可長可短，對怠於修行者，拖延時分則長，對勇猛精進，日夕自行督促的修行者則短。概言之，三阿僧祇是指修行的三個階段，即從凡夫發心修行，經無數時，親證眞如，名爲見道(即初地)，是爲第一階段；見道以後，漸斷我執、法執二障，又經無數時，至第八地，是爲第二階段。自此而後，繼續精進，遣除餘累而成佛，又經無數時，是爲第三階段。

再則，時間(分)的長短，亦無一定，但唯心之所現；心樂其長則長，樂其短則短。法華經說，日月燈明佛，說法華，經六十小劫，時會聽者，謂如食頃。攝論云：處夢謂經年，覺乃須臾頃，故時雖無量，攝在一剎那。所以阿僧祇的涵義，宜從此一觀點解釋。

惟佛道之成，尚須視衆生之根機，本論續曰：

但隨衆生世界不同，所見、所聞，根欲性異，故示所行，亦有差別。

成就佛果，是一個崇高的目標，需要久遠的時間。其所以如此，乃因衆生世界，千差萬別，或信心不堅，或心懷怯弱；或九界衆生有善有惡，且遍於十方，復有染有淨；或所見者有邪有正，所聞者有疑有信，以是而致難於成就佛果。

再則衆生的根有利有鈍，樂欲有大有小，種性有高有下，亦使成就佛道的情形不同。此之所謂「根」，指過去之已成就者；「欲」指現在之所欣者；「性」則指未來成就種子。因根、欲、性的差異，致所表現在外的行爲，亦有差別。對此千差萬別的衆生世界，菩薩拔濟衆生的方便，亦各不同，例如首楞嚴經中觀音的廣陳中所說的種種情形。

又，是菩薩發心相者，有三種微細之相。云何爲三？一者眞心，無分別故；二者方便心，自然遍行利益衆生；三者業識心，微細起滅故。

又，是菩薩雖證法身，但因有三種微細之相，故仍不同於佛。那三種微細之相呢？

其一是眞心，就是根本智，或無分別智、眞智、正智等。

其二是方便心，就是後得智，或分別智、俗智、如量智等。

其三是業識心，就是阿賴耶識。

以上三種發心相，即本論前已論述的三細相，境界相、能見相、無明業相，亦即現識、轉識和業識。由賴耶識能生根本、後得二智，二智起時，此菩薩就有微細生滅之累，即不同於佛地的純淨，故非佛位。這是說明證發心相的菩薩，可證眞(業相十地盡)，可達俗(轉相久地盡，現相八地盡)；只是不同於地前，且因有生滅，故不同於佛位。

又，是菩薩，功德成滿。於色究竟處，示一切世間最高大身。

又，菩薩，修行至此自利行滿，利他德圓，則將出菩薩位，成究竟果，亦即以此身，成正覺。首楞嚴經曰：「如來逆流，如是菩薩順行而至，覺際入交，名爲等覺。」又曰：「從乾慧至等覺已，是覺始獲金剛心中初乾慧地。如是重重單複十二，方盡妙覺，成無上道。」

菩薩功德成滿，受二種利益。一爲現報利益，即受佛位；二爲後報利益，即於「色究竟處，示現一切世間最高大身。」色究竟處，是色界的頂天，名大自在天 Mahamahes vara，是色邊際，故云。

何以於大自在天示一切世間最高大身？按色界十八天，初禪三天(梵衆、梵輔、大梵)，二禪三天(少光、無量光、光音)，三禪三天(少淨、無量淨、遍淨)，四禪四天(福生、福愛、廣果、無想)，另有淨梵地分無凡、無極、善見、善現、色究竟天；這是依首楞嚴經的區分，色究竟天是色界的最後一位天；但依俱舍論世間品則謂色究竟天 Akanistha 後尚有和音天 Aghanistha 和大自在天。在色究竟天，菩薩的身量是一六、〇〇〇由旬，在大自在天，則身量倍增爲三二、〇〇〇由旬，是即一切世間最高大身，色身之大，莫過此數。

謂以一念相應慧，無明頓盡，名一切種智。自然而有不思議業，能現十方，利益衆生。

一切種智之成滿是證發心功德的另一種成滿。所謂「應」，乃一念始覺，直到心源，而與本覺契合爲一，即始覺與本覺合一，合言之，謂之一念相應慧。一念，不是偶然起意的一時之念，暫時相應，是承接以往的修行功德，所匯集成的必然結果，如黎明在望，曙色自至。始本合一，則無明頓盡，即獲大智慧光明，遍照法界，顯照諸法，於諸法無不知之，故謂之一切種智。依大般若經云，煩惱不生，名一切種智，亦無明頓盡之義。依天台「一心三觀」之說，果得「一心三智」，即一切智、道種智及一切種智三者；謂修「即空觀」，得一切智；修「即假觀」，得道種智；修「即中觀」，得一切種智。在本論中，則謂依眞如門，修奢摩他，即是空觀，得一切智；依生滅門，修毗鉢舍那，即是假觀，得道種智；依一心法，雙運奢摩他與毗鉢舍那二法，不相捨離，名爲禪那，即是中觀，成一切種智。今僅舉「一念相應慧」，但云一切種智，實已包涵空假二觀在內。

一念相應，始覺慧直達心源，從「斷惑」而言，名之爲無間道；從「證理」而言，名之爲解脫道；這是在說明以前所述發心三種相的眞心，還有業累，只是菩薩，尙未達佛果。及至於此，業識永盡無餘，唯眞心獨存，故名爲佛。

自然而有不思議業者，謂成佛以後，稱體起用，不假作意，有不思議的業用，能示現於十方，攝化衆生，利益衆生。

關於一切種智，還有一個問題，本論曰：

問曰：虛空無邊故。世界無邊；世界無邊故，衆生無邊；衆生無邊故，心行差別，亦復無邊；如是境界，不可分齊，難知難解。若無明斷，無有心想，云何能了，名一切種智？

承前所述，一念相應慧，無明頓盡，此一切種智，自然而有不思議業用；因問曰：但虛空無邊，世界無邊，衆生無邊，衆生心行，又復無邊，這樣衆多的境界，要加以分別整合，尚難於知悉；況無明斷滅，六種染心俱盡，無有心想，則又如何去了解無邊之境，而名之爲一切種智？這是以思惟心，來測度如來不思議境界。

本論答曰：

答曰：一切境界，本來一心，離於想念。

答云，境雖無邊，但不出一心。此心既離一切虛妄想念，已證心源，則尚有何所不了？故唯有離於想念，在眞心的境界，方能無所不知。

衆生因有想念，故妄見境界，本論續答曰：

以衆生妄見境界，故心有分齊。以妄起想念，不稱法相，故不能決了。

因爲衆生的妄見，而見各種各樣的境界，乃是迷本有的眞心而造成的，且妄見所見各種境界，只限於所見而作分(分析)齊(整合)，故其見不廣，不能遍知。因爲妄起想念，所見有限與眞心無妄，常住於法性的理不符，所以不能稱爲法相，亦不能作爲決(斷)了(知)的依據。

本論續答曰：

諸佛如來，離於見相，無所不遍。心眞實故，即是諸法之性，自體顯照一切妄法。有大智用，無量方便，隨諸衆生所應得解，皆能開示種種法義。是故得名一切種智。

這是從正面答覆以上的問題，成佛以後，已離業識，就沒有見相，一心平等，對萬事萬物，無所謂主觀客觀的分別，因此無所不見，無所不遍，此乃離妄以後的眞實心，也就是生滅門中的本覺。本覺，依如來藏，有生滅，生滅是法，如來藏是性，從生滅門，入眞如門，故離見相，即顯法性，在第三章立義分中，已指出「是心生滅因緣相，能示摩訶衍自體相用故」，法性即自體也。自體能照一切妄法，亦即能照虛空世界一切衆生的心行；所以此眞實心有大智用，具有無量方便，可隨順衆生的心念(行)差別，善能開示衆生種種法義，示以何種法而得悟入，故名之謂「一切種智」。

以上是就「一念相應慧，無明頓盡，名一切種智」，加以闡述。次復就「自然而有不思議業」的自然業用，提出問題，本論曰：

又問曰：若諸佛有自然業，能現一切處，利益衆生者；一切衆生，若見其身，若睹神變，若聞其說，無不得利；云何世間，多不能見？

問道，倘若佛有自然不思議業，能現於一切處，利益衆生；而使一切衆生，因見其身，因睹神變，因聞其說法，蒙受利益；何以世間衆生，多不能見？

答曰：諸佛如來，法身平等，遍一切處，無有作意，故說自然，但依衆生心現。衆生心者，猶如於鏡，鏡若有垢，色像不現。如是衆生，心若有垢，法身不現故。

答云：諸佛如來，法身充滿於法界，普照衆生心中，如衆生有厭苦求道的機感，佛就視情形，顯粗細之用；這是很自然的作用，無待作功，無有作意，且遍及一切處。所謂「遍衆生心」，如華嚴經云：「法性遍在一切處(從橫的方面說，佛身遍在衆生心中)，一切衆生及國土(一切衆生包括九法界及情器世界)；三世悉在無有餘(從縱的方面說，衆生在過去、現在、未來的三世中，佛身悉在)，亦無形相而可得(佛身雖遍在，但並無形相可得)。但衆生心有垢者，則無感佛之機；垢有多種，如障善垢、起惑垢、造業垢、受報垢等。障善垢中，復有多種垢，所謂「不見佛塵障垢」、「不聞法障礙垢」、「不遇善知識執障垢」等，只須有多種垢中之一，遇佛感佛的機會就不多；譬如鏡面有垢，色像即不現；垢喻妄染，法身喻色像；故心有妄染，法身即不現。華嚴經有云：

菩薩清涼月，游於畢竟空；
衆生心水淨，菩提影現中。

第五節　餘語

本章是本論敘述主要義理的一章，茲重拾其要點，並作補充，以增了解。

大乘法義是「一心開二門」。一心就是法，二門是眞如門和生滅門。雖云二門，但各包涵一切法；眞如門所包涵的一切法，最後還歸於滅，故亦稱「還滅門」；生滅門所包涵的一切法，依阿賴耶識而流轉，乃有生死輪迴之流轉，故亦稱爲「流轉門」。

心眞如的眞心就是「一法界大總相法門體」。一法界謂「統一切法而爲一完整之法類」，故稱爲「總法界」。大總相謂「絕對的普遍性、平等性，與總法界的諸相，能普遍而平等的契合」。法門謂「每一法是一個門」。

心眞如門是一切法的體，體是就眞如的「空、如」而言，例如言「以空爲性」，則心眞如的眞心就是一切法門的空性，如性或實相。心生滅門是生滅心起現一切法，而且念念執著，乃有差別相、境界相、心緣相等。惟此均爲妄念，如能除妄念而還之於眞心，所謂捨染還淨，則心眞即是法眞，心如就是法如。

眞心有「空」與「不空」兩義，及「如實空」與「如實不空」；空與不空如融而爲一，即「空不空」，就是中道；此中道，依本論，乃是透過「如來藏恆沙佛法佛性」之觀念而成立的。

心生滅門的心有生滅，源於眞心因不覺而起念，此念即是生滅心，也叫做阿賴耶識。阿賴耶識是依眞心而起，眞心的不生不滅與生滅心的生滅相和合，遂成爲生死流轉的基本原因，由是亦名爲「阿賴耶緣起。」如來藏眞心是透過阿賴耶識間接的緣起生死流轉，係基於無明風動，一念昏沉所致，因使此不染的眞心生染，但雖云生染而眞心並未改變，故本性仍淨。前者謂之「不染而染」，後者謂之「染而不染」。不染而染有生死流轉，染而不染則爲還滅，故如來藏是生死之所依，亦爲涅槃之所依。

阿賴耶和合識有覺與不覺兩義，離念即是覺，有念即是不覺；衆生有念，衆生皆不覺，欲從不覺，修行到覺，依法數記當有「三定聚」，外凡、三賢三聖、地上、金剛心等位次的差別，始覺有內凡、相似、隨分、究竟的不同，有生、住、異、滅四相，細分之則有六粗三細九相，有五意六染等順序的不同說明。修行的方法，則提出「熏習」，分自體相熏習與用熏習兩者，前者是內因，後者爲外緣，由內因與外緣的不斷熏習，衆生遂得由不覺而達始覺，始覺即是本覺，始本合一，成佛因有可能。此一修行過程，是從生滅門，蕩染去執，漸斷染法，使妄心滅而眞心湧現，法身顯現，歸於一相無相的心眞如門。

所謂法身顯現，是說凡夫與二乘人所見的佛，只是佛的應化身，只是依其分別事識而「見」，是外來的，外在的，是不了解一切唯識所現道理的；但到了十地菩薩，其所見是依業識，故所見色相有無量相，而相則有無量好；所見淨土是「無量莊嚴，無有邊際，不可窮盡，離分齊相。」但此之「窮盡」，亦僅窮至阿賴耶識，必須業識滅盡，到無相可見，才能顯現法身，亦即成佛。

從凡夫到成佛，是一條遙遠的路，至少要歷三阿僧祇劫，所以要小心翼翼，嚴防邪執，因提出對治邪執的方法，分對治離和究竟離兩者，然此僅爲應行注意事項，苟依眞如法，當不致偏離修行的方向。

爲充實修行者的信心正確地指導修行者趣向大乘，最後再不憚其煩的提出「分別發趣道相」，依序提出「信成就發心」、「解行發心」和「證發心」三者，菩薩趣向佛道，能趣之行，淺深不等，故分別其相，始能躡解起行，歷位取證，證得菩提涅槃之道。

第五章　修行信心分

第一節　前言

前章解釋分，廣說大乘義理規模；本章則在闡述如何對大乘義理，生起信心，起而修行，本論曰：

已說解釋分。次說修行信心分。

所謂修行，修即是學習，行即是進趣；所謂信心，即是對大乘義理起能信之心或起大乘心上之正信。在「分別發趣道向」一節中所說的三種發心，乃是對已入正定聚者而說，復說修行信心分，則回頭對未入正定聚者而說，故本論曰：

是中依未入正定聚衆生，故說修行信心。

所謂未入正定聚，即是在不定聚之修行者。在不定聚修行者，分爲二種；一是修信滿足，爲說發趣道向，亦即前文發直心、深心、大悲心等三心之修行者，稱之爲「勝人」。一是修信未滿，即前文所說見佛色相或是二乘人發人天等心，稱之爲「劣人」。本章即以劣人爲對象，使其修習「四信」、「五行」，使修信得以成滿；也就是促其繼續修行發三心，修無住等，入於十住，期入於正定聚。

第二節　四信心

信是衆行之本，本論曰：

何等信心？云何修行？略說信心有四種，云何爲四？

信心的內容是什麼？要怎樣修行？略說之，信心的內容可分爲四點，那四點呢？

第一目　信根本

一者，信根本，所謂樂念眞如法故。

其一，信根本，就是眞如是起信的根本，也就是眞如之法，要切實信眞如之法乃諸佛之所師，乃衆行之根源；唯有依眞如的法修行，證極眞如，方得成佛。華嚴經云：「以諸如來，尊重法故，以如說行，出生諸佛故；約此義邊，故云眞如，是佛師也。」眞如之法，既是佛師，故曰根本。若不信眞如之法，而信其他，則名爲「邪」，寶性論云：「不信眞如，有五種失，謂自輕、輕他、執人、執法、起惡見；是知反此，則爲五得。由是發心，先令信此。」

所謂樂念眞如，不但對眞如要起信而且要樂念觀察，樂念觀察，即是行，即是對眞如法的進取，亦即信的實行，由實行而益堅定信心，方是「實信」。信眞如之法，唯信「一寂沒心」，不信一切諸法；因眞如心的性質，沒有一切法，故若信一切法，即爲不信眞如理。至所謂樂念觀察之名爲信，例如觀察世間人的所作，能順我之所勸，即樂於信我，信我之勸，即以我爲師也。

第二目　信佛

二者，信佛有無量功德。常念親近供養恭敬，發起善根，願求一切智故。

其二，信佛，是信佛的報身，信佛有大智慧光明無量功德，如本論前文云：「身有無量色、色有無量相、相有無量好」，且有無量種種莊嚴；因常思念，以此爲典範，親近之，供養之，恭敬之，願成此身爲佛身，願求一切智；這是親近供養恭敬佛所必欲達成的願望，故謂之「發起善根」。

第三目　信法

三者，信法有大利益，常念修行諸波羅蜜故。

其三，信法，不但要切實的信，而且要能行。菩薩修行之法，即六波羅蜜，十波羅蜜，甚或廣及八萬四千波羅蜜，經常思念且勤而行之能除慳貪毀禁等障，而有大利益。

第四目　信僧

四者，信僧能正修行，自利利他，常樂親近諸菩薩眾，求學如實行故。

其四，信僧謂相信僧能正修行。不過，僧有凡僧聖僧，此所信之僧，應爲已修行至初地的聖僧，凡僧在修行中崇敬聖僧，凡夫則親近供養僧衆。地上大菩薩僧，能正修行，自利利他，非爲二乘人，須常樂與親近，以求學「如實行」。

所謂如實行，有二種情形。一般所說的「四信」，是信佛、法、僧及戒，這是「人天乘」中的信，在人天乘中如實而行者。另一種情形，即信根本(眞如)及佛、法、僧四者，亦即本論所述之如實而行者，這是深一層的信。前一種情形，是指善根微少者，遇佛見僧求法，未信眞如，所見三寶，均不稱實，遇他緣極易退失。後一種情形，先信眞如，則所信三寶，悉皆如實，漸次增進，當能使信成滿。信眞如爲佛本，信佛爲欲達成之目的，信法爲成佛之所依，信僧爲學佛之途徑；此四者簡言之即「教、理、行、果」，前三是「理、果、行」，信「僧」即是「教」，因爲僧能依教求學，如實而行。

第三節　五門修行

菩薩的修行爲六波羅蜜，但本論僅列五，係將施、戒、忍、精進、禪定、智慧波羅蜜中的禪定智慧合併爲「止觀」，因成五門。本論曰：

修行有五門，能成此信。

修行可以分爲五部分，修此五者，能成正信。此五者，是要切實奉行的，如果只有信而不去行，就不是實實在在的信。信也有順從的意思，順而行之，才是眞眞正正的信。有眞信，修行的成果，就不會退失。

修行有那五門呢？本論曰：

云何爲五？一者施門；二者戒門；三者忍門；四者進門；五者止觀門。

修行共有五門，就是前述的六波羅蜜，將六波羅蜜的最後定、慧兩波羅蜜，合併爲止觀一門，因爲這兩者的修行，須同時進行。若不作「定慧雙修」，則甚易趣向邪道。涅槃經云：「定多慧少，不見佛性；慧多定少，見性不了；定慧等學，明見佛性。」

第一目　施門

云何修行施門？若見一切來求索者，所有財物，隨力施與，以自捨慳貪，令彼歡喜。若見厄難恐怖危逼，隨己堪任，施與無畏。若有眾生，來求法者，隨己能解，方便爲說，不應貪求，名利恭敬，唯念自利利他，迴向菩提故。

施，就是布施，要怎樣布施？可分爲財施、無畏施和法施三者。

財施，即爲對一切來求索者，將所有財物，隨力施與，令其歡喜。一切求索者即受施人，包括冤、親、老、幼、病者、健者、貧窮者等，均應平等對待，隨自己能力之所及，施與財物，以濟其需。施與，對自己而言，是「自除慳貪」，爲自利行；對受施人心生歡喜而言，解決其困難，爲利他行。財施，大部分是解決生活上的困難，但有十二種情形，準正法念經說，是有缺點的施與：

一、於衆生不平等施；
二、爲男女欲因緣故施；
三、有所怖畏，施與王者而求救故；
四、以癡心施，如外道齋會等；
五、不知業果，但學他施；
六、乞者苦求方與；
七、知他有物，施之令信，後得侵損；
八、施物囑之，令破和合，共爲一友，後與衰惱；
九、與男女物，令使成親，或令男與女，或令女與男，或即反之。
十、賤買諸物，於齋會日，貴價賣之。
十一、爲名稱故施。
十二、妻子饑貧與物。
有缺點的布施，叫做「垢施」，反之名爲「淨施」。此外，有所謂十二種「具足施」，不另引述；惟優婆塞經有云，菩薩行施，應離五法：
一、施時，不選有德無德；
二、施時，不說善惡；
三、施時，不擇種姓；

四、施時，不輕(蔑)求者；

五、施時，不惡口。

另外，行布施時，不可有三種情形：

一、先多發心，後則少與(心想多給，後少給與)；

二、選擇怯物，持施與人(自己不要的給人)；

三、既行施已，心生悔恨。

無畏施，是一種行爲上的布施。對於受布施人，在困難中，如遇水火之災，遭狼虎之殃，受盜賊黑道之侵凌，挺身而出，解除其恐怖厄難，使能獲得平安。

法施，是對來求法者，隨自己所知，給與正確的解答。因個人所知，究屬有限，故須本「知之爲知之，不知爲不知」的客觀態度，解答問題，庶可免於誤人自誤；所謂「多聞闕疑，愼言其餘，則寡尤」是。法施，是要視來求法者問難的情形，方便說之，不巧辭飾辨，不矯揉造作，不動怒，不厭煩；心平氣和，委婉與言，使其信受，無有反感。

在行三種布施時，不應貪求受施人的恭敬，更不可爲名利而行施；本論因緣分中即說乃是爲了「令衆生離一切苦，得究竟樂，非求世間名利恭敬」。

三種布施，都是依「自利利他」的原則去實踐，因此「唯念」此一原則，時時加以檢驗。至此一原則的勝劣，準智度論言：「佛說施中，法施第一。何以故？財施有量，法施無量；財施欲界報，法施出三界報；財施不能斷漏，法施清升彼岸；財施但感人天果，法施通感三乘果；財施愚智俱能，法施智者方能；財施惟能施者得福，法施通益能所(施者與受施者均蒙利益)；財施愚畜能受，法施唯局聽人；財施但益色身，法施能和心神；財施能增(益)貧病，法施能除三毒(貪瞋癡)。」由是比較，法施爲勝而財施爲劣。

至於迴向菩提，乃是願令自他，同圓佛果種智，這是法施所宗的基本要義，也是財施與無畏施旨趣的所歸；因爲如不迴向，即同於有爲有漏法。

第二目　戒門

云何修行戒門？所謂不殺、不盜、不婬、不兩舌、不惡口、不妄言、不綺語、遠離貪嫉、欺詐諂曲、瞋恚邪見。若出家者，爲折伏煩惱故，亦應遠離憒鬧，常處寂靜，修習少欲知足頭陀等行。乃至小罪，心生怖畏，慚愧改悔，不得輕於如來所制禁戒。當護譏嫌，不令衆生，妄起過罪故。

戒，義有多種，依天台智者大師梵網經心地品菩薩戒義疏，有十三點之多，可見其在佛教中的重要性。惟簡言之，則可以「攝心」兩字涵括。首楞嚴經說：「攝心爲戒」，意爲要控制心中的妄念。念有善惡，善念固當助長，惡念則須戒除；其具體的作法，就在訂定戒律，奉行戒律，於心念初動之時，即予控制，以利進而學習定慧。戒，或言是律儀，律是「遮止」，儀是外形儀態，遮止(防止)外形的惡，故名爲戒。或言是威儀，威是清嚴可畏，儀是規範，守戒須有肅然可畏之規範，故名爲戒。或言是調御，調是調整行爲，御是駕御制約，控制行爲，不使爲惡，故名爲戒。此三義，遮止是正身，威儀是化物，調御是制情。但綜言之，不外是「攝心」。

戒的修行，其初步是離「身三」(殺、盜、婬)，「口四」(兩舌、惡口、妄言、綺語)，「意四」(遠離貪嫉、欺作諂曲、瞋恚邪見)。此十者，戒離之，則爲「十善業」，反之則爲「十不善業」或「十惡」，其意義，見「佛說十善業道經」，茲不繁引。

行十惡，招三種果。一曰「異熟」，謂惡行一時未受果報，他時甚或來生，必受報應。二曰「等流」，謂作惡業者，必獲同等的果報，如殺生者，其壽命必然短促，且不得善終。三曰「增上」，謂作惡業者，其心態不正，故面目必然醜陋，光澤鮮少，除將受同等的果報外，且增加多種不良的狀況；如作偷盜則其財物必然時感匱乏；如爲邪婬，其妻女必然不貞潔；如好綺語，則無威肅等。

出家人，必須遠離繁鬧，應燕居靜處，以折伏煩惱。如遺教經云：「於閑靜處，思滅苦本，念所受法，勿令至失。」如釋迦如來，捨王宮，詣靈山，因行六年，果行圓滿，垂爲後世戒行的典範。

出家人須修習少欲知足，爲頭陀等行。頭陀 Dhata，譯曰「抖擻」，謂抖擻(振作)食、衣、依處三種貪著行爲的方法，以除三界煩惱業報。頭陀之行，應守十二種條項，計食三、衣三、依處六，茲分述如次：

一、食中三者：

㈠常乞食　謂依法獨自乞食，不受他人之請，不食僧中之食，可制六根而不著六塵。乞食時，不分男女之相，得與不得，或好或惡，均不生憎愛。如受他人之請，得或不得，貪恨易生；與衆僧同食，心易散亂。故乞食須單獨行之。

㈡節量食　謂念身之所需，足量即可，隨所得食，食三分之二，留一分則身體清安。多食，腹脹氣塞，妨礙修行。

㈢一食並不作餘食　午前中作一度之正食外，不更食。再食，即謂之餘食。作餘食，失半日功，非養生之道。

二、衣中三者：

㈠僧伽梨 Sanghati，大衆集會嚴儀時著之。

㈡鬱多羅僧 Uttarasanga，上衣，以衣禦寒障霧，工作時著之。

㈢安陀會 Antlarvasaka，中著衣，襯體而著之者。

佛制稱衣曰袈裟，後世加以分別。三種衣，皆爲方形小片縫綴而成，依其條數而分，五條爲安陀會，七條爲鬱多羅僧，九條以上爲僧伽梨。

三、依處六者：

㈠阿蘭若處　阿蘭若 Arinya，譯爲空閑處，遠離處。大日經疏曰：「阿蘭(練)若，名爲意樂處。謂空寂行者所樂之處，或獨一無侶，或二三人，於寺外造限量小房，或施主爲造，或但居樹下空地，皆是也。」住空閑處，心離「欲」「蓋」，有益於修行諸善。

㈡端坐不臥　謂行或立，心動難於控制，且行立均難持久，故以坐爲宜。倘欲睡，則脅著席。

㈢樹下坐　謂順佛法故。如佛在菩提樹下轉法輪、入涅槃是。此可對治房舍貪念，以利入道。

㈣塚間坐　謂坐於墳墓之間。以塚間多有悲哭之聲，可體察無常不淨，以益觀道。

㈤露地坐　謂樹下猶有庇蔭，愛、著易生，住於露天之地，則光明遍照，令心明利，空觀易成。

㈥隨有草坐　謂有草地即坐，不分別樹下或露地，則離所愛著，不生煩惱，亦不惱他人。

出家人於小罪，微小過失，亦當隨時警惕戒備，嚴爲防範；以星星之火，可以燎原，對小罪不加怖畏，大過必緊隨而來。所謂「怖」，指意欲作惡而尚未作，即予制止；所謂「畏」，指所作惡已完成；於是，則當慚愧改悔；慚於天，愧於人，改以往過，悔前所作。

出家人，對於佛所制訂的戒律，應嚴爲遵守，不可輕忽。如菩薩戒說：「於十重戒中，犯微塵許罪，便不得發菩提心，失比丘位，國王位，乃至佛位，仍二劫三劫，墮三途中，不聞父母三寶名字，何況具足犯十戒也。」故對於戒約，必須要朝夕惕勵，纖毫不犯；如若行非律儀，接受非法財物而蓄積之，則易招譏謗，尤當愼爲戒護，以免滋生他罪，妄起過患。

第三目　忍門

云何修行忍門？所謂應忍他人之惱，心不懷報。亦當忍於利衰、毀譽、稱譏、苦樂等法故。

修行忍的功夫，大致可分為二類。

一、「耐怨害忍」，也叫做「不饒益忍」，謂被冤家惱害，對自己多有不利，則須忍耐，更不可懷報復的念頭。不報復有二層意義，首為解冤結，所謂「以冤報冤，冤終不止」；次為證佛果，透徹了解冤害的情境，無非因緣所生，畢竟空無所有，能不生瞋而與之和解，視同修行伴侶，則當證得無上菩提。為更進一步修習忍的功夫，當作「三思五想」，三思：

㈠責業牽殃思　修行人若遇怨害，須認作這是先前造的業，應受此報；若不忍耐，更增苦惱，對自己無有益處，以免為苦所縛，妨害修行，故須忍。

㈡性皆行苦思　修行人須知自己及他人的作為，其性質莫不是苦，他人不知，增害我身；我已知行為的性質是苦，是不可存報復之想，增加其苦，故須忍。

㈢引劣況勝思　修行人修菩薩行，以自利利他為宗旨，不同於二乘人的修行，僅作自利；而二乘人自利，尚不作惱害他人之事，則菩薩行者，自更應時刻不忘利他，故對受他人怨惱，須忍。

五想：

㈠親善想　六道眾生，皆我族類：對人、天、二乘固須親近崇敬，對微小昆蟲，亦當善為愛護。

㈡唯法想　法性空無，塵事實無可掛懷。萬法唯心所生，苟於心不生垢染，則是趣向菩提之大道。

㈢無常想　塵事無常，即生即滅。生滅法乃有爲法，宜超越之。

㈣有苦想　苦事滋多，生生不息；修行人即使靜處寂室，亦多動輒起念滋生煩惱者，故宜時作反省檢討，庶可免陷於苦。

㈤攝受想　攝受愈多，則煩惱益甚。況塵世萬物，寧有屬於己者，不過是過眼之雲煙耳。

一、耐怨害忍，亦同論語中所說的「以直報怨」。論語所言，乃仁人行；修行人之耐怨害忍，則爲菩薩行。

二、安受苦忍，亦名「自能安受忍」。這是菩薩行中爲了要克服外來障害的忍，故亦名生忍。在順利或橫逆的境遇中，有八種情形，須安然忍受，亦謂之曰「八風」。

㈠利　取一切財物凡有利於己者，不論多少，俱名爲利。

㈡衰　被取一切財物，凡有損於己者，不論多少，俱名爲衰。

㈢毀　凡有小過，攻之爲大過，名爲毀。

㈣譽　凡有小善，誇之爲大善，名爲譽。

㈤稱　是稱讚，讚許，揚善也；惟須得其當。

㈥譏　是譏笑，揚善不得其當，則成譏刺。

㈦苦　身受逼迫，如被打，受寒熱侵害、饑渴等。

㈧樂　心情舒適，一切暢快之事。

亦有謂此八者，得財名利，失財名衰，談惡爲毀，談善爲譽，對面揚善爲稱，對面談惡爲譏，苦與樂即二受。四者順，四者違，能繫衆生心海，起煩惱貪瞋波浪，故謂之「風」，若忍之，則八風不動。但違則易忍，順則難忍，且難防。如盜賊外來，可思患預防，易也；子女家人，竊盜家財，疏忽不察，難防也。修菩薩行者，於違順二境，均須忍耐，這是忍的內在障礙，亦名「法忍」；意謂於忍境，體察法乃無生，唯心所現，三輪空寂，唯一眞實，亦即觀無生忍是。清涼澄觀國師有言：「耐怨害忍，是諸有情成熟轉因；能忍他人所作怨害，勤修饒益有情事時，由此忍力化生，雖苦而不退轉，安受苦忍者，是成佛因。」

以上二種忍，其依止處，須以隨順眞如法性爲本，這就是忍的意義。

第四目　進門

云何修行進門？所謂於諸善事，心不懈退。立志堅強，遠離怯弱。當念過去久遠已來，虛受一切身心大苦，無有利益。是故應勤修諸功德，自利利他，速離衆苦。

修行精進的功夫，大致可分三種：

一、勤勇精進　就是「於諸善事，心不懈退」。善事是特指六度修行的施、戒、忍、精進和禪、定等，當然也包括其他一切善法。修行依心，身之行動亦由於心，唯有心不懈怠，念念爲修行一切善事而力行不懈，是謂之「勤恪」。勤恪之正面意義是勇猛，勇猛方能不懈，方能不退墮，不退墮方能精進也。這與唯識論中的「攝善精進」意義相同。

二、難壞精進　就是「立志堅強，遠離怯弱」。立定志向，堅定不移，則雖移山塡海之難，亦可完成。有堅強的意志，則怯弱退墮之念，一掃而空。吾人已知生死是苦，佛果是樂，苟立志趣向菩提大道，當不論環境如何變化，終不可易其初志。寶藏論云：「決歸者(遊子決意歸家)，不顧其疲；決戰者，不顧其死；決學者，不顧其身；決道者，不重其事；此其難壞相也。」這與唯識論中所說的「被甲精進」意義相同。

三、無足精進　就是「當念過去久遠已來，虛受一切身心大苦，無有利益。」檢討過去久遠在自利利他的修行，作諸善事，長淪生死，飽受苦痛，雖自勤修，但於趣向菩提之路，實無多益；這是說，在修行方面，對精進修行，永不自滿，不可以稍有成就，即自滿足；自利利他的善行，不厭其多，菩薩與二乘修行的分別，在此。這與唯識論中所說的「利樂精進」意義相同。

綜言之，以上三種精進，又同於唯識論「三練磨文」，唯識論云：「修勝行時，有三退屈：一、聞無上正等菩提，廣大深遠，心便退屈；引他已證大菩提者，練磨自心，勇猛不退。二、聞施等波羅蜜多，甚難可修，心便退屈；省己意樂能修施等，練磨自心，勇猛不退。三、聞諸佛圓滿轉依，極難可證，心便退屈；印他粗善，況己妙因，練磨自心，勇猛不退。」所以本論勸吾人要「勤修諸功德，自利利他」，方能「速離衆苦」。

但修行精進，也不是無往而不利的，仍然有許多障礙，故本論續曰：

復次，若人雖修行信心，以從先世來，多有重罪惡業障故。爲邪魔諸鬼之所惱亂，或爲世間

事務種種牽纏，或爲病苦所惱，有如是等衆多障礙。

再者，如若人雖已具有修行信心，但從先世來，此身造作了許多罪惡業障，成爲修行者修行的障礙。因爲此等罪業，依照因果輪迴的道理，必須一一償報罄盡，方可證道。障礙分爲二種，其一是內在的業障，如煩惱障等；其二是外感的果報，如邪魔諸鬼之所惱亂，世間事務之種種牽纏，疾病的苦惱等。

邪魔外道，邪謂六師外道，六師爲外道中之一，依涅槃經爲富蘭那迦葉 Purana kasyapa，末迦梨拘賒梨子 Maskarl Gasaliputrua，刪闍夜毘羅胝子 Sanjaya Vaira tiutra，阿耆多翅舍親婆羅 Ajitakesakambala，迦羅鳩馱迦旃延 Kaknda Ratyayand，尼犍陀若提子 Nirgranta Jnatiputra 等六人。但外道甚多，說法不一，要之，爲於佛教外立道者，在眞如理以外者，均爲邪法。外道究有多少種？有所謂「二天三仙」(見百論)、「四外道」(見四宗論及入大乘論)、「十三外道」(見唯識論)、「十六外論師」(見瑜伽論)，小乘涅槃論有二十種，大日經有三十種，涅槃經僧祇律有九十五種，華嚴經、智度論有九十六種等。

魔，梵名魔羅 Mora，慧琳音義曰：「魔羅，唐云力也。即他化自在天中魔王波旬之異名也。此類鬼神有大神力，能與修出世法者爲留難事。」何故名魔？婆娑論曰：「斷慧命故名魔，復次，常行放逸，害自身故名魔」。以是魔之意乃爲能奪慧命、障礙、擾亂、破壞等，而致所以如此者，則係自身常行放逸，不能壓制自心，故魔亦由心生。魔之種類，有三魔謂善知識魔、三昧魔、菩提心魔(華嚴經)；四魔謂煩惱魔、陰(蘊)魔、死魔、自在天魔(智度論)；

八魔謂四魔加無常、無樂、無我、無淨四者(見涅槃經)等，不贅述。

鬼，梵名薜荔多Preta。婆娑論云：「鬼者，畏也。謂虛怯多畏；又，威也，能令他畏其威也；又，希求爲鬼，謂彼餓鬼，恆從他人希求飲食，以活性命。」鬼之種類甚多，或如夜叉羅刹，或如餓鬼，或如三種鬼(精媚鬼、堆惕鬼、魔羅鬼)等。由於鬼之種類多，故名鬼類之世界爲鬼界，乃十法界之一。俗云「疑心生暗鬼」，則鬼之生，亦由心多疑而起，修行人坦坦蕩蕩，鬼何由生？世間事務，種種牽纏，抑亦心之所生。

內有業障，是因；外有報障，是緣；業報二障結合，遂使善根熏習，難有績效，何以對治？本論曰：

是故應當勇猛精勤，晝夜六時，禮拜諸佛。誠心懺悔，勸請隨喜，迴向菩提，常不休廢，得免諸障，善根增長故。

對治的方法，分二。

一是除障，就是「應當勇猛精進，晝夜六時，禮拜諸佛。」禮佛，乃爲脫離邪魔諸鬼的糾纏，抑制自心，不生雜念，以使此心趣向清淨。蓋欲除障礙，自力不足，須依賴佛力護持也。

二是誠心懺悔，可滅除四障。其一，懺悔，可滅惡業障，懺是陳露其已犯之罪，悔則改正已往之錯誤以修未來，惡業即十不善業。其二，勸請，爲請有道者轉法輪，俾得多聞智慧，以除謗佛法障。其三，隨喜，爲對任何人，如有小善，亦予歡喜讚嘆，隨順稱揚，以除嫉妒障。其四，迴向菩提，可除「樂三有」障，樂三有：謂迴因向果，成大菩提善，自不樂於欲有；迴自向他，成利生廣善，自不樂於色有；迴事向理，成實際廣大善，自不樂於無色有。對此四者，常不休廢，念念相續，則得免諸障，而善根日益增長，信心漸進，不致退轉。

長水大師有云：「懺治(惡)業盡，則進根增；勸治謗(法)盡，則慧根增；隨治妒盡，則念根增；(迴)向(三)有盡，則定根增。四障既滅，四行既成，四根既長，則禮佛功德，從此圓滿，而修行信心，亦從此成滿矣。」可知除障可以生善，善行既成，則善根增長，乃修行的最大利益。

第五目　止觀門

云何修行止觀門？

止觀，梵名奢摩他・毘鉢舍那 Samatha・Vipasyana，或譯為定慧，寂照，明靜等。瑜伽師地論曰：「云何奢摩他？云何毘鉢舍那？……此義中，八次第定，名奢摩他；所有聖慧，名毘鉢舍那。」鳩摩羅什注維摩經曰：「始觀等係心一處名為止；靜極則明，明即慧，為觀也。」簡言之，止是止息妄念之義，觀是觀達之義。如何修行止觀，是修行人的重要課題，本論詳為闡釋，先略說：

所言止者，謂止一切境界相。隨順奢摩他觀義故。

行者未修行前，心境起伏，妄念不止；此皆由六塵所引致，如能覺知諸塵境界，唯識所現，不生分別，即可破塵相爲止境，無分別爲止心；心境兩亡，則寂常心現，這是修「止」的最簡單說明。止與觀兩者是不能分離的，隨順奢摩他(止)的方法，即有「觀」義。言隨順，以只修行止，不是眞正的止，必須與觀配合，方能稱爲「正止」。關於觀義，本論曰：

所言觀者，謂分別因緣生滅相。隨順毘鉢舍那義故。

依眞如門，泯相絕心，照而常寂，名爲止；今依生滅門，分別因緣生滅相，隨流反流，染、淨、因、果，凡、聖、色、心，均各不同，以是則寂而常照，故名爲觀。瑜伽師地論云：「此中菩薩，即於諸法無所分別，當知名止；若於諸法勝義理趣，及諸無量安立之理趣，世俗妙慧，當知名觀。」言隨順毘鉢舍那，以只修行「觀」，亦非眞正的觀，必須與止配合，方稱正觀。進一步說，依眞如門，止諸境相，無所分別，是爲「根本無分別智」；依生滅門，分別諸相，觀諸理趣，是爲「後得智」。故眞如、生滅兩門，唯此一心，兩者雙運，相互配合，才是眞正的止觀。

一心雙運，亦名爲「正修」，有四種不同義趣。其一曰「寂而常照」，名爲止觀，是奢摩他觀義；其二曰「寂之又寂」，名止止，是奢摩他止義；其三曰「照而常寂」，名觀止，是毘鉢舍那止義；其四曰「照之又照」，名觀觀，是毘鉢舍那觀義。但此四者，隨舉其中之一，即可包含其他三者，這是雙運的妙用。所以修習止觀，就是同時修行眞如、生滅兩門，止時即觀之止，觀時即止之觀，如此，方符兩門還歸一心之意。而六度修行中將定慧合爲止觀一門，亦屬止觀之修行，不能分割故。本論續釋其義曰：

云何隨順？以此二義，漸漸修習，不相捨離，雙現前故。

隨順是說明單修行止或只修行觀，只是先了解兩者正確的意義和方法，主動或被動的隨著正確的意義和方法去修行，這還不是眞正的修行，必須要不斷地漸漸修習，止時有觀，觀時有止，使寂照雙流，做到定慧均等，方可「得入」眞正的修行。如果止時不作觀，觀時無止，就只能稱爲「隨順方便相」。止觀雙運修習純熟，靜中必有明，明時亦必靜，這就是「正修得入相」。

本目中三段文字，首言止，次言觀，後言合；但都有止與觀。析言之，言止，乃是離相止，無生觀，統名眞如止觀門；言觀，乃是隨相止，因緣觀，統名生滅止觀門；言合，乃是法性止、不二止，唯心觀、無住觀，統名一心止觀門。

以下就止、觀、合三者廣爲說明。

一、修止

㈠修止方法

*1.*屏絕外緣　本論曰：

若修止者，住於靜處、端坐、正意。

修止者，首須屏絕外緣，其要領有三，即住於靜處、端坐及正意。

⑴住於靜處，分五點：

其一爲閒居靜處。閒是不作衆事，靜是無有吵鬧。爲使心寂，必須離開喧鬧繁雜的地方，修止始有可成。此處所，約有三種，一者深山絕人處；二者阿蘭若處，離開村鎮聚落，至少三里，以避放牧聲喧；三者遠白衣舍，住於清淨伽藍。伽藍是僧伽藍摩 Sangharama 之略，爲僧衆所住之園庭，亦寺院之稱。白衣爲俗人的別稱，因天竺波羅門及俗人，多著白色衣服，故名。沙門則服淄衣或染衣，以沙門清淨，持律嚴謹，智度論有曰：「白衣雖有五戒，不如沙門」，故須遠白衣舍。

其二爲持戒清淨。戒須淨，若不淨，則須懺悔。因戒不淨，定必不生，懺悔可使戒恢復如故。再則，戒不淨，即生業障，致修止不成，而有邪魔病痛的侵擾。

其三爲衣食具足。衣的具足，分三種情形。上者如雪山大士(釋尊在過去世修菩薩道時之名，或曰雪山童子)只以一衣(或云爲鹿衣)蔽形而已。中者如伽葉，亦作伽攝 Kasyapa，爲佛十大弟子中，有頭陀第一之羅漢僅有糞掃三衣。下者，如在寒冷地區，則許於三衣之外，另置可護暖之衣。食的具足是，分四種情形。上者隨得充饑而已。中者常行頭陀乞食。下者阿蘭若處受檀越送食。下下者常食及受邀請而食。除此之外，如多有所求，則修止不成。

其四爲得善知識。善是於我有益，導我於善道；知識是知人心識及形之義。法華文句曰：「聞多爲知，見形爲識，是人益我菩提之道，名善知識。」善知識有三種，首爲外護的善知識，令我無所怖畏，得以安心修道；次爲同行的善知識，與我共同修行，互切互磋；後爲教授的善知識，宣達聖言，教導法門，隨時訓誡，令我去惡向善。此外尚有所謂十種善知識，五十三種善知識，均見於華嚴經。惟此三種，如鼎之三足，如缺其一，則修止不成。

其五爲息諸緣務。緣務，大致可分爲生活、人事、工巧技術、學問讀誦等四項，任有其中一項，對修止的功夫，即有妨礙。

以上所述住於靜處五點，亦不過略而言之，故僅謂曰「要領」而已。

⑵端坐。端正而坐，是調整身體。第一步須安坐靜處，第二步再講求坐姿，謂之「正腳」。

坐姿分爲半跏、全跏二種。半跏是押一腳，如以右押左，稱爲降魔坐；如以左押右，稱爲吉祥坐；若兩腳相押，則稱爲全跏。全跏先以左腳置右髀，牽近身體，使腳指與髀相齊；再以右腳置左髀，亦與左髀齊。正腳後，即解綬衣帶，即整理所著之衣服，使其周正，不致於在坐時脫落，以免影響儀相的莊嚴或遭受風寒的侵襲。次以左掌置右掌上，疊手相對(法藏疏曰相對，非相疊)，頓置腳上。再次是正身，挺動身體，關節稍作活動，有不舒服處，稍作按摩；身須端直，脊骨豎直，並使鼻尖與臍相對，不偏不邪，不低不昂。再次以舌尖抵上顎(上排中間牙齒之後)，閉口，但閉口之前，可先作深呼吸，將胸中穢氣，緩緩吐出，吐時不令有聲，甚至連自己亦聽不到有吐氣之聲。深呼吸亦即逆呼吸，吸氣時收縮小腹，吐氣時則膨脹小腹；並冥想周身百脈不通處，教悉開通，是即首楞嚴經中所說的「初於聞中，入流亡所」。吐氣令盡之後，即閉口，以鼻呼吸，其要領與上同。復次，閉眼，但不全合，只令外光不入。端坐是修止的必要條件，不能端坐，修止不成。

其三是正意。正意是調整心態，此之意，就是心，要調整此心趣向正途。修行人常常在不知不覺中，或者受環境的引誘，偏向不正之途，菩薩戒疏中就指出：「佛法內人，多約四住起行，謂三學及雜行。」

三學就是戒定慧，就戒學而言，有二種偏向情形。其一曰「矯異者」，此類修行人，雖不破戒，但獨樹一幟，表現出特異的威儀，眩耀世人，以求名利；且本無片心以求出離，而普抑餘人謂缺少此種特異的威儀，這是沙門之賊，也是威儀之賊。其二曰「淺識者」，此類修行人，所學本淺，而依恃自己已有的戒行，將爲出離，乃對亟求戒學的人，曲解法空，使之心生恐怖，這是佛法的怨賊。

就定學而言，亦有二種偏向情形。其一曰「貪狂者」，此類修行人性樂名利，雖長久住在山中，但心不澄靜；今稍得定相，即眩耀世人，拓展知名度，壓抑無定相的修行人，其修行均屬非是，這是阿蘭若賊。其二曰「邪慢者」，此類修行人性非多聞，在山中習定，稍有成就，即恃以而生傲慢之心，陵滅他人之所學，無形中毀傷了佛法，這是魔黨中的大賊。

就慧學而言，亦有二種偏向情形，其一曰「淺學者」，此類修行人性少聽誦，學無次第，但名利熏心，急於演講，名爲弘揚佛法，實則多屬臆斷，毀古謗今，輕侮戒定，這是賣佛法賊。其二曰「深學者」，此類修行人性雖明辯，於二乘三藏之文義，稍有所知；但猶未得佛學的眞髓，而竟爲名利以傳佛法，勸後學，誹詆古今，並恃此起慢陵人；此一缺點，非不自知，然不加改進，實負佛恩，這是害佛法之賊。

就雜行而言，亦有二種偏向情形。其一曰「福行者」，此類修行人性非質直，巧使奸計，以祈福獲福爲由，引誘他人，呼類引朋，廣植人際關係，擴大勢力範圍，以遂其所欲達成的目的，這是販賣佛法賊。其二曰「餘行者」，此類修行人性非慧悟，學得一種佛法，即廣爲眩耀，以招名利，使他人認爲佛法不過如此，這是蠹害佛法賊。八種賊是學佛的大患，苟沾其一，則修止不成。

2. 安定內心，此心先須離一切境，本論曰：

不依氣息，不依形色，不依於空，不依地水火風，乃至不依見聞覺知。

修止，於端坐、正意後；依眞如門，諸法唯心所現，因此，欲安此心，可不依氣息作數息觀，不依形作不淨觀，不依色如青黃赤白等作觀，亦不依空、地、水、火、風五者作觀，乃至不依識(見、聞、覺、知)作觀。以上，計色四、空等五、識一，共十項，名「十一切處」，亦名「十遍處」。此心不現上述各種境界，則心不散亂，不外騖，切實控制了心的活動，就能隨順眞如，漸發無漏；這是安定內心的方法，即先離一切外緣境。

次須除去心中其餘各想，本論曰：

一切諸想，隨念皆除，亦遣除想。

不作氣息觀，不作淨身觀，是使此心離身；不依五大，是離境；不依見聞覺知，則使此心離識；所謂「內脫身心，外遺世界，根塵識三，所不爲礙」是。但見聞覺知四者，亦即識心，亦係依境而有，而一切諸想，莫不是識心所起的分別。諸想，有善有惡，非但惡念當除，即善念亦須予以排除；凡情固須斷卻，聖見亦復不存；倘若有一點想在，則粗垢雖除，而細垢尚在，仍不達混然寂靜之境，不能無念而難與眞如相應。

何以故？本論續曰：

以一切法，本來無相，念念不生，念念不滅。

因爲一切法，是依如來藏而起，本來無體，無體就無有相；也無所謂生，無所謂滅；故念不生，念亦無有滅。這是修習「止」的最高境界，離開了心、意、識，亦脫離了凡聖的想念。不過心如野馬，究難自制，故本論續曰：

亦不得隨心，外念境界，後以心除心。心若馳散，即當攝來，住於正念；是正念者，當知唯心，無外境界。即復此心，亦無自相，念念不可得。

修止，除了前述各點外，並須注意不可隨心，外念境界，自欺欺人地謂將以此心排除所懸念之境。須知眞如爲無明所染，成如來藏，無有自體，以心除心，必難達成修止的目的，徒生困擾而已。唯有正確認識心外無塵，即屬無相可取，如無相可取，念自不生。吾人初習止時，心多馳散，如馳散，則當收攝之住於正念。而所謂正念，簡單的說，就是「諸法唯心，實無外境」。無外境界，即無妄境，妄境既無，此心即歸於寂。

欲以此心除妄心，可分二方面說明，依本論爲其一是排除妄想，其二是住正念。

其一排除妄想，除須排除見聞覺知、數息觀、不淨觀、等十遍處觀外，尚有所謂「九想」、「八背」等觀想。九想亦作九相，謂於人之屍相，起九種觀想，即人死後，死屍膨脹，是爲脹想；脹後屍色變成青瘀，是爲青瘀想；胴屍體變壞，是爲壞想；壞後，血水塗地，是爲血塗想；嗣膿爛腐敗，是爲膿爛想；如天葬，則鳥獸來噉，是爲噉想；噉後，筋骨頭手分裂，是爲散想；血肉既盡，僅餘白骨，是爲骨想；如火葬，則白骨亦成灰燼，是爲燒想。智度論曰：「九想：脹想、壞想、血塗想、膿爛想、青想、噉想、散想、骨想、燒想」。八背即八背捨，亦曰「八解脫」，內容較爲複雜，詳見大智度論此不具述。八背捨再加「八勝處」(亦不具述)以及「十一切處」，謂之三法，是遠離三界貪愛的出世間禪。智度論曰：「背捨爲初門，(八)勝處爲中行，(十)一切處爲成就也。三種觀足，即是觀禪體成就。」

其二是住於正念，應知外緣境界本無，妄起攀緣，是爲不正；須觀境無境，知心無心，唯一實相，別無他法，方是正念。更進一步，當知正念亦無自相，因「凡所有相，皆虛妄故」，以是則不知「知寂」，亦不自知「知」，朗然寂照，乃能入於定。

修止固須於坐時常修，然平常時則當如何？本論曰：

若從坐起，去來進止，有所施作，於一切時，常念方便，隨順觀察。

修行者坐時，只是四大威儀之一，其餘行、住，臥時則當如何？本論謂「於一切時，常念方便，隨順觀察」，這時原則性的，意爲順著眞如法性不動不變的道理，精進修行。天台宗有所謂「歷緣對境」的修習方法，較爲具體；意爲以行、住、坐、臥、作、語等六緣，配合色、聲、香、味、觸、法六境，隨時修習。例如於行時，便自思惟，何故行？是有利故行，無利則不行？但是在行時，須知此心，乃是心在行，所行的一切事，實皆虛妄，皆不可得，既不可得，則妄心自息。例如見一切色時，亦自思惟，此無非鏡花水月，悉不可得，不生分別想念，色亦是因緣所生而有，畢竟是空。餘亦倣此。不過本論是依眞如生滅二門而修止觀，須息二邊分別，以中道第一義諦爲依歸，故凡思惟觀察，當隨順眞如法性，舉心即錯，動念即非。

*3.*止成得定，除障不退，本論曰：

久習淳熟，其心得住；以心住故，漸漸猛利，隨順得入眞如三昧。深伏煩惱，信心增長，速成不退。

修習既久，功夫既淳且熟，心自然得住，住就是止。心止，定力便日漸增長，再作猛利精進，即得入眞如三昧。眞如三昧，乃「即觀之止」，屬於觀的止，亦即奢摩他大定，亦可謂之正定。獲此正定，便深伏煩惱，伏無明之妄動，信心日益增長，再精進，即能很快的進入初住之位；入於初住，成不退位。

*4.*障重不入，本論曰：

唯除疑惑、不信、誹謗、重罪業障、我慢、懈怠，如是等人，所不能入。

以上修止方法，有六種障重的人，不能達成：

其一是疑惑者，對於佛所闡述的甚深義理，甚至於上述修止方法，心中猶豫不定的人。

其二是不信者，對於佛法一向不以爲然的人，如阿闡提等，不信佛法者。

其三是誹謗者，對於佛法非惟不信，且宗習邪法，誹謗正道的人，如外道是。

其四重罪業障者，犯有四種重罪即殺、盜、淫、妄的人，以及弑父、弑母、弑阿羅漢、破和合僧的人。惟此等人若能懺悔，則仍得入。

其五我慢者，即自視甚高，自以爲是而驕傲自恃的人，對修行漫不經心，或於修行時，存我相，自不得入。

其六懈怠者，對於修行，不求精進，只是隨興之所至，任意而修，是爲放逸的人，亦不得入。

以上六種障者，如有其中之一，均不能證得三昧。

㈡顯止勝能

修止有成，能生二種特有的能力，超越他人，一爲生「一行三昧」，一爲生「無量三昧」。

*1.*能生一行三昧　本論曰：

復次，依是三昧故，則知法界一相。謂一切諸佛法身，與衆生身，平等無二，即名一行三昧。

復次，修止有成，依此三昧，則知十法界實乃一相。十法界，謂爲分別塵沙之事相，乃立佛、菩薩、緣覺、聲聞、天、人、阿修羅、鬼、畜生、地獄等十者，此十者乃一相。華嚴宗爲分別圓融無礙之義相，立四法界，即事法界、理法界、理事無礙法界、事事無礙法界，雖分別爲四，但圓融無礙，仍爲一相。本論釋法界一相，則爲「諸佛法身，與衆生身，平等無二」，亦爲一相，惟另涵三種意義，其一謂佛與衆生同有一心，故衆生必能成佛；其二謂法身流轉於五道即人、阿修羅、鬼、畜生、地獄，即名爲衆生，實則法身不變；其三謂流轉於五道的衆生相，實爲因緣所生，係因感報之不同所致，故空。以是佛與衆生平等無二，淨名經云：「如是觀身實相，觀佛亦然；平等及無二，無二即一相也。」基此，即謂之曰「一行三昧」。

一行三昧意謂心定於一行而修三昧，惟習一行，進入正定；可分「事」與「理」兩方面說明。「理」方面，如本論所述者；如文殊般若經之「法界一相，繫緣法界，是名一行三昧」；如六祖壇經之「若於一切處，行住坐臥，純一直心，不動道場，直成淨土，此名一行三昧」。「事」方面的一行三昧，是念佛三昧的異名，文殊般若經曰：「若善男子、善女人，欲入一行三昧，應處空閒，捨諸亂意，不取相貌，繫心一佛，專稱名字。」一行三昧，亦即眞如三昧，因定於一行，即是「境一」，與眞如不變之義同，故云。

2.能生無量三昧　本論曰：

當知眞如，是三昧根本。若人修行，漸漸能生無量三昧。

眞如是三昧的根本，凡修，必須以眞如爲本。依上述的三昧，不斷地精進修習，則定力不斷增長，能生長到無可計量的程度。文殊般若經曰：「入一行三昧者，盡知恆沙諸佛法界，無差別相，乃至廣說。」所謂諸佛法界，意爲諸佛所證法門。法門有如恆沙之多，雖各不同，但一一與法性無異，入此三昧，則皆知悉。又「無量」，意爲廣大而不可計量，數量的名稱，如個、十、百、千、萬、億、兆、京等，華嚴經中列舉有一百二十位之多，「無量」即其中之一。

㈢辨其魔事

魔，梵言魔羅，謂能劫奪修行人修持的功德，斫殺智慧。事，謂佛以功德、智慧，度衆生入涅槃爲事；而魔則以破壞衆生善根，令衆生流轉生死爲事。因爲魔樂生死之事，所以在三界中，都有魔的存在，迷惑修行人，使有志修行之人，即使廣發弘誓，立志出離三界，亦會受魔的阻撓，而退墮，而無成就。因此必須正確認識魔，予以降伏。魔有四種，內三外一；內者爲煩惱魔、蘊魔、死魔、內在者須內修以降服之；外者爲鬼魔，則呼名相以降服之。

1. 略說魔事及其對治　本論曰：

或有衆生，無善根力，則爲諸魔外道鬼神之所惑亂。若於坐中，現形恐怖，或現端正男女之相。

修行人如善根充足，自不致招魔；如善根力薄弱，則易受諸魔外道鬼神惑亂。首楞嚴經中，即列舉五十種魔事，稱之爲「五陰魔境」，其於修行時來撓亂的程度，淺深不一。本論略舉三種：

其一爲「違情五塵」之魔事；違情，謂違於情事；五塵即色、受、想、行、識五者；與五塵正常情形均不合之情事，曰違情五塵。如示現可畏之身，或大或小，令人恐怖，致使失修行之志。

其二爲「順情五塵」之魔事；即順乎五塵之情事，如示現令修行人愛慕之身，對女則現男，對男則現女，令其生染，致失修行之志。

其三為「平等五塵」之魔事：除去違情、順情二者所生魔事，皆屬此，如示現希有之事，普通人難以做到，因誘之以入邪道。

魔，此處意為障礙；外道即令人入邪道者；鬼有多種，一般指精媚鬼、堆惕鬼、魔羅鬼三者；神則指精魅。

如何對治此等魔事？本論曰：

當念唯心，境界則滅，終不為惱。

諸魔、外道、鬼、神雖遍三界，於修行人入定時前來擾亂；然致此之由，實繫於一心，此心若迷，則魔得其便，此心不迷，則魔亦無如之何。故對治之法，當起正念觀察，一切唯心，心外無法，凡所有相，皆是虛妄。本論前文有云：「若離心念，則無一切境界之相」；又云：「心生則種種法生，心滅則種種法滅。」故於坐中觀心，則無境不滅。首楞嚴經亦云：「彼如堅冰，汝如沸湯，煖氣漸鄰，不日消殞；云何敢留，擾亂禪定。」亦屬此意。此為對治魔事的一般性原則。

2. 廣說魔事及其對治

魔事廣說之，可分五種：現形說法、得通起辯、起惑造業、據定得禪、食差顏變。

(1)現行說法　本論曰：

或現天像、菩薩像，亦作如來像，相好具足。或說陀羅尼；或說布施持戒、忍辱精進、禪定智慧；或說平等、空、無相、無願、無怨、無親、無因、無果，畢竟空寂，是眞涅槃。

魔能示現形像，天像、菩薩像、如來像，且相好具足，以取信於人，使修行者翼從，不知不覺間對之禮拜。並能說法，或說陀羅尼Dharani(意爲總持或遮持，持善遮惡之義)或能說多字的陀羅尼；或能說平等、空、無相、無願三解脫門；或能說無怨、無親、無因、無果等義；但魔能說不能證，如天台有云：「魔能說別異空假中，不能證也。」

(2)得通起辯　本論曰：

或令人知宿命過去之事，亦知未來之事，得他心智。辯才無礙。

魔得五神通，如若修行人貪求宿命知見，便得其便，令其亦有此神通。五神通亦曰五通，即天眼通、天耳通、他心通、宿命通、神境通五者；此言知過去爲宿命通，知未來爲天眼通，知現在是他心通，能現形爲神境通，但不及天耳通。對修行人，廣說此四者，辯才無礙。修行人應不以之爲然，免入邪悟。

(3)起惑造業　本論曰：

能令眾生，貪著世間名利之事；又令使人，數瞋數喜，性無常準；或多慈愛，多睡多病，其心懈怠；或卒起精進，後便休廢；生於不信，多疑多慮；或捨本勝行，更修雜業；若著世事，種種牽纏。

魔爲令衆生貪著世間名利，受人恭敬供養，能使人喜怒無常，性無一定；或令人多有慈愛，或多睡，或多病，使修行之心懈怠；或使人卒（猝）然精進，後便休廢，不能保持一貫修行的常態，甚至於產生不信，多疑多慮；這都是令人起惑的作法，既非正行，亦未具正見。

修行人如能注意，當能破除其非。魔之更甚者，見修行人已受迷惑，則更進一步使其捨去原本修持的勝行，而令修其他的雜業，不務修行正業，遂使修行人陷於五欲之境，受雜事的羈絆，不能自拔。

⑷據定得禪　本論曰：

亦能使人，得諸三昧，少分相似，皆是外道所得，非眞三昧。或復令人，若一日，若二日，若三日，乃至七日，住於定中；得自然香美飲食，身心適悅，不饑不渴，使人愛著。

魔無孔不入，修行人愛好三昧，就對人謂可得三昧；實則，其所謂之三昧，似是而非，僅有一部分相似，非眞三昧。或令人在一日、二日、乃至七日間，住於定中，不饑不渴且得享受自然的飲食，既香且美，使修行人身心獲得快樂；飲食是人生的大欲，能自然而得，食後又可愉悅身心，人就易生愛著；善根力薄弱者，不辨邪正，便陷入魔所設計的陷阱。

⑸食差顏變　本論曰：

或亦令人食無分齊，乍多乍少。顏色變異。

魔或令人在飲食方面不作分齊，有時要多，有時要少，全無一定的準則。又或以己顏色的變異，如返老還童、鶴髮童顏之類，以取信於人，陷人於惑。

以上廣說魔事，共五對十事，似乎凡魔事已涵括罄盡；然道高一尺，魔高一丈，如魔現佛、菩薩像，說甚深法，則又如何辨其邪正？若魔所作，謂是善相，竟予取著，則修行者墮於邪網；若謂實是善根所發，究否屬於魔事，則修行者心生疑惑，退失善根，終難精進；故邪正之分辨，實甚困難。先賢對此問題，苦思研討，定出三種方法，錄以供參。

其一為「以定研磨」，謂定中境相發時，如邪正難知，當深入定心，於彼境相，不取亦不捨；如為善根所發，住定愈深，善根必愈發；若是魔所為，不久自壞。

其二為「依本修治」，謂依本(即眞如)修不淨觀，如所觀境相增明，則非僞；若依本修治，境相漸滅，當知是邪。

其三為「智慧觀察」，謂觀察所發生之相，推驗其根源，如不見其生處，則當知心自空寂，即不住著，則正現而邪自滅。

以上三法，亦可以試金方法譬之。金之眞僞，可用「燒、打、磨」三法試。眞金燒之，不會毀損，僞者即自焦壞，此如「以定研磨」；眞金以重物擊之，不變其質，僞者即碎裂，此如「依本修治」；眞金磨之，愈磨光澤益明，僞者即見其非。故修行者對邪正之分辨，於難分別時，可先與共事，如尙難知，則須久處，久處而尙難知，則當以智慧觀察。

能辨別邪正，則可論對治，本論曰：

以是義故，行者常應智慧觀察，勿令此心，墮於邪網。當勤正念，不去不著，則能遠離，是諸業障。

對治之法，即在依照上述所說的「五對十事」，以自己的智慧，深入觀察。觀察，也是一種反省、檢討，當來之事，察而治之，終不取著，勤作正念，知境界唯心所造，本不自生，則必能遠離魔事及諸業障。故智度論有云：「除諸法實相(外)，其餘一切，皆是魔事，偈曰：

若分別境相，即是魔羅網；不動不分別，是即爲法印」。

即此之謂。天台治魔，亦不離「止觀」二者：其所謂「止治」，謂凡見一切外境好惡等事，悉皆虛妄，不愛不怖，亦不取捨，亦不分別，息心寂然，彼自當滅。其所謂「觀治」，謂若見以上種種境界，用止不去，即雖已息心寂然而境界總遲遲不去，即當反觀自心，以正念護持，不恐怖，亦不惜身命，守正不阿之心，始終不動，則邪不勝正，魔境自滅。

魔境是外界環境的引誘而發生的，但如無內在的業障，則不易墮於魔網；因爲魔事大致是貪、樂、重生死、愛、取等事，尤其對於世間名利恭敬，更爲熱中；由此造成種種業，而成業障，故正念護持，遠離魔事，亦即遠離業障。

㈣簡別眞僞

何者是邪？何者是正？何者是眞？何者是僞？應加簡別。此可分二方面說明之，一爲從內、外二定以別邪正；一爲從理、事二定以明眞僞。

1.從內外二定以別邪正

從負的方面說　本論曰：

應知外道所有三昧，皆不離見愛我慢之心，貪著世間名利故。

須知外道的三昧(定)，是邪定，都受我見、我愛、我慢三者的驅使。此三者，總名爲癡，或我癡；癡之發生，乃是由第六識「意識」更進一層的發展，而與第七識末那識相應，係因無明風動而起，故雖在三昧中，而仍念念不忘世間名利恭敬之事，是爲邪定。一切禪定，如不能滅少煩惱之事者，均爲邪定，皆不可據而行之。

從正的方面說，本論曰：

眞如三昧者，不住見相，不住得相，乃至出定，亦無懈慢，所有煩惱，漸漸微薄。

眞如三昧，即正定，簡言之，即在定時湛然寂照，不住能見之心相，不住所得之境相。不住見，以忘心故；不住得，以忘境故。在定中，固宜依此修行，即在出定時，亦得如此。亦即在出定時，不貪名利，是爲無懈；不著我見，是爲無慢。凡煩惱之起，皆由貪著而增長，若斷貪著，則煩惱漸漸微薄。其不同於外道者以此。

2.從理事二定以明眞僞

從理的方面說，本論曰：

若諸凡夫，不習此三昧法，得入如來種性，無有是處。

凡夫要修大乘菩薩，須修大乘菩薩行，此行即爲修眞如三昧，亦即從眞如理性開始修。依此定修，才能進入如來種性，方可登初住，入不退位，不入此定，必不能入。

種性；種是種子，意爲發生；性爲性分，有不改之義；譬如說種瓜得瓜，種豆得豆。瓜和豆的種子，性分不同，故瓜種恆爲瓜，豆種恆爲豆；以現代名詞說，可謂之基因不同。種性的分類有「二種性」、「五種性」及「六種性」等的分別，要之，以楞伽經所說的較爲具體，謂「一聖種性，三乘聖者證涅槃之種也。二愚夫種性，愚癡凡夫迷執諸法之性也。」惟種性可熏修，愚夫亦得熏成聖種，此唯有修眞如三昧，才能成如來聖種。楞嚴經云：「十方如來，一門超出妙莊嚴路」，一門即指眞如三昧。又云：「十方薄伽梵，一路涅槃門」，一路即指眞如三昧。唯有修眞如三昧，才能進入涅槃之門。除此之外的修行，均無有是處。故此爲「眞」的修行。

從事的方面說，本論曰：

以修世間諸禪三昧，多起味著，依於我見，繫屬三界，與外道共；若離善知識所護，則起外道見故。

世間諸禪三昧，就是「世間定」，亦即從事的方面修定。諸禪，謂四禪，亦曰四靜慮，分爲觀、鍊、熏、修四種。因其亦靜亦慮，故謂之禪Dhyana。四禪爲色界之修行，屬天趣。四空，亦曰四無色，無色界之四空處，即「空無邊處定」、「識無邊處定」、「無所有處定」、「非想非非想處定」，以其有靜無慮，故唯云定。此外尚有「不淨觀」，謂觀自身之種子、住處、自體、自相及究竟不淨等五種觀。又有所謂「安那般那」，簡名安般，Anapava，亦譯爲阿那波那；智度論曰：「阿那名出息、般那名入息」，即數出入氣息的數息觀。此外尚有所謂「四無量」、「六妙門」及「十六特勝」等，均從事的方面來說明禪定；但此等定，是取境相而修，不出三界，非爲理定，非依眞如三昧，故名爲世間定。世間定，不離於我，易與外道同得此定，故如無善知識者之護持，則入邪道。

天台宗對禪定做了一個分析，將諸禪定，綜合之爲三種。

其一爲「世間禪」，又分爲「世間味禪」即四禪、四無量和四空定等和「世間淨禪」即六妙門，十六特勝等。

其二爲「出世間禪」，又分爲四種即「觀禪」，如九想八背捨、八勝處、十一切處等；「鍊禪」，謂九次第定。「熏禪」，謂師子奮迅三昧；「修禪」即超越三昧。亦即上述之「觀、鍊、熏、修」禪等。

其三爲「出世間上上禪」，又分爲九種，即自性禪、一切禪、難禪、一切門禪、善人禪、一切行禪、除惱禪、此世他世禪和清淨禪等。

本論又說「諸禪三昧，多起味著」，意爲外道修行，不同眞如三昧，不住見相及得相故；因外道之所修行，方法雖同，但常另有計算，其修心亦即修行的動機有異也。修心有異，則得果不同，以是要知邪正，辨別眞僞，實須明師的指點，否則失之毫釐，謬以千里，不得入於佛法。惟天台三種止觀，列舉具體事象，可爲初修禪定者明辨邪正眞僞之指南，茲略舉之。

邪定所發之相，或身手紛動，或時身重如物鎭壓，或身輕欲飛，或逶迤睡熟，或煎寒壯熱見諸異境，或其心闇蔽，或起諸惡覺，或念外散善，或歡喜躁作，或憂愁悲思，或惡覺觸身，毛髮驚豎，或時大樂昏醉；如是種種邪法，與禪俱發，名爲邪僞。

正禪發相者，若於坐中發諸禪時，無有如上所說諸邪法等隨正禪發，即覺與定相應，空明清淨，內心喜悅，澹然快樂，無有覆蓋，善心開發，信敬增長，智鑒分明，身心柔軟，微妙虛寂，厭患世間，無爲無欲，出入自在，是爲正禪發相。

以上兩種相，如與惡人共處，則長相觸惱；如與善人共事，則愈久而獲益愈多。

㈤示益勸修

修習三昧(止)，有何利益？本論曰：

復次，精勤專心修學此三昧者，現世當得十種利益。云何爲十？

修習眞如三昧，妄盡習除，漸證眞如，氣質漸化，不但後世獲益無邊，現世即有十種利益。

那十種呢？本論曰：

一者，常爲十方諸佛菩薩之所護念。

一者，修此眞如三昧，常受十方諸佛菩薩的護念，使能勇猛精進不退。此謂之「善友攝護益」。

二者，不爲諸魔惡鬼所能恐怖。

二者，修習眞如三昧，深入了解諸法實相，即不受魔、鬼之惱害，心不迷惘，不受邪惑。

三者，不爲九十五種外道鬼神之所惑亂。

三者，不爲外道鬼神惑亂。外道九十五種華嚴經說有九十六，謂外道六師，各有十六種所學法，一法自學，另十五法分教十五弟子，師徒合計，共有九十六。外道，謂於佛教外立道，所謂「不受佛化，別行邪法」是。其分類不一，除六師外，尚有所謂「二天三仙」，「四外道」等。修習眞如三昧，不可受其惑亂。

以上二三兩項利益，謂之「離外惡緣益」。

四者，遠離誹謗甚深之法，重罪業障，漸漸微薄。

四者，修習眞如三昧，漸行漸深，般若妙慧，深達實相，因入深定之故，則遠離誹謗。遠離誹謗，則於造作罪業，亦日益微少。

五者，滅一切疑，諸惡覺觀。

五者，以定力日深，深知唯心之理，則於佛理，不復再有疑義，無所猶豫；對其他不符合眞如三昧的「覺」和「觀」，有違唯心之理者，悉皆滅除。

以上，四五兩種利益，謂之「離內惑業益」。

六者，於諸如來境界，倍得增長。

六者，信心增長，如來境界的根基日固，漸入不退之位，謂之「信心增長益」。

七者，遠離憂悔，於生死中，勇猛不怯。

七者，爲深知諸法如幻，塵事如煙，生死之事，無可掛懷。外境所緣諸相，悉不必怯。以是則無憂愁懊悔之念，在修行中勇猛精進，無所畏怯，謂之「勇猛精進益」。

八者，其心柔和，捨於憍慢，不爲他人所惱。

八者，修習眞如三昧，此心得以柔和，不爲緣壞。認他人之心如自己之心，是人如己，則不生憍慢，不憍慢則無煩惱，無煩惱則不壞，謂之「自心柔和益」。

九者，雖未得定，於一切時，一切境界處，則能減損煩惱，不樂世間。

九者，修習眞如三昧，雖然未得禪定，但已知三界虛僞，六根誑人，對塵世事，豈可貪而樂之。不樂則離愛，離愛則煩惱減少，謂之「離愛煩惱益」。

十者，若得三昧，不爲外緣，一切音聲之所驚動。

十者，修習眞如三昧，若已得定，則不爲外緣(即六塵)一切音聲所驚動。此之所以舉音聲爲例，乃音聲在六塵中於禪定最易受到干擾，如於音聲不爲驚動，則其他五塵更易於控制也。故入定時，五根俱閉，惟耳根虛通，若能於聞中，入流亡所則爲修止有成之最大利益，謂之「定心增進益」。

二、修觀

㈠修觀涵義　本論曰：

復次，若人唯於修止，則心沉沒，或起懈怠，不樂眾善，遠離大悲，是故修觀。

修行人如修止而不修觀，惟向眞如，則心易沉沒。因惟向眞如，此心即不起分別；如二乘人取空爲證，或心生懈怠，即係此心沉沒之故，因而造成二種缺失。一是不樂衆善，失於自利；一是遠離大悲，失於利他；有此二失，則非菩薩之修行，故須修觀以濟之。

觀爲觀察、審察之義，梵名毘鉢舍那，前已述之。大乘義章謂「粗思名覺，細思名觀」其義更爲具體。在瑜伽師地論中言「諸佛菩薩，欲令有情清淨，說四種嗢柁南」，嗢柁南，意爲集施，以簡少之言詞集合多數之意義，實爲四種觀法。四種嗢柁南，一爲「一切諸行皆是無常」，也是初步的觀法，即法相觀，其中有、無常、苦、無我、不淨等異；二爲「一切諸行皆悉是苦」，也是第二種觀法，即大悲觀；三爲「一切諸法皆無有我」，也是第三種觀法，即大願觀；四爲「涅槃清淨」，即精進觀，是第四種觀法；四種觀法，總名之爲「法溫柁南」。

㈡四種觀相

1.法相觀　分無常、苦、無我、不淨四者。

⑴無常觀　本論曰：

修習觀者，當觀一切世間有爲之法，無得久停，須臾變壞。

無常，謂世事無有一定，瞬間即生即滅。瑜伽師地論闡述無常之意義，最爲詳盡，曰：「謂諸菩薩觀一切行、言說、自性，於一切時，常無所有，如是諸行常不可得，故名無常。又即觀彼離言說事，由不了知彼眞實故，無知爲因，生滅可得，如是諸行，離言自性，有生有滅，故名無常。」

故凡一切有爲法，不論過去、現在、未來、剎那，都是生已即滅，如露亦如電，不會久留。修習者，首當先作此觀。

⑵苦觀　本論曰：

一切心行，念念生滅，以是故苦。

所謂一切心行，即是「行陰」，新新不住，念念生滅，如瀑布流水，波波相續，是爲行苦。但「苦」是以受到逼迫爲其前提，而所有的心行悉皆無常，行行相結，此行逼迫彼行，糾纏不清，故苦。苦大別爲三種，一是行苦，二是壞苦，三是苦苦。其中以行苦爲最普遍，不但五趣俱有，即三乘亦具，故修習者當須有澈底的認知。

(3)無我觀　本論曰：

應觀過去所念諸法，恍惚如夢；應觀現在所念諸法，猶如電光；應觀未來所念諸法，猶如於雲，欻爾而起。

所謂「無我」，依瑜伽師地論云有二：其一爲「補特伽羅無我性」，其二爲「法無我性。」釋「補特伽羅無我性」云：「諸法中補特伽羅無我性，謂非即有法，是眞實有補特伽羅；亦非離有法，別有眞實補特伽羅。」此釋甚爲抽象，按補特伽羅當指修行人本身，爲示與「無我」之我混淆，故以此名別之。有法指有爲法，意謂非即有爲法是有眞實的我，也不是離開有爲法，另有眞實的我。「我」是五蘊所組成的，五蘊常住，六塵時出，此之「我」，不過是五蘊六塵所生的我，實非眞實的我。釋「法無我性」云：「謂於一切言說事中，一切言說自性諸法，都無所有。」這是澈底否定了「我」的存在，故本論云「應觀過去所念諸法，恍惚如夢」，過去的「我」似有而無，如存若亡，如在夢中；又云「應觀現在所念諸法，猶如電光」，現在是過去與未來的中間，現在的我既不能依止於過去，亦不能依止於不可知的未來，而現在是瞬息不留，去如閃電，故此際的「我」亦不存在；又云「應觀未來所念諸法，猶如於雲，欻爾而起」，未來的我，猶如雲起晴空，何曾有本？今日不知明日事，此身須臾變滅；祇是因緣聚集，纔有此時之我，緣散，則滅。這是說明「我」與「法」在過去、未來、現在三世中，莫非是空；三世既空，則我、法皆無，修習者當作如是觀。

(4)不淨觀　本論曰：

應觀世間一切有身，悉皆不淨，種種穢污，無一可樂。

世間一切有身，都是不乾淨的。身體尤其不乾淨。淨名經云：「是身不淨，穢惡充滿。然有五種：一、種子不淨，父精母血之所成故；二、住處不淨，生熟二藏中間住故；三、自體不淨，三十六物共和合故；三十六物者，外相三四醜(按為十二醜，即髮、毛、爪、齒、眵(即目屎)、淚、涕、唾、垢、汗、便、利)；身器二六成(按亦為十二，即皮、膚、血、肉、筋、脈、骨、髓、(脂)肪、膏、腦、膜)；中含十二穢(謂脾、腎、心、肺、肝、膽、腸、胃、赤痰、白痰、生熟二藏)；四、自相不淨，九孔常流諸穢惡故；五、究竟不淨，身壞命終，眞不堪故；形骸若斯，復何可樂。」此身既不淨，則處此世上，不但不足以留戀，且宜早日脫離，蓋實無有樂可言也。

2.大悲觀　本論曰：

如是當念一切眾生，從無始世來，皆因無明所熏習故；令心生滅，已受一切身心大苦，現在即有無量逼迫；未來所苦，亦無分齊，難捨難離，而不覺知；眾生如是，甚為可愍。

大悲觀是當念一切衆生，同自己一樣，從無始世來，受無明的熏習，使此心不時生滅，而淪身心於大苦；故應生大悲心，不但自己要痛加檢討，更要使衆生明瞭，眞心因無明風動而受染，因而起妄心乃至於造業，如不及時回頭，熏習眞如，則現在已受無量逼迫，難以消受；未來更有無量的苦，難以分齊，既不能捨去，亦不可能脫離，相續不斷而來，終而輪迴六道，長淪生死不自覺知。如法華經云：「一切衆生，爲生老病死憂悲苦惱所燒煮；亦以五欲財利故，受種種苦；又以貪著追求故，現受衆苦，後受地獄餓鬼畜生之苦；若生天上及在人間，貧窮困苦，愛別離苦，怨憎會苦；如是等種種諸苦，衆生沒在其中，歡喜遊戲，不覺不知，不驚不怖，亦不生厭，不求能脫。」衆生如是，至可哀愍，故須深發悲心，助其厭離。

3.大願觀　本論曰：

作是思惟，即應勇猛；立大誓願，願令我心離分別故；遍於十方，修行一切諸善功德，盡其未來，以無量方便，救拔一切苦惱眾生，令得涅槃第一義樂。

既已立大悲度世之觀，當進而立大願觀，以具體行動，勇猛實踐，期能濟度衆生之苦。大誓願之內涵，概可分爲四點：

(1)心離分別，即誓斷煩惱，也就是不顚倒心，視衆生如己，無我、人、衆生、壽者之相。

(2)遍修諸善，即誓學法門，以利十方，長時間以無量方便，行善濟世。惟濟世之初，宜先自修行一切諸善功德，若德行不足以垂範，則何以能化人。故華嚴經疏云：「川有珠而不枯，山有玉而增潤；內不德本，外豈能談。」即此之謂。

(3)救拔一切苦惱衆生，即誓度衆生；須救度之對象，包括一切九類四生，不加分別，這也就是廣大心。

(4)令得第一，即誓成佛道；修行之鵠的，乃爲趣向涅槃，求成佛道。云第一義者，即謂超出人、天、二乘菩薩，佛爲十法界之第一。

4. 精進觀　本論曰：

以起如是願故，於一切時，一切處，所有眾善，隨己堪能，不捨修學，心無懈怠。

立大願已，當確立精進修行觀，多方濟度，奉行衆善，竭盡心力，終不懈退。修行目標既已確立，多學便不如多行，故凡一切善法，隨自己的能力，勤而行之，苟能無處不修，無時不行，自然能成就自利利他的利益。

三、止觀雙修

㈠概說　本論曰：

唯除坐時，專念於止。若餘一切，悉當觀察，應作不應作。若行若住，若臥若起，皆應止觀俱行。

行住坐臥四大威儀，除於坐時，應專念止外，其餘行住臥時，亦均須止觀雙運。惟此之所謂「餘一切」，其意甚夥，尚包括諸法行觀，或順或違，必須審愼觀察。順者，謂一切善德諸行法門，外違妄染，內順眞如，是爲應作，如本論前云「若人修行一切善法，自然歸順眞如法故。」違者，謂一切惡法，外不合乎律儀，內違法性，即不應作。

坐時是否專念止？從坐起，其餘威儀中則是否審察應作不應作之事？坐中是否有觀？惟坐時作奢摩他行，即使有觀，亦是「止中之觀」；餘一切時處，觀一切善行，亦是「觀中有止」；前者謂之「即觀之止」，後者謂之「即止之觀」；今言坐時專止，餘時修觀，是爲初學者的便利而說，止與觀可同時進行。本論前文有云：「去來進止，一切時中，常應觀察，其心得住，隨入眞如三昧」是。

㈡別辨

為說明止觀雙運，分兩方面說明其義。

1. 約法說明止觀雙運　本論曰：

所謂雖念諸法自性不生，而復即念因緣和合善惡之業，苦樂等報，不失不壞。

雖然諸法的自性是「不生」，如中論云：「諸法不自生，亦不從他生；不共不無因，是故知無生」，說明諸法無我、無造、無業，乃是「非有」；既為「非有」，是為屬於專念「止」的範疇；但於奢摩他中，復「即」念因緣和合善惡之業，所謂「諸法因緣生，諸法因緣滅」，即為「非無」，此則須審愼觀察，乃屬於「觀」的範疇。止是非有，觀是非無，兩者性質懸殊；止是不動眞際，是性不變；觀是即性隨緣，有生有滅；故於念止時，對所觀境，念因緣業果，纖毫不爽，須廣修衆善，是為修心成行，境亡心存，即為以止成觀，亦即「即止之觀」。

次為「即觀之止」，本論曰：

雖念因緣善惡業報，而亦即念性不可得。

前段說觀是非無，故說因緣善惡業報乃是存在的；但必須要進一步念因緣善惡業報雖然存在，而實際上則凡因緣所生之法，莫非是空，以是「非無」實亦「非有」，眞如性始終不變，所念之境不過是隨緣而生。因此心中固有善惡業報之境，惟當以「止」認定此境應不存在，所謂「境存心亡」，即以觀成止，亦即「即觀之止」。

修行者修心之際，須止觀鎔融，無前無後，即止之觀乃寂而常照，即觀之止乃照而常寂；寂與照之任運，惟在一心，此一心即名為實性，故云「法性寂然名止，寂而常照名觀。」進一步言之，止之與觀，實為一體，故心之與境，亦屬一體；由而以「無」緣智，緣「無」相境，以「無」相境，相「無」緣智；境之與智亦屬一體。例如水之與波，同屬為水，水就是實相。這是「圓頓止觀」的基本說法，也就是所說的「眞如三昧」。

2.約障說明止觀雙運　本論曰：

若修止者，對治凡夫住著世間，能捨二乘怯弱之見；若修觀者，對治二乘不起大悲陋劣心過，遠離凡夫不修善根。

修止是對治凡夫的「人、法」二執；凡夫在熙熙攘攘的社會，目迷五色，心好嗜欲，貪愛樂住世間，而不知諸法自性無生。如令其修止，則能知三界虛妄，一如虛空之華，法本不生，亦無所謂滅。如二乘人修止，則能知法本無我，對「我」之存在與否，毫不在意，所謂生死之事，不足掛懷，如此面對任何艱困危難，自無有怖畏，而去除其怯弱之見。

修觀是對治二乘人的陋劣之心，所謂陋劣，是只知自利，而不知利他，又沉浸於空觀，以空為證，怖畏生死，不知眞空無礙於幻有。修觀則能知一切法，乃是因緣和合，虛妄有生，因緣消失，虛妄即滅；認識因緣所生的幻有，本是虛妄，以即止之觀，去除此幻，則知諸法莫非幻衆，自然離開陋劣之見，起大悲慈念，濟度衆生，遠離凡夫不修善根之過。

四、止觀總結

以上討論止觀，已告一段落，本論總結曰：

以是義故，是止觀門，共相助成，不相捨離。若止觀不具，則無能入菩提之道。

綜上所述，可知修持止觀，是修行的主要部分，在六度或十度的修行中，是須臾不可離的。即止之觀，即觀之止，互爲助益；猶如鳥之兩翼，車之二輪，缺一即難成其事。故云止觀不具，難入菩提之道。涅槃經云：「二乘、菩薩，修不均故，不見佛性，無明邪見，自此而生，無上菩提，由之難入。」具足修習，止觀不相捨離，定愛慧策，慧狂定制，則能疾到薩婆若海(Sar vajua 意謂一切種智，即諸佛究竟圓滿果位之智，見圓覺大疏鈔)，故法華經云：

如其所得法，定慧力莊嚴；
以此度衆生，自證無上道。

第四節　防退方便

第一目　可退之人

修持佛法，如果缺乏信心，見佛學如此深廣，義理如此閎奧，因而心生畏懼，而趦趄不前，故本論曰：

復此，眾生，初學是法，欲求正信，其心怯弱。以住於此娑婆世界，自畏不能常值諸佛，親承供養，懼謂信心，難可成就，意欲退者。

衆生，初學止觀，意欲由得正信，趣向菩提；這是已對生死輪迴之事，開始覺悟，生起初信的人。但是又感覺到自身惑業積集如此之多，是如此的沉重，而修持善行，則又如此的困難，可說修行環境十分惡劣，惡勢力十分強大，自己修行的力量又是十分薄弱，難以抵禦，因而生怯退之心。更況住此娑婆世界，實乃「五濁惡世」，地獄、餓鬼、畜生，充斥其間，多不善聚，而諸佛如來，雖時或來此，亦來而即去，終不久住，故欲値佛，亦極爲困難之事，更遑論親承供養矣。因此，雖有信心，亦懼難有成就，而畏難退卻。

娑婆Saha，亦譯爲娑訶，意爲「堪忍」。娑婆世界亦即堪忍世界，謂此世界之衆生，堪染惡濁，不肯出離。又諸菩薩等，爲教化衆生，堪忍勞倦，故名。衆生是樂處濁世，諸佛菩薩是以濟度衆生的慈悲而入世，伺機點化擬退聖道的人。

第二目　防退之法

對於畏懼艱難擬退聖道的人，如來有勝方便。本論曰：

當知如來，有勝方便。攝護信心，謂以專意念佛因緣，隨願得生他方佛土，常見於佛，永離惡道。

諸佛、菩薩對防止擬退聖道的最便捷方法，所謂勝方便，是保持信心，專意念佛，亦即前述的念佛三昧。念佛方法，詳見於阿彌陀經，觀無量壽經等的淨土五經；昔人謂以念佛方法往生淨土是「橫出三界」，用其他方法修習，則是「豎出三界」。譬如蟲蝕竹，橫蝕，選竹之嫩處，嚙一圈，竹即斷；如由上而下或由下而上嚙蝕，則有堅硬之節，須一節一節的嚙，始能畢事，其功不易。故欲超出三界，念佛譬爲蟲之橫蝕竹枝，是超出三界最爲便捷的方法，是成佛的捷徑。

專意念佛因緣，「專意」是信心的保持，不雜他念；一心不亂；「念」是在念佛時內心中只有佛，這是由信而行；「因」是心中唯有佛在，「緣」是佛的名和相；或云專意念佛是「因」，得能往生是「果」，一如前文謂「因緣具足，乃得成辦」是。或云本覺內熏爲「因」，能依信佛之心起行爲「緣」，而獲資熏之益。因緣具足，信行並篤，乃能隨「願」得生西方佛土，往生見佛，永離惡道。

關於念佛因緣，楞嚴經亦有云：「十方如來，憐念衆生，如母憶子；子若逃逝，雖憶何爲；若子憶母，如母憶時，母子歷生，不相違遠；乃至現前當來，必定見佛。」亦爲言念佛的感應。

念佛能隨願往生淨土，與佛同住，雖不成佛，但既與佛同住，時聞佛法，即不至於退墮於惡道，這是念佛的利益。

然則如何能生於淨土，本論續曰：

如修多羅說：若人專念西方極樂世界阿彌陀佛，所修善根，迴向願求生彼世界，即得往生，

常見佛故，終無有退；若觀彼佛眞如法身，常勤修習，畢竟得生，住正定故。

這是引證經言，即阿彌陀經，觀無量壽經等淨土經中所述者，此不贅引。惟淨土十方均有，何以獨指西方？這是因爲西方淨土阿彌陀佛，願力宏大，有四十八種廣大誓願，其中之一是「若有衆生，欲生我國，十念成就，不得生者，不成正覺。」依此，故獨指西方阿彌陀佛。

往生西方極樂世界，是因爲能「常見佛」；緣在此娑婆世界，多災多難，十惡五逆之不善人，所在多有，且本身亦多惑業，病苦纏繞，欲事修行，殊難專志，稍一疏懈，不免退墮。若於淨土常能見佛，常能聞法，則信心增強，就不至退轉。同時也因爲在西方淨土，有如來大悲願力的攝持、佛光常照，所親近交往者皆爲菩薩聖賢，益以壽命永久，故無有退轉的因緣。

在西方淨土得常見佛，與前文所述「見佛菩薩，皆爲魔事」的意義是不同的。前文是說在修眞如三昧時，「唯心無境」，故見佛說法，乃是魔事，而此之念佛三昧，是「托境顯心」，故見有佛現，是善境界。但倘若有魔出現，則當如何加以辨別？對此情形，必須努力念佛，不取著，凡與經論中言說不合者，悉捨離之。

念佛三昧與眞如三昧的不同地方是：念佛三昧在自心中立佛爲境，依佛境顯自眞心；眞如三昧是以自心爲境，唯一眞心。也有相同的地方，就是：念佛三昧是念自心中的本覺法身佛，眞如三昧是觀佛與衆生的法身，平等無二。這二種三昧，念佛三昧之所以稱爲勝方便，有三項理由，其一是自身本具有佛性，念佛是激發此本有的佛性；其二在念佛時可增進對佛的新認識，增益對佛的新觀念；其三是念佛時，佛會加以護持，其一與其二是由自力所產生，其三是由他力所產生。自力譬如舟，他力譬如風，念譬如帆，念佛如風起，風起帆滿，舟得疾速行至彼岸；眞如三昧，則全憑自力，遇有困難，就缺他力相助。

念佛三昧，是勝方便；當然，觀眞如門是以理念佛，即依無分別智心，念法身佛，勤自修習，最後還是得能往生。因爲佛法身，就是修行者的心，以諸佛心內衆生之智，觀衆生心中法身之佛，故可不用事念而以觀觀之；由是循序漸進，自可由邪定聚、不定聚而臻於正定聚，並住於正定聚。

第五節　餘語

本章討論修行信心，先從建立信心開始，次述修行六度，重點在修習止觀，最後則說明防止退墮，以念佛爲勝方便。

修習止觀，是學佛者的最主要課題，一生不能間斷，不但是進入佛門的初階，也是走向妙覺的要徑；普通人能修習此法，也受用無窮。在修觀方法中，本節所提出的四種觀相：法相觀、大悲觀、大願觀和精進觀，其內容相當於藏教的「五停心」，五停心是：

一、修數息觀，數息停心，以對治初禪中的有覺有觀，攀緣不住。

二、修不淨觀，不淨停心，以對治貪欲。

三、修慈心觀，慈心停心，以對治瞋恚。

四、修因緣觀，以對治愚癡。

五、修界方便觀，亦曰修念佛觀，念佛停心，以對治我著，破境界逼迫障，亦即打破界、類的狹窄觀念，以破除我見。另有所謂「四念處」，即觀身不淨(色蘊)、觀受是苦(受蘊)、觀心無常(識蘊)、觀法無我(想、行蘊)，皆是修行的要訣。

本節討論修行的順序，始從外凡，經由內凡覺、相似覺、隨分覺而達究竟覺；須由十信以前，經十信、十住、十行、十迴向、四加行、十地、等覺以達妙覺，總共有五十五個位次，方能成就聖果。這一說明，在大佛頂首楞嚴經中有詳細的解說，但比較天台智者大師在「法華玄義」中的分析，仍嫌籠統。天台圓教將修行順序細分為「六即」，更於內凡位前將初入佛門的弟子，分為五個等級，稱為「五品」：依法華分別功德品說：

第一品位是「起隨喜心，當知已深信解相」，即初入佛門者。

第二品位是「讀誦受持(經典)之者……頂戴如來，即入佛門後，誦經理佛者。

第三品位是「受持讀誦，為他人說；若自書、若教人書、供養經卷……」，即對經文已深入瞭解，能為人解說並書寫者。

第四品位是「能持是經(法華經)，兼行布施、持戒、精進、一心、智慧，其德最勝……」，即修持六度者。

第五品位是「為衆人解說此法華經，復能清淨持戒，與柔和者而共同止，忍辱無瞋，志念堅固，常貴坐禪，得諸禪定，精進勇猛，攝諸善法，利根智慧，善答問難」，即在修行功夫上已有相當成就的行者。

第五品位的佛門弟子，只能相當於十信位的內凡，但其成就，已足堪任大法師之名。而法華對佛弟子的要求，既嚴格而又具體，一毫也不馬虎；因擯除六塵，堅貞修行，護持勇猛精進的信心，向菩提路邁進，是成就聖果的保證。

天台圓教的「六即」，與本書表二可作對照，茲錄之如次，以供參閱。

表十二　天台六即表

1. 理　即	唯具佛性者	外凡	
2. 名字即	唯解佛性之名者	外凡	
3. 觀行即	五品弟子位：外品	內凡	聖因
4. 相似即	十信位，六根清淨位：內凡	內凡	聖因
5. 分證即	十住位	三賢	聖因
	十行位	三賢	聖因
	十迴向位（含四加行）	三賢	聖因
	十地位	二聖	聖因

6.究竟即 ┬ 等覺位 —— 有上士 ┐
　　　　 └ 妙覺位 —— 無上士 ┴ 聖果

(牟宗三：佛性與般若，頁九二二，民國八十二年二月，台灣學生書局)

第六章　勸修利益分

第一節　概說

勸修利益分，就是流通分。前文已將大乘法義，詳爲說明，今則說明如能依本論切實修習，必能悟入，而獲得廣大的利益。過去一切諸佛，依此修行，得無上菩提，而證涅槃；現在、未來的修習者，亦須依此修習，方能獲得眞實的利益。

本章具說修行三慧的利益，但列於「信謗損益」部分。其中，以敘說「三慧」爲主，勸戒毀謗爲次，這是舉其深而賅其顯見者。修行人如能了解依本書修行的利益，精進修行，自不至於毀謗佛法也。故標爲勸修利益。

第二節　結前啟後

繼前章修行信心分後，本節說明勸修利益。本論曰：

已說修行信心分，次說勸修利益分。如是摩訶衍諸佛秘藏，我已總說。

已將「修行信心分」闡述完畢，即述勸修利益分，大體上，大乘法義諸佛秘藏，已總說，即可分爲：一心、二門、二覺、二不覺、四位、二相、三細、六粗、五意、六染、二礙、四熏習、三大、二身、二見、三心、四方便、六度、三心相、四信、五行、二種念佛等二十二點。雖在大乘法義的諸佛秘藏，還有更簡單的說法，如涅槃經「三德秘密藏」所說的三德。

涅槃經壽命品云：「何等名爲秘密之藏？猶如∴(音伊)字。三點若並，則不成伊，縱亦不成。如摩醯首羅面上三目，乃得成伊。三點若別，亦不得成。我亦如是：解脫之法亦非涅槃，如來之身亦非涅槃，摩訶般若亦非涅槃。三法各異，亦非涅槃。我今安住如是三法，爲衆生故，名入涅槃，如世伊字。」此三點「∴」，讀音「伊」，是簡單的表示諸佛所證，不出「解脫、法身、般若」三法不可橫並，亦不可直列，非因位能窮，故名曰「秘」；多所含容而無積聚，故名曰「藏」；有無窮之深奧，乃至不可思議。隱時名如來藏是佛性，顯時名法身是佛果，故名曰「秘藏」；又「解脫、法身、般若」三者一一皆具有「常、樂、我、淨」之德，故名曰「三德」；綜此二者，即名曰「三德秘藏」或「三德秘密藏」。

本書所述二十二點大乘法義，亦不超出「三德秘密藏」的範疇。例如「一心」即是總舉秘藏體；二門的眞如門泯相即空是般若，顯實是法身，生滅門是俗諦，爲解脫；二覺中的本覺是法身，始覺是般若，始本不二是解脫；二相中智淨相是法身、般若，不思議業相是解脫；三心中直心是法身，深心是般若，悲心是解脫等。總之，以此三德，統收一切，無不皆盡；惟此三者不離一心，十方三世一切佛法，皆所涵括，故云「諸佛秘藏，我已總說。」

第三節　信謗損益

信崇佛法或譭謗佛法，各有損益，信則受福，謗則罪深，茲分述之。

第一目　信受福勝

一、三慧利益

信仰虔誠，則受福勝。其福爲何，簡言之，爲三種慧，本論曰：

若有眾生，欲於如來甚深境界，得生正信，遠離誹謗，入大乘道。當持此論，思量修習，究竟能至無上之道。

衆生如欲入如來甚深境界，須以正信，並須對佛法不起疑惑，篤實奉行，方能進入大乘之道。所謂甚深境界，即本論之「一心、二門、三大」，一心指法甚深，二門指理(眞如)事(生滅)甚深，三大指義甚深。對此三者，當依本書前述各章的涵義，持以讀誦，思量、修習。持者，乃讀誦之所知，名曰「聞慧」；思量者，乃思惟研究之有得，名曰「思慧」；修習者，乃修行之有成，名曰「修慧」。從「聞、思、修」三者入手，兼行併進，最後必可復本心源，得如來無上覺道。

二、三慧益相

(一)聞時益　本論曰：

若人聞是法已，不生怯弱，當知此人，定紹佛種，必爲諸佛之所授記。

聞本論所述之法，即大乘一心二門三大的道理是成佛的基礎，持以精進，不生怯弱之意，則此人必爲佛種，定能爲佛授記。如法華經云：「如來滅後，若有人聞妙法華經，乃至一句一偈，一念隨喜者，我亦與授阿耨多羅三藐三菩提」是。

㈡思時益　本論曰：

假使有人，能化三千大千世界，滿中衆生，令行十善。不如有人，於一食頃，正思此法，過前功德，不可爲喻。

假使有人，能感化三千大千世界所有衆生，均能奉行十善業，不如以較短之時間。正思本論所述各法，其功德(效)必定超過，無可與之比喻。

所謂「三千大千世界」，俱舍頌云：「四大洲日月，蘇迷盧欲天；梵世各一千，名一小千界；此小千千倍，說名一中千；此千倍大千，皆同一成壞」。而修十善業，仍不離三界，不成無漏，化令行之，亦不出輪迴。而依本論正思如來藏心本覺之法，則是成佛之因，超出世間，無漏無爲，即於一食頃思之亦成佛種，時雖不多，但其功效，實不可與行十善同喻。

㈢修時益　本論曰：

復次若人，受持此論，觀察修行，若一日一夜。所有功德，無量無邊，不可得說。

再者，若有人依本論於眞如三昧中觀察諸佛法性，精進修行，雖僅一日一夜，但所獲功效，則爲無量無邊，無可用言詞說明。是乃修的時間少而收獲的功效多，一日夜尚如此，何況經年累月，其功效實不可思議也。

這是依本人修行的功德而說，若依佛的觀點說，亦謂依本論修習，功德無量，本論曰：

假令十方一切諸佛，各於無量無邊阿僧祇劫，歎其功德，亦不能盡。

十方一切諸佛，都是依大乘正理起修而成者，在其長時間的修習過程中，讚嘆其功德，無有窮盡。佛是無上大覺，具一切智，有無礙辯，其讚嘆，乃的論，故知依本論修習的利益，實無可估量。

依本論修習，何以有此利益，本論曰：

何以故？謂法性功德，無有盡故，此人功德，亦復如是，無有邊際。

何故？因爲依本論修習，乃是在法性上的修行，而眞如法性具足恆沙性功德，無窮無盡，愈深入，愈見其浩渺無邊；其功德愈多，獲益亦愈多。

從聞、思、修三慧入手修行，獲福殊勝，並由此而入寂滅。首楞嚴經曰：「彼佛教我從聞、思、修入三摩地。初於聞中，入流亡所；所入既寂，動靜二相，了然不生，如是漸增，聞所聞盡；盡聞不住，覺所覺空；空覺極圓，空所空滅；生滅既滅，寂滅現前。」是知三慧乃修習大乘佛法之唯一法門。

第二目　毀謗罪深

對本論所述，不之信且加毀謗，則必受損。本論曰：

其有眾生，於此論中，毀謗不信，所獲罪報，經無量劫，受大苦惱。是故眾生，但應仰信，不應誹謗，以深自害，亦害他人，斷絕一切三寶之種。

眾生對本論所述，毀謗不信，是乃違反修習大乘佛法的原理，不但不能超出三界，不成無漏；且將長淪於生死輪迴六趣道中，是爲罪報。罪報皆由自取，非他人所加；縱經無量數劫，在六趣中，生生死死，承受苦惱，亦無有歸期；惟有信仰奉行，更不可誹謗，以免加深自己的損害，亦免害及他人，斷絕了一切三寶之種。

本論續曰：

以一切如來，皆依此法，得涅槃故；一切菩薩，因之修行，入佛智故。

所以一切如來，三世諸佛，皆依本論所述方法，而修行有成，如心經云：「三世諸佛，依般若波羅蜜多故，得阿耨多羅三藐三菩提。」即一切菩薩，依之修行，亦得入佛智，心經續云：「菩提薩埵，依般若波羅蜜多故，心無掛礙，無掛礙故，無有恐怖，遠離顛倒夢想，究竟涅槃。」故知修行的道理，只有一個，就是「依般若波羅蜜多」，亦即本論所述者。反之，若不依此，不但不能得無上正等正覺，入寂滅涅槃，即令成外凡之身，亦不可得。

第四節　結勸修學

前述三世諸佛與菩薩，皆依「般若波羅蜜多」之法，而得有成，本節總結勸導修行人，應修學本論所述之法，本論曰：

當知過去菩薩，已依此法，得成淨信；現在菩薩，今依此法，得成淨信；未來菩薩，當依此法，得成淨信。是故眾生，應勤修學。

過去、現在、未來的菩薩，欲成淨信，除本法外，別無異路。若謂有異路，則是外道。

首楞嚴經有云：

此是微塵佛，一路涅槃門；
過去諸如來，斯門已成就；
現在諸菩薩，今各入圓明；
未來修學人，當依如是法；
我亦從中證，非惟觀世音。

這是文殊師利法王子對觀音廣陳聞、思、修三慧後的頌言，本論所述之法，乃三世不易之軌，諸聖共經之路；故勸眾生，應勤修學。

第五節　餘語

本章勸修，其重點在修聞、思、修三慧。而本論實未述此三者。本書曾引述首楞嚴經中有關聞、思、修之經文，以供參照。但觀音廣陳，除聞、思、修外，高有二殊勝，三十二應、十四無畏、四不思議等，旨在廣釋修學得獲「圓通」之道，而本論所述者，則謂「得成淨信」。圓通與淨信，法門不同，惟如深究其旨，則屬相通。因所謂圓通，乃如來藏心也，淨信者，亦如來藏心也。故可供作修學本論所述方法之參證，而本論則以之爲修學之利益。似較修學圓通，更進一層。

第七章　總結迴向

本論分六章，闡述摩訶衍法義，此章則作一綜合性的回顧，總結其義。共四句偈言，茲分別述之。

諸佛甚深廣大義。

諸佛，謂能證能說者。甚深，謂諸佛所證所說之法至深。何以甚深，因本論之義，極為廣大，此當一心二門三大，從縱的方面說是深，從橫的方面說是大。深廣大三者，亦對體、相、用三者而言；深是體大，謂實相眞法，非因位能窮，唯佛能究盡，如法華經云：「深固幽遠，無人能到。」大智度論云：「謂度大海，唯佛窮底」是。這是說，過去無始，未來無終，故云深。廣是用大，謂本論所述之法，有恆沙之妙用，潛則伏處，密與呼應，故於用時，能盡無窮之用。如楞嚴經云：「如來藏本妙圓心，周遍法界，是故於中，一為無量，無量為一；小中現大，大中現小」是，故云廣。大是相大，相是指法義的相，即前文所辨的大智慧光明義，遍照法界義等，此等義相，超過恆沙無漏性德，與眞如體，不離不斷不異、不思議、非深非廣、能深能廣，故云大。以此三者，都是絕對性的，無可替代，故云甚深廣大。

我今隨順總持說

甚深、甚廣、甚大三者，包涵一切佛法，一切衆生法，涵攝雖多，但不離一心；一心是諸佛所證的究竟，也是根本，前文曾云「欲解釋如來根本之義，令諸衆生，正解不謬故」，即是指此。馬鳴菩薩以簡略的文字，隨順說明此義，故云總持說。

迴此功德如法性

本論開始即說「如是此論，爲欲總攝如來廣大深法無邊義故，應說此論」，闡明造論的本意。今本論造作，既已完成，因甚望本論能迴歸法性，彰顯大乘佛法的正確意義，如眞如法性，平等周遍等，使衆生得依以修習，速成菩提；並望本論之功德，如眞如法性一樣廣大無邊。

普利一切衆生界

眞如法性，其性遍滿，圓而無際。造論功德，亦如法性之廣大，無有邊際；眞如法性，其性甚深，無有窮盡，造論功德，亦如法性之深，無有窮盡；眞如法性無漏，離諸垢染，造論功德，亦如法性無漏，無有垢染；眞如法性無爲無作，造論功德，亦如法性之無作，非有爲相。由是知本論之造作，有如是之功德，無量無盡，無漏無爲，自能普遍有利於一切衆生界。

大乘起信論正語終

參考書目

一、清、續法輯：大乘起信論疏記會閱，台北市，新文豐出版股份有限公司，民七十九年元月再版。
二、馬鳴菩薩造，梁，眞諦譯三大乘起信論，台北市，新文豐出版股份有限公司，民八十二年元月一版。
三、湯次了榮著，豐子愷譯：大乘起信論新釋，台北市，世樺印刷公司，民七十九年八月。
四、圓瑛編輯：大乘起信論講義，台北市，新文豐出版股份有限公司，八十三年六月一版三刷。
五、實叉難陀譯，澄觀撰述：大方廣佛華嚴經疏鈔，台北市，商務印書館，民五十七年三月台一版。
六、眞鑑述：大佛頂首楞嚴經正脈疏，台北市，商務印書館，民五十七年三月台一版。
七、謝有爲撰：大佛頂首楞嚴經正語，台北市，自版，民八十一年九月台修訂二版。
八、元、惟則輯註：首楞嚴經，哈爾濱，黑龍江人民出版社，一九九四年五月一版。

九、慧因編輯：楞嚴經易讀簡注，上海市，上海市佛教協會，一九八九年初版。
十、圓瑛法師講：大方廣圓覺經講義，台北市，佛陀教育基金會，民八十一年九月初版。
十一、方東美著：華嚴宗哲學，台北市，黎明文化事業股份有限公司，民七十五年六月三版。
十二、牟宗三著：佛性與般若，台北市，台灣學生書局，民八十二年二月修訂二版。
十三、南懷瑾述著：楞伽大義今釋，台北市，老古文化事業股份有限公司，民八十二年七月台十七版。
十四、呂澂著：中國佛學源流略講，北京市，新華書店，一九八八年二月第三次印刷。
十五、中國社會科學院編：佛教文化面面觀，濟南市，齊魯書社，一九八九年十月初版。
十六、韓清淨科記：瑜伽師地論科句披尋記彙編，台北市，新文豐出版股份有限公司，民八十五年四月初版。
十七、姚秦、鳩摩羅什譯，明、智旭科：妙法蓮華經冠科，天台縣。（未刊出版年月，購於浙江天台）。
十八、唐、咸通本金剛般若波羅蜜經，台中縣，台中佛教善果林印贈，民六十二年。
十九、隋、天台智者大師說：袾宏發隱：梵網經心地品菩薩戒義疏發隱，台北市，中華大藏經第二輯第一百二十七册嘉興續藏，民五十七年。
二十、袾宏述：佛說阿彌經疏鈔，同前。

二十一、劉宋、求那跋陀羅譯：勝鬘師子吼一乘大方便方廣經，台北市，新文豐出版股份有限公司「大正新修大藏經十二」，編號三五三。

二十二、北京，曇無讖譯：金光明經，同前，編號六六三。

二十三、姚秦、竺佛念譯：菩薩瓔珞本業經，同前，編號一四八五。

二十四、隋、智顗說：妙法蓮華經玄義，同前，編號一七一六。

二十五、隋、智顗說：摩訶止觀，同前，編號一九一一。

二十六、唐、湛然述：止觀義例，同前，編號一九一三。

二十七、陳、慧思撰：大乘止觀法門，同前，編號一九二四。

二十八、正白譯：藉今鑑古話心經，台北市，正見學會，民八十六年八月。

二十九、張曼濤編：大乘起信論與楞嚴經考辨，台北市，大乘文化出版社，民六十七年元月。

三十、Yoshito S. Hakoda, Translated by, the Awakening of Faith. Columbia University Press, New York & London, 1967

三十一、隋、智者大師講述，章安大師筆記，唐、湛然大師釋籤：法華玄義釋籤，台北縣，中華佛教文獻編撰社，民七十九年十一月初版。

三十二、聖嚴法師著：大乘止觀法門之研究，台北市，法鼓文化公司，一九九七年八月二版。

梵名中譯索引

A

Asvaghosa 阿濕縛窶沙，馬鳴(二)
Agada 伽陀直頌，孤起，(20)
Adbhuta-dharma 阿浮達摩，未曾有(81)
Asninana 我慢(41)
Amitayana 阿彌陀，無量壽(43)
Amitabha 無量光(43)
Andaja 卵生(100)
Asvaka 阿說迦，六衆比丘之一(48)
Artha 阿他，義(55)
Asuragati 阿修羅趣(61)
Avadana 阿波陀那、譬喻(81)
Asthisainjna 骨相(87)
Avidya 無明，阿尼儞(97, 100, 132)
Alaya-vijnan 阿賴耶識(182)
Alaya 阿梨耶，阿陀那，阿賴耶，無沒(106)
Arhan 阿羅漢(221)
Asamkhyeya 阿僧祇(225, 308)
Asamkhyeyakalpa 三大阿僧低劫(225)
Anasrava 無漏(230)

Ajatasatru 阿闍世五(236)
Akanistha 色究竟天(310)
Aghaniotha 和音天(310)
Antarvasoka 安陀會，中著衣(326)
Arinya 阿蘭若，空閑處(326)
Ajitakesakambala 阿耆多翅舍親婆羅(332)
B
Buddha 佛(20)
Balapithagjana 婆羅必栗託仡那，凡夫(42)
Bhūtatathata 眞如(81)
Bhava 有(101)
Bhumi 步弭，地(124)
Bodhi 菩提(172)
Bodhisattva 菩提薩埵(221)
Balaparamita 力波羅蜜(305)
C
Caturyoni 四生(100)
Ciksnanando 實叉難陀(1)
Chanda 闡陀，六衆比丘之一(48)
Citta 質多，慮知心(2)
D
Dharma 法(20, 55, 61)
Devagati 天趣(61)
Dharmadhatu 法界，法性，實相(16, 71)
Dvadasaiga Pratityasamutpada 十二因緣，十二緣起(101)

Dharmakaya 法身(113)
Darsama 捺剌捨曩，見(128, 189, 269)
Danaparamita 檀波羅蜜(304)
Dhyanaparamita 禪波羅蜜(304)
Dhata 頭陀，抖擻(325)
Dharani 陀羅尼，總持(347)
Dhyana 禪(353)
Duhkha 豆佉，苦(34)
G
Gunarata 拘那羅陀，眞諦三藏（四, 1）
Gatha 重頌，孤起頌，應頌(20, 81)
Geya 祇夜，重頌或應頌(20, 81)
H
Hinayana 小乘教(9)
Hrdaya 紇里陀耶，乾栗馱，肉團心，堅實心(2)
I
lndria 根(47)
Itivrtaka 伊帝目多，本事(81)
J
Jarayuja 胎生(100)
Joana 若那，智(55)
Jataka 闍多迦，本生(81)
Jati 生(101)
Jaromaraga 老死(101)
Jaksana 相(204)

Juanaparamita 智波羅蜜(305)

K

Karuna 悲(24)

Ksana 一剎那(135)

Klesa 煩惱(190)

Krakucchoanda 拘樓孫(280)

Kanskamuni 拘那含(280)

Kasypa 迦葉(280)

Ksamaya 懺摩，悔過(297)

Ksantiparamita 羼提波羅蜜(304)

Kakanda Ratyayand 迦羅鳩馱迦旃延(332)

M

Mahayana 摩訶衍，大乘(30)

Mahamandgalyayana 目蓮(49)

Manusyagati 人趣(61)

Manas 末那(163)

Mani 末尼，摩尼(256)

Maskarl Gasaliputrua 末迦梨拘賒梨子(332)

Mahamahes vara 大自在天(310)

Mora 魔(332)

Moha 慕何，癡(41)

N

Namah 或 Namo 南無(21)

Nidana 尼陀那，因緣，緣起(33, 81)

Namoamitabha 南無阿彌陀佛(43)

Nanda 難陀，六衆比丘之一(48)
Narakagati 地獄趣(61)
Namorupa 名色(101)
Nirvana 涅槃(172)
Nimauakaya 應身(258)
Nirgranta Jnatiputra 尼犍陀若提子(332)
O
Oevagati 天趣(61)
Oint 思(189)
P
Paramartha 波羅末陀，波羅蜜（四, 253, 260）
Pratyekabudha 缽刺翳伽佛陀，辟支，緣覺，獨覺(42, 221)
Punarvasu 補奈婆素迦，六衆比丘之一(48)
Pretagati 餓鬼趣(61)
Prthini 缽里體尼，地(124)
Pratyaya 緣、攀緣、附著(154)
Parinirvana 圓寂(172)
Prajnaparamita 般若波羅蜜(304)
Pranidanaparamita 願波羅蜜(305)
Puranakasyapa 富蘭那迦葉(332)
Preta 鬼(333)
S
Sarvajna 薩婆若，見(128)
Samgha 僧(20)
Sugata 修伽陀，如去(36)

Samatha 奢摩他，止(41)
Samgaedaja 濕生(100)
Sravaka 舍羅婆伽，聲聞(42)
Sutra 修多羅，綖，經本(45, 81)
Sariputra 舍利富多羅，舍利子(49)
Sarvadharma 一切法(61)
Samatha Vipasyana 奢摩他·毘鉢舍那，定慧，寂照，明靜(334)
Sainskara 行(101)
Sadayatana 六處(101)
Sparsa 觸(101)
Sattva 薩埵，衆生，有情(56)
Siddhanta 悉檀(236)
Samgharama 僧伽藍摩，伽藍(337)
Samnaha-samnaddha 僧那僧伽，誓願(254)
Sikhin 尸棄如來(280)
Silaparamita 尸波羅蜜(303)
Sanghati 僧加梨(326)
Sanjana Vairatiputra 刪闍夜毘羅胝子(332)
T
Tathagata 多陀阿伽多，如來(36)
Tathagatagarbha 如來藏心(56, 96)
Tiryagyonigati 畜生趣(61)
Trsua 愛(101)
Talima 託史瑪，地(124)

Tusita 兜率天，喜足或知足(300)
U
Upaya 傴和，方便(39)
Upananda 鄔波難陀，六衆比丘之一(48)
Udayin 鄔陀夷，六衆比丘之一(48)
Upadesa 優婆提舍，論義(81)
Udana 優陀那，佛自說之經文(81)
Upadana 取(101)
Upipaduka 化生(100)
Uttara 究竟，方便(128)
Upayaparamita 方便善巧波羅蜜(305)
Uttarasanga 鬱多羅僧，上衣(326)
V
Vipayana 毗鉢舍那，觀(41)
Vaipulya 毗佛略，方廣(81)
Vyakarana 伽羅，授記(81)
Vyadhmatakasainja 脹相(87)
Vinilakasainjna 青瘀相(87)
Vipudumakasainjna 壞相(87)
Vilohilakasainjna 血塗相(87)
Vipngakasainjna 膿爛相(87)
Vikhaditakasainjna 噉相(87)
Viksiptakasainjna 散相(87)
Vidagdhakasainjna 燒相(87)
Vignana 識(101)

Vedana 受(101)
Vipasyin 毗婆尸如來(280)
Vrsvabhu 毗舍婆如來(280)
Viryaparamita 毗梨卯婆羅蜜(304)
Y
Yukta 相應(201)
Yuga 相應(201)